KB124718

BASA와 함께하는
수학능력 증진 개별화 프로그램

수학 나침반

③ 수학 문장제편

| 김동일 저 |

학지사

　우리 학교 현장에서는 난독증, 학습부진 및 학습장애뿐만 아니라 다양한 문화·경제·언어 특성과 같은 요인들로 인하여 학습에 어려움을 겪는 교육사각지대 학생들이 여전히 존재하고 있습니다. 이에 따라 학습에 어려움을 보이는 학습자들을 정확하게 진단하고, 적절한 교육적 지원의 필요성이 대두됩니다.

　많은 교사와 상담자가 노력하고 있지만, 모든 학습자의 개별적인 수행 수준에 맞추어 탄력적으로 수업을 진행하기는 어려운 것이 현실이며, 개별 학습자에게 가장 효과적인 교수 방법을 찾는 일 또한 이상적으로 여겨집니다. 이에 BASA와 함께하는『수학 나침반』시리즈는 초기수학부터 연산과 문장제와 같이 수학 영역에서 심각한 어려움을 겪는 학습자들의 현재 수행 수준과 발달 패턴을 살펴보면서 개별화 교육이 가능하도록 연구 작업을 통하여 개발되고 수정되었습니다. 이 시리즈는 기초학습기능 수행평가체제(Basic Academic Skills Assessment: BASA)에 맞추어 각각 초기수학, 수학 연산, 수학 문장제 검사의 결과에 따라 추가적인 중재가 필요한 학습자에 초점을 맞추고 있습니다.

　『수학 나침반』시리즈는 찬찬히 꼼꼼하게 공부하는 학습자를 먼저 생각하여 교과서 및 다양한 학습자료를 기반으로 개별화 학습이 가능하도록 하였습니다. 학습자가 의미 있는 증거기반 중재 탐색의 기회에 지속적으로 참여하면서 자신의 눈높이에서 배우고 즐기기를 진심으로 기대합니다.

　이 책을 내놓기까지 매우 많은 분의 도움이 있었습니다. 한국연구재단의 SSK 연구를 기반으로 경기도 난독증 우수 중재프로그램과 시흥시 새라배움 프로젝트를 통하여 직접 현장에서 개별화 교육프로그램을 운영해 온 서울대학교 특수교육연구소 연구원들과 정성 어린 손길로 책을 만들어 준 학지사 임직원 여러분께 진심으로 고마운 마음을 전합니다. 특히 교육 프로그램에 참여하여 우리에게 귀한 배움

3

의 기회를 제공해 준 여러 현장 교사와 상담자를 기억하고자 합니다.

2020년 7월

서울대학교 교육종합연구원 특수교육연구소(SNU SERI) 소장

오름 김동일

1. 수학 문장제란

수학 문장제란 문장을 읽고 문제를 해결하는 과정을 통하여 상황 이해력과 수학적 사고력을 향상시킬 수 있는 일련의 문제로, 최근 수학교육에서 강조하는 문제 해결 능력 함양에 적합합니다(Adams, 2003). 수학 문장제를 성공적으로 해결하기 위해서는 우선 문제를 이해한 후(Kintsh & Greeno, 1985), 주어진 자료로부터 정보를 추론하여야 합니다(Nesher et al., 2003). 이러한 특수성으로 인해 기계적 계산 수행에 익숙한 대부분의 학습자는 문장제 해결에 어려움을 보이며(김영아, 김성준, 2013; Perie, Grigg, & Dion, 2005), 결국 포기하고 맙니다. 따라서 시기적절한 문장제의 해결 지도는 매우 중요하며, 특히 다양한 교육적 요구를 갖는 학습자에게는 개별화된 수학 문장제 해결에 대한 이해력을 돕고 적합한 중재를 제공하는 것이 반드시 필요하다고 볼 수 있습니다.

수학 문장제와 수학 발달

수학 문장제를 해결하기 위해서는 문제에 제시된 글을 정확하게 읽고 이해하기 위한 읽기 유창성과 어휘력 등이 필요하다고 알려져 있습니다. 그러나 어떤 학습자는 문제를 정확하게 읽고 이해했음에도 어떻게 식을 세워야 할지 어려워하는 경우가 있습니다. 수학 문장제에는 식을 세우는 데 반드시 필요한 중요한 정보도 있지만, 반대로 식을 세우는 데 필요하지 않은 정보도 함께 제시되기 때문입니다. 따라서 다양한 문제 해결 전략을 활용하여 올바른 식을 세우는 것이 중요합니다. 무엇보다도 실생활에서 경험하는 상황을 떠올려 문장제로 전환하는 과정이 유용하기 때문에, 학습자의 수준에 적절한 집중적 지도와 충분한 학습 기회가 필요합니다.

📝 수학 문장제 지도의 효과

수학 문장제는 일상생활에서 필요한 수량적 관계를 정확하게 이해하고 학습한 수학적 지식을 적용할 수 있다는 점에서, 배운 내용을 실생활에 적용하기에 매우 효과적인 영역입니다. 또한 문제를 해결하는 방식의 학습은 다양한 영역에서 주어진 정보들을 바탕으로 문제를 해결하는 경험을 할 수 있으며, 그 과정에 대해 학습자가 반성적으로 토론할 수 있다는 점에서 학습의 결과를 명확히 할 수 있다는 장점이 있습니다(Savery, 2006).

이 책은 핵심어 전략, 그림 그리기 전략 등 다양하고 풍부한 문제 해결 전략을 제시하여 학습자 스스로 자신에게 적절한 전략을 찾아내고, 이를 활용할 수 있도록 구성되어 있습니다. 따라서 학습자가 문제 해결 전략을 향상시키는 것뿐만 아니라 자기주도적으로 학습하고 검토할 수 있도록 지도하는 것이 중요합니다. [그림 1]과 같이 구체적인 사례에 적절한 전략을 활용하는 것도 도움이 될 것입니다.

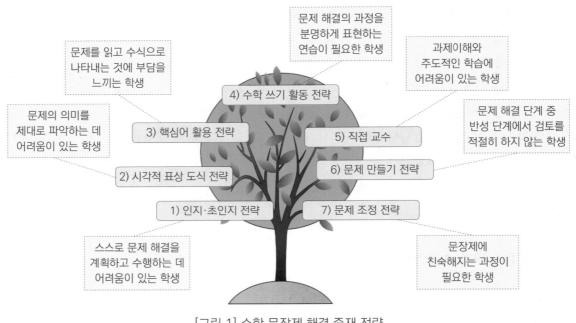

[그림 1] 수학 문장제 해결 중재 전략

📝 RTI 교수법

RTI(Response-to-Intervention, 중재반응모형)는 2001년부터 학습장애 판별을 위해 새롭게 적용된 학습 모형입니다. 1수준은 학교 수업처럼 일반 학습자를 대상으로 실시하는 대집단(약 20~30명) 교수로, 진전도를 점검하여 지속적인 어려움을 보이는 학습자를 선별한 후 2수준 교수를 받도록 합니다. 2수준은 소집단(약 5~7명) 교수로, 보다 집중적인 교육을 받을 수 있는 환경과 교재가 제공됩니다. 2수준에서 충분히 교수를 받았음에도 여전히 진전이 없는 학습자에게는 3수준 교수를 실시합니다. 3수준 교수는 일대일 교수를 제공하도록 권고되며, 학습자의 수준에 맞추어 개별적으로 설계된 강도 높은 중재를 제공합니다.

이 책은 2수준 또는 3수준 교수가 필요한 학습자를 대상으로 교사와 학습자 간 소집단 또는 일대일 수업을 진행하는 데 효과적으로 제작되었으며, 학습자의 개별적 특성과 수준에 맞는 학습 내용을 전달하기 위하여 크게 1단계(3학년 수준), 2단계(4학년 수준), 3단계(5학년 수준), 4단계(6학년 수준)로 구분하여 구성하였습니다.

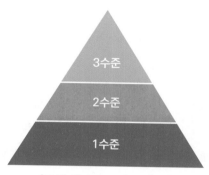

[그림 2] RTI 모형의 수준

📝 수학 문장제편 단계별 소개

1단계(1~6차시)	2단계(1~7차시)	3단계(1~6차시)	4단계(1~7차시)
• 네 자리 수의 덧셈과 뺄셈 • 두 자리 수와 한 자리 수의 곱셈 • 두 자리 수와 두 자리 수의 곱셈 • 두 자리 수와 한 자리 수의 나눗셈	• 분수의 덧셈과 뺄셈 • 소수의 덧셈과 뺄셈 • 세 자리 수와 네 자리 수의 곱셈 • 두 자리 수와 세 자리 수의 나눗셈	• 분수의 덧셈과 뺄셈 • 분수의 곱셈 • 소수의 곱셈 • 분수의 나눗셈 • 소수의 나눗셈	• 분수의 나눗셈 • 소수의 나눗셈 • 혼합 나눗셈
• 뺄셈과 관련된 단어 찾기 • 문장제에서 곱셈식 만들기 • 문장제에서 나눗셈식 만들기	• 그림 그리기 전략 활용하기 • 비슷한 문제 만들어 보기 • 도식을 활용해 시각화하기	• 핵심어 전략 활용하기 • 표 만들기 전략 익히기 • 규칙 찾기 전략 익히기	• 자기 질문 전략 활용하기 • 시각적 도식을 활용한 식 세우기 • 조건 변경하여 문제 만들기

교사 활용 팁

1. 수학 문장제편 활용 팁

하나, 워크북을 시작하기 전에 'BASA 기초학습기능 수행평가체제-수학 문장제'를 활용하여 기초선을 측정하고 목표를 설정합니다. 이는 학습자의 현재 수행 수준을 파악할 수 있을 뿐만 아니라 학습 속도와 방향에도 긍정적인 도움을 줍니다. 따라서 해당 학습자가 6학년이더라도 현재 수행 수준에 맞추어 2단계인 4학년 수준을 학습할 수 있습니다.

둘, 워크북은 기본적으로 '교사와 함께하기'와 '스스로 하기' 활동으로 나뉘어 구성되어 있습니다. 교사와 함께하기 활동을 수행할 때는 학습자의 학습 흥미 유발과 이해력 증진을 위하여 학습에 자극이 되는 여러 교구를 활용할 수 있으며, 스스로 하기 활동은 과제로 내 주어 학습한 내용을 충분히 습득하였는지 확인하는 데 활용할 수 있습니다.

셋, 워크북에서는 단계별로 카드 게임, 빙고 게임, 주사위 게임 등과 같이 학습자의 기초수학 및 수학 문장제 해결 능력을 확인하면서 동시에 재미를 줄 수 있는 활동이 포함되어 있습니다. 이러한 활동은 학습자가 흥미를 잃거나 지루해할 때 활용할 수 있습니다.

넷, 워크북에 제시된 수학 문장제 자료는 해당 학년 교과서의 문제 및 단원 구성을 활용하였습니다. 학년별 자료가 필요할 경우 해당 학년 교과서를 활용할 수 있습니다.

다섯, 한 단계씩 올라갈 때마다 BASA를 활용하여 진전도를 확인합니다. 진전도란 처음에 설정한 목표를 잘 따라오고 있는지 확인하는 것으로, 학습자의 학습 속도가 예상 목표보다 느리거나 빠를 경우 진전도 점검을 통해 목표를 수정할 수 있습니다.

2. 구성과 특징

이 워크북은 총 26차시로 구성되어 있습니다. 1단계의 1~6차시는 3학년, 2단계의 1~7차시는 4학년, 3단계의 1~6차시는 5학년, 4단계의 1~7차시는 6학년 수학 교과의 학습목표 중 수학 문장제 해결에 꼭 필요한 학습목표 및 개념을 선별하였습니다. 각 차시는 '교사와 함께하기'와 '스스로 하기'로 구성되어 있습니다. 각 차시가 시작할 때마다 차시에서 다루게 되는 학습 주제 및 목표, 전략 및 지도 안내 등에 대하여 설명해 주십시오. 이는 학습내용을 안내하고, 학습내용 지도에 필요한 학습 기법과 전략을 제시하고자 함입니다. 또한 해당 차시의 학습목표를 달성하기 위해 꼭 필요한 학습 개념 및 원리를 확인할 수 있습니다.

교사와 함께하기

수업 시간	30~40분
준비물	연필, 지우개, 가위, 풀, 연습장 등(필요 시 부록 참조)
방식	개별지도(1:1) 및 소집단 수업

1) 학습목표를 설명합니다

수학 문장제를 이해하기 전에 해당 차시의 학습목표를 성취하기 위해 필요한 개념을 확인할 수 있습니다.

2) 도입학습을 합니다

부록의 그림 카드와 같은 학습 보조 자료를 활용하여 교사와 학습자 간의 상호작용을 높일 수 있으며, 개별 및 소집단 지도 시 학습자의 흥미를 키우고 집중도를 높일 수 있습니다. 또한 도입학습을 통하여 교사는 자연스럽게 학습자에게 칭찬과 격려를 할 수 있습니다. 학습지보다는 부록의 다양한 자료를 활용하여 상호작용이 일어날 수 있도록 활용하는 것이 좋습니다.

3) 적용학습을 합니다

교사와 함께하기 활동의 마지막 단계는 적용학습입니다. 본격적으로 수학 문장제를 풀어 보며 도입학습에서 접한 다양한 전략을 적용할 수 있습니다. 적용학습에서 교사는 학습자가 수학 문장제 풀기를 힘들어할 경우 함께 풀어 볼 수 있습니다. 학습자와 대화를 통해 난이도를 조정하며 학습 방법 및 이해 정도를 확인해 주십시오.

스스로 하기 😊

스스로 하기 활동은 교사와 함께하기 활동을 통해서 학습한 내용을 복습할 수 있도록 구성되어 있습니다. 매일 15~20분 정도의 시간을 들여 교사와 함께한 핵심 개념 및 원리를 스스로 정리해 보고, 간단한 문제를 통해 자신의 학습 상태를 확인할 수 있습니다. 이때 가정에서 부모가 도와주거나 또래의 도움을 받을 수 있습니다.

차례

단계

01

1. 개관

가. 다양한 자릿수의 덧셈 · 뺄셈 및 곱셈 · 나눗셈의 응용

세 자리 수 및 네 자리 수의 덧셈과 뺄셈을 응용한 이야기로 문장제를 구성하였습니다. 또한 두 자리 수와 두 자리 수 곱셈 및 두 자리 수와 한 자리 수 나눗셈을 이용한 문장제의 특성을 이해하고 덧셈 및 뺄셈 문제와 구분 지을 수 있도록 난이도를 고려해 단계별로 제시하였습니다. 실생활 이야기를 통해 문장제에 대한 이해력을 키우고자 하며, 이를 식으로 연결시켜 풀 수 있도록 구성하였습니다.

나. 전략 소개

첫째, 핵심어 전략이란 문장제에서 아동이 문제를 해결하는 데 도움이 되는 핵심적인 단어를 찾아서 문제를 해결하는 것을 말합니다. 즉, 문장제를 읽고 포함된 핵심어에 표시하고, 핵심 단어의 의미를 해석하여 수식으로 표현하는 것입니다(이태수, 홍성두, 2006). 예컨대, '분류하기' '구분짓기' '매번'이라는 단어 및 구절이 수학 문장제에서 의미하는 것을 구체적으로 가르치고, 수식으로 어떻게 연결되는지를 보여 줌으로써 학습에 도움이 되도록 합니다. 이러한 핵심어 전략은 직접 교수[direct(explicit) instruction]의 한 하위 유형으로 수학 문장제의 이해에 어려움을 겪는 아동의 이해력에 직접적인 도움을 줍니다.

둘째, 그림 그리기 전략은 문제 상황이나 수식을 최대한 그림으로 표현하여 문제를 해결하거나 비계화(scaffolding)를 돕습니다. 이를 통해 구해야 할 것이 무엇인지, 답을 구하기 위해 어떤 수들이 필요한지 시각적으로 명확히 구체화함으로써 답을 구하기 위한 계획을 세울 수 있습니다. 주어진 문제를 그림으로 나타내기 어려운 경우, 기호를 사용하여 간단한 도식을 그려 볼 수 있습니다.

2. 전개 계획

차시	주제	학습목표
1	세 자리 수 및 네 자리 수의 덧셈	자릿수에 맞는 문장제를 읽고 덧셈을 할 수 있다.
2	세 자리 수 및 네 자리 수의 뺄셈	자릿수에 맞는 문장제를 읽고 뺄셈을 할 수 있다.
3	네 자리 수의 덧셈과 뺄셈	자릿수에 맞는 문장제를 읽고 덧셈과 뺄셈을 할 수 있다.
4	한 자리 수 및 두 자리 수의 곱셈	자릿수에 맞는 문장제를 이해하고 셈을 할 수 있다.
5	두 자리 수와 두 자리 수의 곱셈	자릿수에 맞는 문장제를 이해하고 곱셈을 할 수 있다.
6	두 자리 수와 한 자리 수의 나눗셈	자릿수에 맞는 문장제를 이해하고 나눗셈을 할 수 있다.

3. 지도 유의사항

- 문장제에서 모르는 단어나 문장에 대한 이해를 확인합니다.
- 덧셈, 뺄셈, 곱셈과 나눗셈의 개념을 확실히 이해한 후 학습하도록 합니다.
- 학습에 도움이 되는 다양한 도구와 부록의 구체물을 활용합니다.

4. 중재 지도안 예시

단계	1단계 1차시
활동목표	덧셈에 관련된 단어를 찾고 식으로 쓸 수 있다.
준비물	연필, 색연필, 강화물, 구체물([부록 1-1], [부록 1-2] 참조)
도입	• 네 자리 수까지 나열하기
전개	• 덧셈을 나타내는 구절 찾기(예: '총 몇 개' '합하면') • 덧셈을 나타내는 글자에 동그라미 치기 • 덧셈을 나타내는 낱말 골라 보기 • 간단한 덧셈식 스스로 세워 보기
적용	• 숫자를 더해 보기 • 식과 답을 구체화하기
정리 및 평가	• 학습 내용 정리 및 BASA 수학문장제 검사도구 • 2차시 예습

5. 학습평가

평가 영역	평가 내용	관련 차시
문장제에서 덧셈과 관련된 단어를 찾을 수 있다.	'합하면' '모두' '더하면'과 같은 단어를 문제에서 찾을 수 있다.	1~4차시
문장제에서 개념을 이해한 후 식을 세울 수 있다.	문장을 읽고 난 후 스스로 식을 적을 수 있다.	모든 차시
식에 대한 답을 도출할 수 있다.	식을 세운 후 스스로 답을 풀 수 있다.	모든 차시
자연수의 덧셈 및 곱셈을 빨리 할 수 있다.	연산이 자동화된 것을 확인하기 위해 네 자리 수끼리의 덧셈 및 뺄셈, 두 자리 수까지의 곱셈 및 나눗셈을 할 수 있다.	4~6차시

01 차시 1단계

세 자리 수 및 네 자리 수의 덧셈

📖 **학습목표** • 자릿수에 맞는 문장제를 읽고 덧셈을 할 수 있다.

도입　　　　　　　　　　　　　　　　　교사와 함께하기

🗨️ 활동목표: 자릿수를 복습하고 네 자리 수까지 읽고 나열할 수 있다.

● 분류하기

> '분류하기'는 주어진 숫자나 도형을 특징에 따라 몇 가지 묶음으로 고르고, 주어진 기준에 맞추어 구분지어 보는 것입니다. 다음은 분류하기 전략의 예시입니다.
>
> • 자릿수에 맞추어 숫자를 골라 볼 수 있어요.
> • 동전과 지폐를 나누어 볼 수 있어요.
> • 글자와 숫자를 따로 구분할 수 있어요.
> • 낱말의 뜻이 비슷한 카드끼리 모아 보아요.
> • 같은 종류의 동물끼리, 음식끼리 분류해 보아요.

● 자릿수 복습하기

> 네 자리 수는 '○천 ○백 ○십 ○'에 해당하는 수를 말해요.
> 네 자리 수가 들어간 예시로는, 연도(예: 2018년, 2019년, 2020년)와 버스 번호 등이 있어요.

> 우리 지역의 버스 번호는 네 자리로 되어 있어!
> 내 버스 번호는 천의 자리가 4, 백의 자리가 2,
> 십의 자리가 1, 일의 자리는 1이야.
> 나는 몇 번 버스일까?

◆ 다음 글을 읽고 빈 칸에 알맞은 숫자를 넣어 볼까요?

1) 우리집 앞을 지나가는 마을버스는 몇 번인가요? _____

2) 올해는 몇 연도인가요? _____

3) 내가 태어난 연도는 언제인가요? _____

● **자릿수 응용해 보기**

준비물 종이 동전과 지폐([부록 1-1] 참조)

◆ [부록 1-1]에 있는 종이 동전과 지폐를 오려서 다음 그림과 같이 1원, 10원, 100원, 500원, 1,000원
으로 분류해 보세요. 그리고 숫자가 커지는 순서대로 한 자리, 두 자리, 세 자리, 네 자리의 값으로 각각
나열해 보세요.

◆ 다음의 값을 동전과 지폐로 나열해 보고 짝과 큰 소리로 읽어 보세요. 그리고 빈칸에 숫자로 써 봅시다.

1) 천 오백 삼십 원 = ☐ , ☐☐☐ 원

2) 이천 백 오십 일 원 = ☐ , ☐☐☐ 원

3) 천 칠십 원 = ☐ , ☐☐ 원

- 다음의 글을 읽고 숫자로 또는 글자로 바꾸어 써 볼까요?

  ◆ 짝과 서로 읽어 주고 숫자로 또는 글자로 받아 써 보세요.

  1) 삼백 사십 칠 = ☐☐☐

  2) 칠백 육십 이 = ☐☐☐

  3) 구백 이십 = ☐☐☐

  4) 삼천 오백 사십 = ☐ , ☐☐☐

  5) 248 = ☐

  6) 550 = ☐

  7) 980 = ☐

  8) 1,501 = ☐

- 게임을 통해 세 자리 수의 덧셈을 해 봅시다.

  🔘 **준비물** 카드([부록 1–2] 참조)

  <게임 방법>

  1. 짝과 가위바위보로 순서를 정합니다.
  2. 자신의 순서가 되면 카드를 연달아 3번 뒤집고, 나온 숫자를 공책에 순서대로 적습니다.
  3. 다음 순서에는 짝이 카드를 연달아 3번 뒤집고, 숫자를 공책에 순서대로 적습니다.
  4. 내가 만든 숫자와 짝이 만든 숫자를 서로 더합니다.

  잠깐! J, Q 카드가 나오면 무조건 5를, K 카드가 나오면 원하는 숫자를 적고, A 카드가 나오면 1을 적습니다.

  ◆ 10분간 덧셈 게임을 해 보세요.

활동 1

교사와 함께하기

활동목표: 덧셈에 관련된 글자를 찾고 쓸 수 있다.

● 다음 낱말 중에 <u>더하기를 의미하는 낱말들</u>을 골라 색칠한 후, 도형 안에 직접 써넣어 보세요.

함께	빼고	더하면	나누어
총	차이	합하면	모두
얼마나	나누어	총	몇 개씩
더해서	모두	둘 다	합

활동목표: 덧셈에 관련된 글자를 찾고 식으로 쓸 수 있다.

● 선생님 혹은 짝과 함께 다음의 글을 덧셈식으로 표현해 보세요.

1. 윤희는 340개의 벽돌을, 지은이는 1,904개의 벽돌을 옮겼습니다. 벽돌은 **총 몇 개**일까요?

    1) 윤희가 옮긴 벽돌은? ⬜ 340 개

    2) 지은이가 옮긴 벽돌은? ☁ 1,904 개

    3) 총 벽돌 개수는? ⬜ 340 + ☁ 1,904 = 총 ⬭ 2,244 개

2. 민성이는 119개의 카드를, 연호는 317개의 카드를 갖고 있습니다. 민성이와 연호의 카드를 **합하면 몇 개**일까요?

    1) 민성이의 카드 개수는? ⬜ 개

    2) 연호의 카드 개수는? ☁ 개

    3) 총 카드 개수는? ⬜ + ☁ = 총 ⬭ 개

3. 야구장에 어제는 670명의 관객이, 오늘은 1,593명의 관객이 입장하였습니다. 어제와 오늘 **모두 몇 명**이 야구장에 입장하였나요?

    1) 어제 관객 수는? ⬜ 명

    2) 오늘 관객 수는? ☁ 명

    3) 총 관객 수는? ⬜ 명 + ☁ 명 = 총 ⬭ 개

4. 재연이는 200번의 줄넘기를, 소라는 201번의 줄넘기를 하였습니다. 재연이와 소라의 줄넘기 횟수를 **더하면 몇 번**의 줄넘기를 하였나요?

    1) 재연이가 성공한 줄넘기 수는? ⬜ 번

    2) 소라가 성공한 줄넘기 수는? ☁ 번

    3) 총 성공한 줄넘기 수는? ⬜ 번 + ☁ 번 = 총 ⬭ 개

활동 1

 스스로 하기

🔖 활동목표: 네 자리 수를 정확히 그리고 읽을 수 있다.

● 다음 숫자 막대를 사용하여 다음 쪽에 나만의 네 자리 수를 채워 보세요.

🔘 준비물 숫자 막대([부록 1-3] 참조)

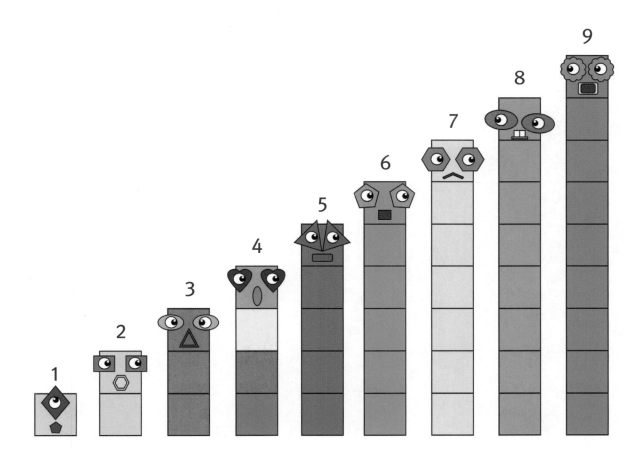

잠깐 '0'에는 아무것도 넣지 않아요!

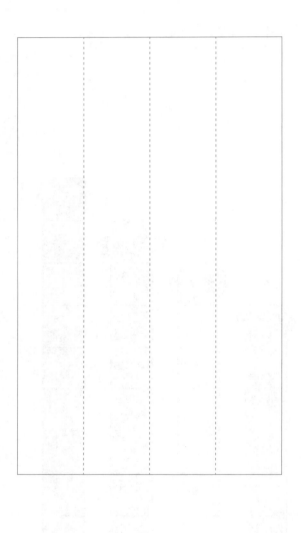

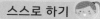
활동목표: 덧셈과 관련된 단어를 찾고 네 자리 수까지 풀어 볼 수 있다.

● 다음을 보고 덧셈을 나타내는 낱말들을 기억해서 빈칸에 적어 보세요.

함께	빼고	더하면	나누어
총	차이	합하면	모두
얼마나	나누어	총	몇 개씩
더해서	모두	둘 다	합

● 다음의 글을 읽고 알맞은 단어를 적은 후, 식을 세워 풀어 보세요. 반드시 세 자리 수(백의 자리) 이상으로 만들어 적어 보세요. 세 자리 수가 너무 쉽다면 네 자리 수로 만들어도 좋아요.

1. ___정수___ 는(은) ___사탕___ 을(를) 200 개 갖고 있습니다.

_____ 는(은) _____ 을(를)   개 갖고 있습니다.

둘이 가진 사탕은 총 몇 개일까요?

식: +   답: =

2. 부산 가는 기차에는 사람이 350 명 타고 있습니다. _____ 가는 기차에는 _____

이   명 타고 있습니다. 두 기차에는 총 몇 명이 타고 있나요?

식: +   답: =

활동 3

🗨 활동목표: 세 자리 수를 글자로 적고 덧셈을 할 수 있다.

● 다음 문제를 스스로 풀어 보세요.

1. 다음 숫자를 글자로 적어 보세요.

300 = 삼백

415 =

580 =

716 =

901 =

2. 1번의 숫자 중에 아무거나 2개를 골라 덧셈을 해 보세요. 자릿수가 올라갈 수도 있어요!

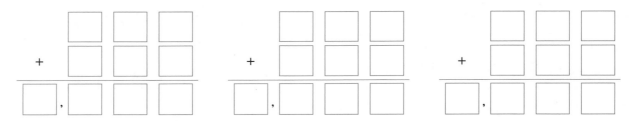

3. 1번의 숫자 중에 3개를 골라 덧셈을 해 보세요. 자릿수가 올라갈 수도 있어요!

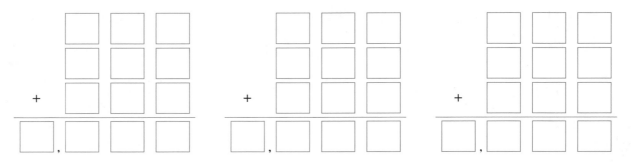

02 차시 세 자리 수 및 네 자리 수의 빨셈

📖 **학습목표** • 자릿수에 맞는 문장제를 읽고 빨셈을 할 수 있다.

도입

💬 활동목표: 세 자리 수와 네 자리 수를 복습하고 빨셈을 할 수 있다.

● **덧셈식과 빨셈식의 관계 알아보기**

> 덧셈과 빨셈은 서로 다른 것 같지만, 사실은 서로 친한 관계랍니다.
>
> • '~보다 ~ 큰 수' '~보다 ~ 작은 수' '빼기' '덜어내다' '차이' '얼마나 더 많이' 등, 한 문제에서 같이 생각해야 하는 경우가 있어요.
> • 덧셈식, 빨셈식을 서로 바꿔 보면 덧셈과 빨셈의 관계를 더 자세히 알아볼 수 있어요. (예: ②+③=⑤, ⑤-②=③)
>
> 내가 이미 알고 있는 것을 다른 새로운 것에 넣어서 생각하는 것을 '적용'이라고 합니다. 덧셈을 배웠으니 빨셈에 적용해 볼까요?

● **게임을 통해 세 자리 수 빨셈을 해 보아요.**

🔘 **준비물** 카드([부록 1~2] 참조)

세 자리 수는 '○백 ○십 ○'에 해당하는 수를 말해요. 예를 들어, '삼백 오십 일 = 351' 이렇게 말하거나 쓰지요.

> **〈게임 방법〉**
>
> 1. 짝과 가위바위보로 순서를 정합니다.
> 2. 자신의 순서가 되면 카드를 연달아 3번 뒤집고, 나온 숫자를 공책에 순서대로 적습니다.
> 3. 다음 순서에는 짝이 카드를 연달아 3번 뒤집고, 숫자를 공책에 순서대로 적습니다.
> 4. 내가 만든 숫자와 짝이 만든 숫자 중에서 큰 수에서 작은 수를 빼는 식을 적습니다.
>
> **잠깐!** J, Q 카드가 나오면 무조건 5를, K 카드가 나오면 원하는 숫자를 적고, A 카드가 나오면 1을 적습니다.

◆ 숫자를 적고 나면 풀이 방식을 자유롭게 적거나 그려 보아요.

풀어 보기	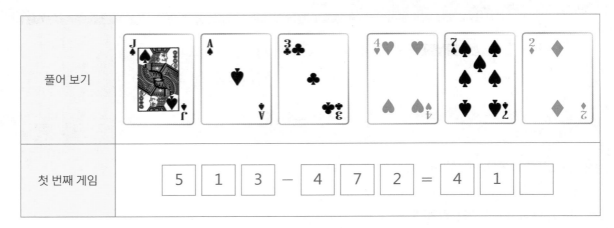
첫 번째 게임	5 1 3 – 4 7 2 = 4 1 ☐

풀어 보기	
두 번째 게임	☐ ☐ ☐ – ☐ ☐ ☐ = ☐ ☐ ☐

풀어 보기	
세 번째 게임	☐ ☐ ☐ – ☐ ☐ ☐ = ☐ ☐ ☐

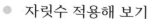

● **자릿수 적용해 보기**

◆ 서울에서 부산으로 여행을 가는데 모두 453명이 기차를 타고 갔어요. 부산에 도착한 후, 453명 중에 250명은 제주도로 가는 비행기를 타고, 나머지 사람은 부산에서 여행을 하기로 결정했어요.

1. 서울에서 부산에 도착한 사람은 총 몇 명인지 지도 안에 써 보고, 옆에 숫자로 적어 볼까요?

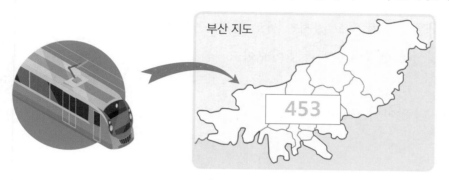

부산에 도착한 사람:

_____ 명

2. 제주도로 가는 비행기를 탈 사람은 몇 명인지 지도 안에 써 보고, 옆에 숫자로 적어 보세요.

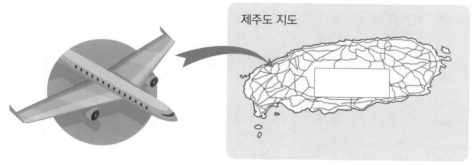

제주도에 도착한 사람:

_____ 명

3. 그렇다면, 제주도에 가지 않고 부산에서 여행할 사람은 총 몇 명일까요?

부산에 도착한 사람 수: [　　　　] 명,   제주도로 떠난 사람 수:  명

식:

[　　　　] + ☁ = ⬭

그렇다면 ⬭ 명이 부산에 남게 됩니다.

활동목표: 뺄셈에 관련된 글자를 찾고 뺄셈식에 적용할 수 있다.

● **덧셈과 뺄셈의 관계를 더 알아보아요.**

더하기와 빼기는 다른 모습을 하고 있지만 서로 관계가 있답니다.

다음 문제들에서 덧셈과 뺄셈의 관계를 알아보아요.

1. 340보다 **얼마나 더** 많아야 400이 될까요?

$$340 + \boxed{} = 400$$

340에서 400이 되려면, 숫자를 더해야 해요. 340에서 얼마만큼 더해야 400이 될까요?

340에서 10을 더하면 350이 되고, 10씩 더해 보면, …… 총 60을 더하면 400이 돼요.

그래서 340＋60＝400이 되지요.

그렇다면, 이번에는 340이 되려면 400을 기준으로 얼마만큼 빼야 하는지 생각해 볼까요?

$$400 - \boxed{} = 340$$

400에서 340이 되려면, 숫자를 빼야 해요. 400에서 얼마만큼 빼야 340이 될까요?

400에서 10을 빼면 390이 되고, 10씩 더 빼 보면, …… 총 60을 빼면 400이 돼요.

그래서 400－60＝340이 되지요.

340 + 60 = 400

400 − 60 = 340

400 − 340 = 60

위치가 달려져도 이렇게 덧셈과 뺄셈이 서로 관계가 있다는 것을 알 수 있어요.

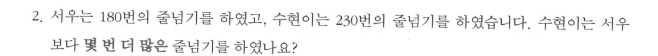

2. 서우는 180번의 줄넘기를 하였고, 수현이는 230번의 줄넘기를 하였습니다. 수현이는 서우 보다 **몇 번 더 많은** 줄넘기를 하였나요?

180 (서우의 줄넘기 횟수) + ⬚ **= 230 (수현이의 줄넘기 횟수)**

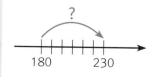

180번 줄넘기를 한 서우는 더 많은 줄넘기를 해야 수현이의 230번의 줄 넘기 횟수를 따라잡을 수가 있어요. 그렇다면 몇 번 더 줄넘기를 해야 수 현이의 줄넘기 횟수와 같아질까요?

10번 더 줄넘기를 하면 190번, 20번 더 줄넘기를 하면 200번…… 50번 더 줄넘기를 하면 230번이 됩니다. 따라서 180+50=230임을 알 수 있 어요.

그렇다면, 이번에는 서우의 줄넘기 횟수는 수현이가 줄넘기한 횟수를 기준으로 얼마만큼 빼야 하 는지 볼까요?

230 (수현이의 줄넘기 횟수) − ⬚ **= 180 (서우의 줄넘기 횟수)**

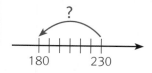

수현이의 줄넘기 횟수인 230번에서 얼마만큼을 빼면 서우의 줄넘기 횟 수와 같아져요. 230에서 10을 빼면 220번, 20을 빼면 210번…… 50을 빼 면 180이 됩니다. 따라서 230−50=180임을 알 수 있어요.

$$\boxed{180} + 50 = 230$$

$$230 - 50 = \boxed{180}$$

$$230 - \boxed{180} = 50$$

활동 2

활동목표: 뺄셈에 관련된 글자를 찾고 식으로 표현할 수 있다.

● 선생님 혹은 **짝**과 함께 다음의 글을 뺄셈식으로 써 보세요.

1. 은서는 400자루의 연필을 갖고 있고, 유진이는 100자루의 연필을 갖고 있습니다.
   은서의 연필 개수에서 유진이의 연필 개수를 **빼면** 몇 자루의 연필이 남을까요?

   1) 은서의 연필 개수: _____ 자루

   2) 유진이의 연필 개수: _____ 자루

   ⇒ [   ] (은서의 연필 개수) − ☁ (유진이의 연필 개수) = ◯ (남은 연필 개수)

   식: [   ] − ☁ = ◯ 자루

   ✏ 스스로 문제 정리하기

   "은서가 유진이보다 _____ 자루 더 많은 연필을 갖고 있습니다."

2. 지은이는 304개의 벽돌을 옮겼습니다. 수아는 200개의 벽돌을 옮겼습니다. 지은이가 수아
   보다 몇 개의 벽돌을 더 옮겼나요?

   1) 지은이가 옮긴 벽돌 개수: _____ 개

   2) 수아가 옮긴 벽돌 개수: _____ 개

   ⇒ [   ] (지은이가 옮긴 벽돌 개수) − ☁ (수아가 옮긴 벽돌 개수) = ◯ (지은
   이가 수아보다 더 많이 옮긴 벽돌 개수)

   식: [   ] − ☁ = ◯ 개

   ✏ 스스로 문제 정리하기

   "_____"

활동 1

스스로 하기

활동목표: 네 자리 수를 정확히 파악하고 읽는다.

● 다음 〈예시〉를 잘 보고, 제시된 네 자리 수를 수막대 모형으로 나열해 볼까요?

준비물 수막대 모형([부록 1–4] 참조)

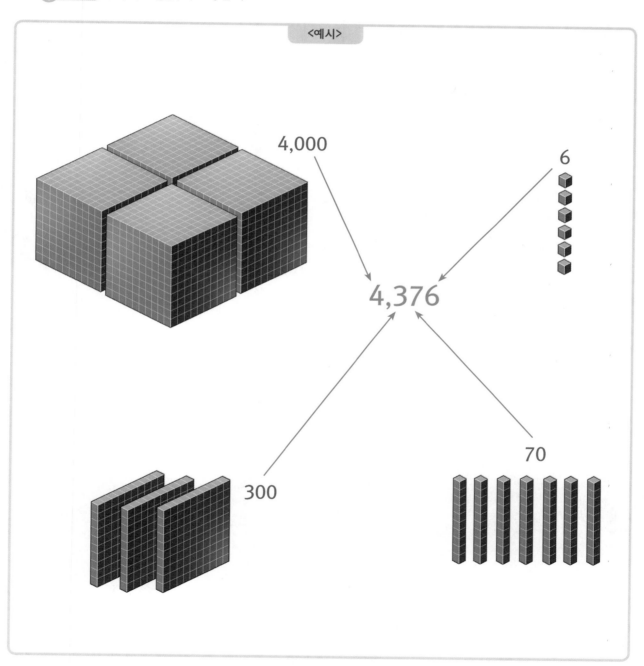

〈예시〉

4,000

6

4,376

70

300

2,540	1,207

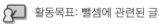 활동목표: 뺄셈에 관련된 글자를 찾고 식으로 쓸 수 있다.

● 다음의 글을 **뺄셈식**으로 써 보세요.

1. 야구장에 어제는 670명의 관객이, 오늘은 1,593명의 관객이 입장
   하였습니다. **언제, 몇 명이 더** 입장하였나요?

   1) (어제 / 오늘) 더 많은 관객이 입장하였습니다.

   2) 몇 명이 더 입장하였는지 알기 위해 식을 세워 봅시다.

식:

 스스로 문제 정리하기

"(어제 / 오늘) _____ 명이 더 입장하였습니다."

2. 민성이는 119장의 카드를, 연호는 317장의 카드를 갖고 있습니다.
   누가, 몇 장의 카드를 더 갖고 있나요?

   1) (민성이가 / 연호가) 더 많은 카드를 갖고 있습니다.

   2) 누가 몇 개의 카드를 더 갖고 있는지 알기 위해 식을 세워
      봅시다.

식:

 스스로 문제 정리하기

"(민성이가 / 연호가) _____ 개의 카드를 더 갖고 있습니다."

03차시 네 자리 수의 덧셈과 뺄셈

📖 **학습목표** • 자릿수에 맞는 문장제를 읽고 덧셈과 뺄셈을 할 수 있다.

도입 교사와 함께하기

💬 활동목표: 네 자리 수 덧셈과 뺄셈을 할 수 있다.

● **네 자리 수 쓰기를 다시 연습해 보세요.**

◆ 네 자리 수는 '몇천 몇백 몇십 몇'에 해당하는 수를 말해요.

◆ 예를 들어, '구천 사백 이십 삼' = **9,423** 이렇게 말하거나 쓰지요.

네 자리 수는 천의 자리 수를 의미하고, 쉼표(,)를 넣어 주어 백의 자리와 구분해요.

다음의 글을 읽어 보고 숫자로 적어 볼까요?

1) 오천 구백 팔십 육 ➡ ☐ , ☐ ☐ ☐

2) 칠천 사백 십 이 ➡ ☐ , ☐ ☐ ☐

3) 삼천 십 ➡ ☐ , ☐ ☐ ☐

4) 천 오백 십 사 ➡ ☐ , ☐ ☐ ☐

활동 1

> 활동목표: 네 자리 수 덧셈과 뺄셈을 할 수 있다.

● **덧셈과 뺄셈의 관계를 알아보아요.**

◆ 덧셈과 뺄셈은 다른 모습을 갖고 있지만 서로 관계가 있어요. 다음 문장을 잘 읽어 보고 부호를 바꾸어 다시 표시해 볼까요?

1. 3,500보다 **얼마나 더** 많아야 6,000이 될까요?

$$3,500 + \underline{}(\text{얼마나 더?}) = 6,000$$

○ 다음 도형을 보고 색깔이 똑같은 도형끼리 화살표로 연결해 보세요.

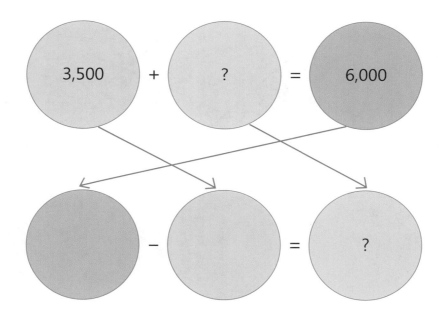

○ 빈 동그라미에 알맞은 숫자를 써 보세요.

○ 같은 색깔이 다른 위치에 가게 되면 덧셈 공식이 뺄셈 공식으로 바뀌는군요!

2. 학교에서 기념품을 3,000개 준비했습니다. 얼마나 더 준비해야 4,500개의 기념품이 될까요?
1번 활동과 같이 알맞은 숫자를 쓰고, 같은 수를 나타내는 도형을 서로 같은 색으로 색칠해
볼까요?

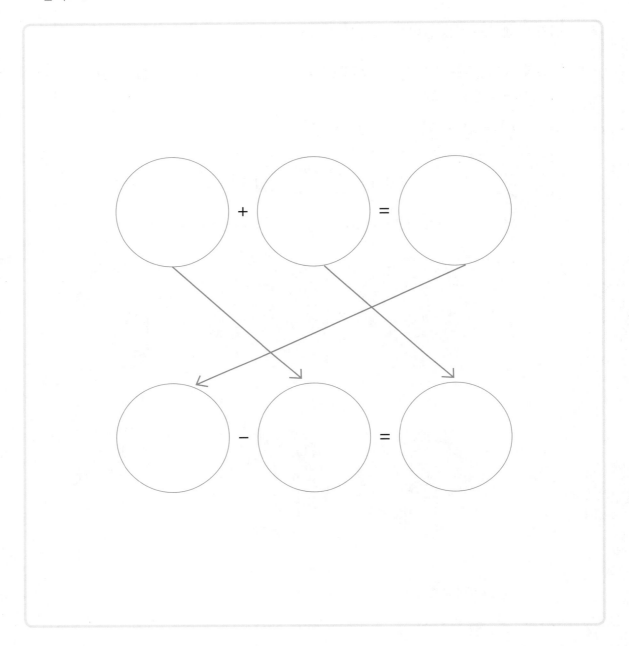

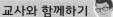

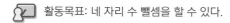 활동목표: 네 자리 수 뺄셈을 할 수 있다.

● 선생님과 혹은 짝과 함께 다음의 글을 뺄셈식으로 써 보세요.

1. 사랑 초등학교에서 소풍을 가는 학생들을 위해 도시락 총 7,000개를 주문했습니다. 그런데 소풍 날 6,800명의 학생만 가게 되어 6,800개의 도시락을 먹었습니다. 남은 도시락은 몇 개인가요?

   1) 학교에서 처음 주문한 총 도시락 개수: [   ] 개

   2) 소풍 날 학생들이 먹은 도시락 개수: (   ) 개

   ⇒ [   ] (총 도시락 개수) − (   ) (학생들이 먹은 도시락 개수)

   = (   ) (남은 도시락 개수)

식:	답:
[ ] − ( ) = ( )	( ) 개

2. 사랑 초등학교에서는 총 7,000개의 도시락을 주문했고, 학생들이 6,800개를 먹었습니다. 그리고 남은 도시락 중에 90개를 해님 유치원에 주었습니다. 그럼 이제 몇 개의 도시락이 남았나요?

   1) 처음에 학교에서 주문한 총 도시락 개수: [   ] 개

   2) 소풍 날 학생들이 먹은 도시락 개수: (   ) 개

   3) 해님 유치원에 준 도시락 개수: ◇ 개

   ⇒ [   ] (총 도시락 개수) − (   ) (학생들이 먹은 도시락 개수) −

   ◇ (해님 유치원에 전달한 도시락 개수), 남은 도시락은 (   ) 개입니다.

   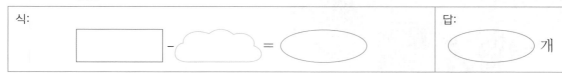

식:	답:
[ ] − ( ) − ◇ = ( )	( ) 개

활동목표: 네 자리 수를 쓸 수 있다.

● 다음 예시를 잘 보고 네 자리 수를 수막대 모형으로 나열해 볼까요?

준비물 수막대 모형([부록 1-4] 참조)

<예시>

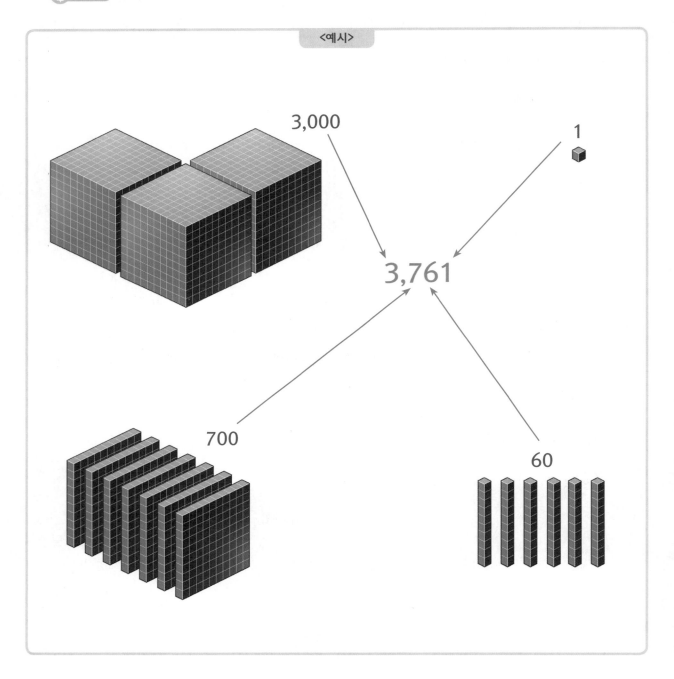

3,000

1

3,761

700

60

1,356

5,503

활동 2

활동목표: 네 자리 수의 덧셈과 뺄셈을 할 수 있다.

● 다음 예시와 같이 문장을 덧셈식과 뺄셈식으로 표현해 보아요. 덧셈이면 식에서 빨간색으로 +
(덧셈 기호)를 색칠하고, 뺄셈이면 파란색으로 −(뺄셈 기호)를 색칠해 볼까요?

<예시>

장난감 공장에서 3,000개의 장난감 인형을 만들어서 1,500개를 팔았습니다.
팔리지 않고 남은 인형은 총 몇 개입니까? 식을 만들어 빈칸을 채워 보세요.

3,000 − 1,500 = ___1,500___
3,000에서 1,500을 빼었더니 남은 인형은 1,500개입니다.

1. 혜성이는 1,010장의 카드를 갖고 있고, 민준이는 2,000장의 카드를
갖고 있습니다. 혜성이와 민준이의 카드를 더하면 총 몇 장의 카드
가 있나요?

1) 혜성이가 갖고 있는 카드: [　　　] 장

2) 민준이가 갖고 있는 카드: [구름] 장

식: [　　　] + [구름] = (　　　)　　　　답: (　　　) 명

✏️ 스스로 문제 정리하기

[　　　] + [구름] = (　　　)

"혜성이와 민준이의 카드는 총 (　　　) 장입니다."

2. 자연사박물관에는 총 1,003마리의 동물이 전시되어 있습니다.
   몇 마리의 동물이 더 있어야 1,500마리의 동물이 될까요?

   1) 박물관에 전시된 동물의 수: ⬚ 마리

   2) 박물관에서 원하는 총 동물의 수: ☁ 마리

   잠깐! 잘 읽고 순서를 정해서 넣어요.

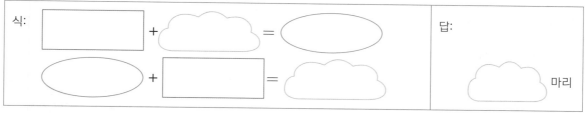

   식: ⬚ + ☁ = ⬯

   ⬯ + ⬚ = ☁

   답: ☁ 마리

   ✏ 스스로 문제 정리하기

   "박물관에 ☁ 마리가 더 있어야 총 ⬯ 마리의 동물이 됩니다."

3. 2년 전에 우리 학교의 학생 수는 2,864명이었습니다. 작년에 112명이 전학을 왔고, 올해는
   320명이 다른 학교로 전학을 갔어요. 그럼 현재 우리 학교에는 몇
   명의 학생이 남아 있나요?

   1) 2년 전보다 작년에 우리 학교 학생이 더 많아졌나요? (○ , ×)

   2) 올해가 작년보다 학생이 더 많나요? (○ , ×)

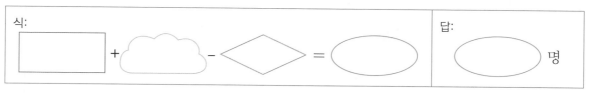

   식: ⬚ + ☁ − ◇ = ⬯

   답: ⬯ 명

   ✏ 스스로 문제 정리하기

   "＿＿＿＿＿＿＿＿＿＿＿＿＿＿＿＿＿＿＿＿＿＿＿＿＿＿＿＿＿"

04 차시 한 자리 수 및 두 자리 수의 곱셈

📖 **학습목표** • 자릿수에 맞는 문장제를 이해하고 셈을 할 수 있다.

도입

교사와 함께하기

💬 활동목표: 두 자리 수 및 세 자리 수와 한 자리 수의 곱셈을 할 수 있다.

● 곱셈식을 알아봅시다.

> **곱셈이란?**
>
> 같은 수를 여러 번 더하는 경우, 덧셈을 여러 번 하는 것보다 곱셈으로 한 번에 편리하게 계산할 수 있습니다.
> 곱셈 기호(×)는 영국의 수학자 오트레드가 십자가를 처음으로 옆으로 비스듬히 돌려서 곱하기 기호로 사용한 데서 시작되었다고 해요. 덧셈 기호(+)와 비슷해 보이지만 옆으로 비스듬히 돌리면 덧셈보다 더 빠른 계산이 가능한 곱셈 기호가 된다는 것을 잊지 마세요!

나는 덧셈 기호를 옆으로 돌려놓은 것 같지만 덧셈보다 훨씬 빠른 계산을 할 수 있다구!

곱셈 옆에 있으니까 뭔가 내가 작아지는 것만 같아….

● 두 자리 수와 한 자리 수의 곱셈을 문장제로 풀어 보세요.

1. 나는 하루에 식사를 3번(3회) 하는데, 식사를 한 번 할 때 10분씩 걸립니다. 하루에 식사를 하는 데 걸리는 시간은 총 몇 분일까요?

    1) 식사를 한 번 할 때 걸리는 시간은? <u>10</u> 분

    2) 하루에 몇 번 식사를 하는가? <u>3</u> 번

    ◆ 덧셈(+)으로 풀어 볼까요? `10분` + `10분` + `10분` = (총 30분)

    ◆ 곱셈(×)으로 풀어 볼까요? `10분` × (3번) = (총 30분)

    잠깐! 곱셈과 덧셈은 서로 관련이 있습니다!

2. 앞의 식과 답을 다음 빈칸에 각각 채워 보세요.

〈덧셈으로 풀 경우〉

〈곱셈으로 풀 경우〉

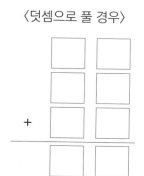

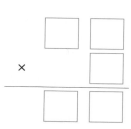

활동 1

 활동목표: 두 자리 수와 한 자리 수의 곱셈을 할 수 있다.

● 다음 문장을 덧셈식과 곱셈식으로 써 보세요.

1. 음료수가 한 상자에 30개씩 들어 있습니다. 6개의 상자에는 모두 몇 개의 음료수가 들어 있나요?

 한 개의 상자 안에는  음료수가 _____ 개 들어 있습니다.

총 상자의 수는 _____ 개입니다. 이제 음료수가 총 몇 개 있는지 알아볼까요?

◆ 덧셈식으로 표현해 보세요.

☐ (상자 1) + ☐ (상자 2) + ☐ (상자 3)

+ ☐ (상자 4) + ☐ (상자 5) + ☐ (상자 6)

= ◯ (총 음료수 개수)

◆ 곱셈식으로 표현해 보세요.

☐ (한 상자 안의 음료수 개수) × ◯ (총 상자 개수) = ◯ 개

활동 1

활동목표: 두 자리 수 및 세 자리 수와 한 자리 수의 곱셈을 할 수 있다.

● 다음 곱셈을 문장제를 통해 풀어 보세요.

1. 우리 가족은 과수원에 놀러 갔습니다. 사과를 따서 바구니에 20개씩 담았어요. 우리 가족이 사과를 담은 바구니는 총 7개입니다. 그럼 모두 몇 개의 사과를 땄나요?

   1) 바구니 한 개에 있는 사과는 몇 개? [　　　] 개

   2) 총 바구니의 수는?  개

   ◆ 덧셈으로 풀어 볼까요? [　]+[　]+[　]+[　]+[　]+[　]+[　] = 총 ◯ 개

   ◆ 곱셈으로 풀어 볼까요? [　] × ☁ = 총 ◯ 개

   ✏ 스스로 문제 정리하기

   "오늘 우리 가족은 모두 _____ 개의 사과를 땄습니다."

2. 나는 줄넘기를 아침에 2번, 저녁에 2번, 하루에 총 4번(4회) 줄넘기를 해요. 줄넘기를 한 번 할 때마다 연속으로 100번씩 할 수 있어요! 내가 하루에 하는 줄넘기는 총 몇 번일까요?

   1) 내가 연속으로 할 수 있는 줄넘기는 몇 번? [　　　] 번

   2) 내가 하루에 줄넘기를 하는 횟수는 몇 번? ☁ 번

   ◆ 덧셈으로 풀어 볼까요? [　]+[　]+[　]+[　] = 총 ◯ 번

   ◆ 곱셈으로 풀어 볼까요? [　] × ☁ = 총 ◯ 번

   ✏ 스스로 문제 정리하기

   " _____ "

활동 2

 활동목표: 두 자리 수 및 세 자리 수와 한 자리 수의 곱셈을 할 수 있다.

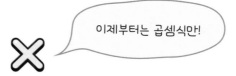
이제부터는 곱셈식만!

● 곱셈을 연습해 보아요.

1. 민수네 학교 3학년 학생은 총 450명입니다. 모든 3학년 학생이 우유를 하루에 한 개씩 마십니다. 9일 동안 모든 학생이 마신 우유는 몇 개 일까요?

잠깐! 문제풀이에 필요없는 숫자도 있어요. 여기서 문제풀이에 필요없는 수는 무엇일까요? _____

곱셈식: ☐ × ⬭ = ⬭	답: ⬭ 개

2. 다음 예시를 골라 나만의 곱셈 이야기를 만들어 보아요.

〈예시〉

1마리당 계란 11개, 닭 5마리

〈곱셈 이야기〉

닭 5마리가 있어요. 1마리당 하루에 알을 11개씩 낳을 수 있습니다. 그럼 하루에 총 몇 개의 계란이 생길까요?

곱셈식: ☐ × ⬭ = ⬭	답: ⬭ 개

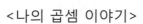

<나의 곱셈 이야기>

연필 1박스는 12자루, 연필 8박스

_____

_____

_____

_____

_____

_____

곱셈식: ▭ × ☁ = ◯   답: ◯

05차시 두 자리 수와 두 자리 수의 곱셈

📖 **학습목표** • 자리 수에 맞는 문장제를 이해하고 곱셈을 할 수 있다.

도입

교사와 함께하기

 활동목표: 두 자리 수와 두 자리 수의 곱셈을 할 수 있다.

● 두 자리 수와 두 자리 수의 곱셈을 문장제로 풀어 보세요.

1. 나는 하루에 10번 줄넘기를 해요. 한 번 할 때마다 20번씩 연속으로 할 수 있지요. 그럼 나는 하루에 총 몇 번의 줄넘기를 하나요?

   1) 하루에 줄넘기를 하는 횟수는? 　10　회

   2) 한 번에 줄넘기를 몇 번 할 수 있나요? 　20　번

   ◆ 덧셈(＋)으로 풀어 볼까요?

   10회 ＋ 10회 ＋ ＿＿ …… (몇 번이나 더해야 하지?) ＝ 총 200번이 나와야 하는데 자리가 부족해!

이번 문제는 10을 총 20번 써야 하니 쓸 자리도 부족하고 계속 더하는 것이 많이 헷갈리네요!

그럼 조금 간단히 볼 수 있는 곱셈식으로 풀어 볼까요?

다음의 곱셈 칠판에 총 줄넘기 횟수를 계산할 수 있게 식을 써 보세요.

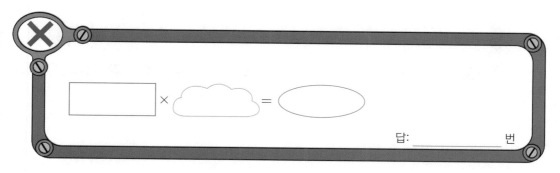

답: ＿＿＿＿＿ 번

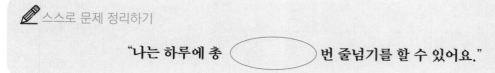

✏️ 스스로 문제 정리하기

"나는 하루에 총 ⬭ 번 줄넘기를 할 수 있어요."

2. 음료수가 한 상자에 30개씩 들어 있습니다. 10개의 상자에는 모두 몇 개의 음료수가 들어 있습니까?

    1) 한 상자 안에는 _____ 개의 음료수가 들어 있습니다.

    2) 총 상자의 수는 _____ 개입니다.

이제 음료수가 모두 몇 개 있는지 알아볼까요?

◆ 곱셈식으로 표현해 보세요.

    _____(상자 안의 음료수 개수) × _____(총 상자 개수) = _____(총 음료수 개수)

◆ 다음의 곱셈 칠판에 곱셈식을 만들어 문제를 풀어 볼까요? 방법은 한 개 이상일 수 있어요!

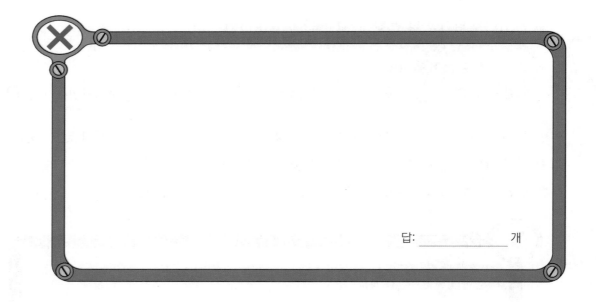

답: _____ 개

✎ 스스로 문제 정리하기

"

_____

_____ . "

활동 1

🔖 활동목표: 두 자리 수와 두 자리 수의 곱셈을 할 수 있다.

● 다음 이야기를 통해 곱셈을 풀어 보세요.

1. 우리 가족은 주말에 과수원에 놀러 갔습니다. 귤을 따서 바구니에 40개씩 담았어요. 우리 가족이 귤을 담은 바구니는 총 15개입니다. 그럼 모두 몇 개의 귤을 땄나요?

    1) 바구니 한 개에 있는 귤은 몇 개? _____ 개

    2) 총 바구니의 수는? _____ 개

◆ 다음의 곱셈 칠판에 곱셈식으로 표현해 보세요.

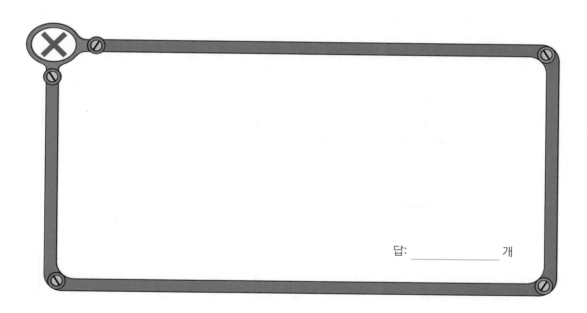

답: _____ 개

✏️ 스스로 문제 정리하기

"
_____

_____ "

활동목표: 두 자리 수와 두 자리 수의 곱셈을 할 수 있다.

1. 이번에는 숫자만으로 다음 곱셈을 빠르게 풀어 보세요.

이름:　　　　　　　　날짜:

① 　　1 9
　　× 5 1
　　　1 9
　　9 5
　　9 6 9

② 　　5 8
　　× 4 7

③ 　　6 6
　　× 5 1

④ 　　5 8
　　× 8 9

⑤ 　　8 0
　　× 3 7

⑥ 　　2 0
　　× 1 2

⑦ 　　2 9
　　× 2 3

⑧ 　　7 9
　　× 8 0

⑨ 　　9 6
　　× 4 6

활동목표: 한 자리 수와 두 자리 수의 곱셈을 빨리 계산할 수 있다.

● **다음 문제를 스스로 풀어 보세요.**

1. 다음의 숫자와 그림을 보고 나만의 곱셈 이야기를 만들어 보세요.

<예시>

〈곱셈 이야기〉

내 동생은 하루에 우유를   3   개씩 마셔요.
그렇다면   10   일 동안 내 동생은 우유를
몇 개 마실까요?

우유 3개

곱셈식: 3   ×   10   =   30

답: 30   개

〈곱셈 이야기〉

_____

_____

_____

팽이 20개

곱셈식: ☐ × ☁ = ⬭

답: ⬭ 개

06차시 두 자리 수와 한 자리 수의 나눗셈

📖 **학습목표** • 자릿수에 맞는 문장제를 이해하고 나눗셈을 할 수 있다.

도입

 교사와 함께하기

💬 활동목표: 두 자리 수와 한 자리 수의 나눗셈을 할 수 있다.

● 나눗셈을 알아봅시다.

나눗셈이란?

 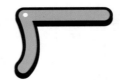

나눗셈은 곱셈과 반대처럼 보이지만 매우 친한 친구입니다. 빼기를 연속해서 하는 것이라고도 생각할 수 있습니다. 같은 크기로 여러 개로 나누는 것이지요. 예를 들면, '3명의 친구들과 1다스의 연필을 공평하게 나누어 갖기' '피자 한 판을 친구 4명과 나누어 먹기' 등 일상생활에서 나누기가 필요한 경우가 많이 있습니다.

주변에서 '나누기'를 해야 할 때는 언제가 있을까요? 짝과 함께 생각을 나누어 보세요. 다음의 예시를 읽어 보고 다른 예를 적어 보세요.

• 예시) 우리 가족은 4명인데 한 판에 8조각인 피자를 나누어 먹고 싶어요!

• _____

• _____

● 두 자리 수와 한 자리 수의 나눗셈을 이야기를 통해 알아보아요.

1. 나는 하루에 줄넘기를 60번 하기로 계획했어요. 그런데 한 번에 다 하기에는 숨이 차서 하루에 세 번으로 나누어서 한답니다. 그럼 내가 한 번에 하는 줄넘기는 몇 번인가요?

　　1) 내가 하루에 할 수 있는 줄넘기는 몇 번인가요?　[60] 번

　　2) 줄넘기를 하루에 세 번으로 나누어 할 경우, 한 번에 줄넘기를 몇 번 하나요?　(20) 번씩

교사 TIP

◆ 어떻게 알 수 있을까요? 60번의 줄넘기를 하루에 세 번에 나누어 하기 때문에 나눗셈을 이용해서 매번 얼마큼 하는지 알 수 있습니다. 총 줄넘기 횟수 60÷하루 세 번=한 번에 20번씩 해요!

$$[60] ÷ (3) = (20) 번$$

2. 도희와 민철이가 다음처럼 잘라 놓은 색종이를 공평하게 나누어 가지려고 합니다. 도희와 민철이는 각각 몇 장을 갖게 될까요? 설명해 보고 글로 적어 볼까요?

　　1) 총 색종이의 수: [　　　　] 장

　　2) 누가 나누어 갖고 싶나요? ＿＿＿＿＿ , ＿＿＿＿＿

　　3) 몇 명이지요? (　　　　) 명

식:	답:
[　　] ÷ (　　) = (　　)	(　　) 장

✏️ 스스로 문제 정리하기

　"＿＿＿＿＿＿＿＿＿＿＿＿＿＿＿＿＿＿＿＿＿＿＿＿＿＿＿＿＿＿＿＿＿＿."

활동 1

활동목표: 두 자리 수와 한 자리 수의 나눗셈을 하고, 나머지를 구할 수 있다.

● 다음을 읽고 문제를 풀어 보세요.

1. 한 상자에 음료수가 30개씩 들어 있습니다. 10명의 학생이 골고루 나누어 먹고 싶어 해요.
   한 명이 몇 개의 음료수를 먹을 수 있을까요?

   1) 한 상자 안에는 __30__ 개의 음료수가 들어 있습니다.

   2) 나누어 먹고 싶은 학생의 수는 __10__ 명입니다.

   나눗셈 공식을 사용해 표현해 볼까요? 다음 괄호 안에 숫자가 나타내는 의미를 써 보세요.

(한 상자 안에 음료수 개수) ÷ (	) = (	)
30 ÷ 10 = 3		

   한 학생당 _____ 개의 음료수를 먹을 수 있습니다.

2. 색종이 50장을 4명에게 똑같이 나누어 주려고 합니다. 위와 같은 글을 쓰고 공식으로 표현해
   보세요. 혹시 남는 색종이가 있나요? 있다면 따로 적어 주세요.

   이제는 내가 글로 써 보자!

   1) _____

   2) _____

☐ ÷ ⌒ = ◯ , 남는 것은 _____ 장입니다.

   한 학생당 _____ 장의 색종이를 가질 수 있습니다.
   그리고 4명에게 똑같이 나누어주고 남은 색종이는 총 _____장입니다.
   이것을 우리는 '**나머지**'라고 합니다.

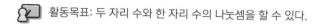

🔲 활동목표: 두 자리 수와 한 자리 수의 나눗셈을 할 수 있다.

● 스스로 문제를 풀어 봅시다.

1. 색연필 64자루를 각 학생당 4자루씩 주려고 합니다. 그럼 몇 명에게 줄 수 있을까요?

　　1) 색연필은 총 몇 자루가 있습니까? _____ 자루

　　2) 학생당 색연필을 몇 자루씩 나누어주려고 하나요? _____ 자루

　　◆ 나눗셈식으로 표현해 볼까요?

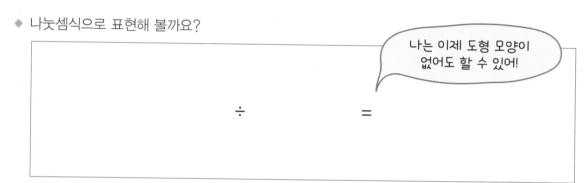

나는 이제 도형 모양이 없어도 할 수 있어!

÷ 　　　　 =

　　3) 그럼 총 몇 명한테 줄 수 있나요? _____ 명

✏️ 스스로 문제 정리하기

"_____

_____

_____."

2. 우리 반에는 총 35명이 있고, 5개의 모둠이 있습니다. 모둠별로 학생 수가 똑같다면 각 모둠에 몇 명씩 있나요? 이야기로 설명해 보고, 나눗셈식으로 표현해 볼까요?

	÷	=

✏️ 스스로 문제 정리하기

"

. "

3. 과자를 65개 사서 10명의 친구들이 나누어 먹으려고 합니다. 한 친구당 몇 개의 과자를 가져갈 수 있나요? 10명에게 공평하게 나누어 주고 남은 과자는 몇 개일까요? 다음 빈칸에 자유롭게 식을 쓰고 답을 적어 보세요.

식:	답:
	1명당 _____ 봉지
	나머지 _____ 봉지

✏️ 스스로 문제 정리하기

"

. "

단계
02

1. 개관

가. 분수와 소수

분수와 소수 관련 수학 문장제의 특성을 설명하고, 실생활 이야기로 이해력을 돕고자 하였습니다. 또한 전략을 활용할 수 있는 아동이나 교사를 위해 전략 소개를 구체화하였으며, 시각적인 수학 도구를 활용하여 분수 및 소수에 대한 이해를 높이고자 하였고, 이를 문장제로 연계하여 구성하였습니다.

나. 전략 소개

첫째, 그림 그리기 전략은 문제 상황을 그림으로 표현하여 해결하거나 그 방법을 찾는 전략입니다. 이를 통해 구해야 할 것이 무엇인지, 답을 구하기 위해 어떤 수들이 필요한지 명확히 함으로써 답을 구하기 위한 계획을 세울 수 있습니다. 주어진 문제를 그림으로 나타내기 어려운 경우, 기호를 사용하여 간단한 도식을 그려 볼 수 있습니다.

둘째, 기호, 점, 선, 도형 등을 사용한 도식화 전략을 활용합니다. 이 전략은 그림 그리기 전략보다는 한 단계 수학적인 접근으로 수학에서 사용되는 기호, 점, 선, 도형을 시각적으로 그려 봄으로써 문장제를 수학적으로 접근하는 중간 목표점(midpoint goal)으로 활용할 수 있습니다.

셋째, 핵심어 전략은 문장제에서 아동이 문제를 해결하는 데 도움이 되는 핵심적인 단어를 찾아서 문제를 해결하는 것을 말합니다. 즉, 문장제를 읽고 포함된 핵심어에 표시하고, 핵심 단어의 의미를 해석하여 수식으로 표현하는 것입니다(이태수, 홍성두, 2006).

넷째, 표 만들기 전략은 문제에 주어진 정보들을 표로 나타내어 그 정보들을 조직화하고 표에 나타난 자료 사이의 관계를 파악하여 이를 근거로 문제를 해결하는 전략입니다. 정보를 표로 나타내면 빠진 자료를 쉽게 찾을 수 있을 뿐만 아니라 의미 있는 규칙성을 발견하는 데도 유용합니다.

2. 전개 계획

차시	주제	학습목표
1	분수의 덧셈	문장제에서 식을 세워 분수의 덧셈을 할 수 있다.
2	분수의 뺄셈	문장제에서 식을 세워 분수의 뺄셈을 할 수 있다.
3	소수의 덧셈	문장제에서 식을 세워 소수의 덧셈을 할 수 있다.
4	소수의 뺄셈	문장제에서 식을 세워 소수의 뺄셈을 할 수 있다.

5	세 자리 수 및 네 자리 수의 곱셈	문장제에서 식을 세워 세 자리 수와 네 자리 수의 곱셈을 할 수 있다.
6	두 자리 수 및 세 자리 수의 나눗셈	문장제에서 식을 세워 자릿수에 맞는 소수의 나눗셈을 할 수 있다.
7	혼합계산	혼합계산에서 필요한 전략을 활용하며 문제를 해결할 수 있다.

3. 지도 유의사항

- 문장제에서 모르는 단어나 구절 및 문장에 대한 이해를 확인합니다.
- 분수와 소수의 덧셈 개념을 충분히 숙지한 후 곱셈과 나눗셈의 개념에 대해 학습하도록 합니다.
- 학습에 도움이 되는 다양한 도구와 부록의 구체물을 활용합니다.

4. 중재 지도안 예시

단계	2단계 1차시
활동목표	문장제에서 식을 세워 분수의 덧셈을 할 수 있다.
준비물	연필, 색연필, 강화물, 구체물([부록 2-1] 참조)
도입	• 분수 연산 관련 어휘 구분, 연산 연습하기 • 덧셈을 나타내는 실생활 상황 시각적으로 제시하기
전개	• '핵심어 전략' '그림 그리기 전략' '문제 만들기 전략' 소개하기
	• 분수의 크기를 비교하기, 문제를 그림으로 나타내기
	• 그림을 문장제와 연결 지어 식을 써 보고 풀어 보기
적용	• 분수의 덧셈식을 다양한 형태로 풀어 보기
정리 및 평가	• 학습 내용 정리 및 BASA 문장제 검사도구 • 2차시 예습

5. 학습 평가

평가 영역	평가 내용	관련 차시
문장제에서 분수의 덧셈과 관련된 단어를 찾을 수 있다.	문장제에서 '더하여' '모두'와 같은 단어를 찾을 수 있다.	1
문장제에서 분수의 뺄셈과 관련된 단어를 찾을 수 있다.	문장제에서 '남은'과 같은 단어를 찾을 수 있다.	2
도식화 전략을 사용할 수 있다.	문제를 이해하고 기호, 점, 선, 도형을 시각적으로 그릴 수 있다.	모든 차시
핵심어 전략, 시각적 표상 전략을 사용할 수 있다.	문제에서 핵심어 전략이나 시각적 표상 전략을 활용하여 식을 만들 수 있다.	모든 차시

01 차시 분수의 덧셈

📖 **학습목표** • 문장제에서 식을 세워 분수의 덧셈을 할 수 있다.

도입

교사와 함께하기

💬 활동목표: 문장제를 해결하기 위한 전략을 이해한다.

● **그림 그리기 전략**

> 문제에 나타난 상황, 사실, 관계 등을 그림으로 표현하여 해결하거나 그 방법을 찾는 전략
>
> 1) 문제에서 주어진 것과 구해야 할 것을 모두 찾아봅니다.
>
> 2) 주어진 것과 구해야 할 것을 모두 그림으로 나타내어 보고, 그 관계를 파악합니다.
>
> 3) 답을 구하기 위해 어떤 수들이 필요한지 확인하고, 답을 구하기 위한 계획을 세웁니다.
>
> 4) 그림으로 나타내기 어렵다면, 기호를 사용하거나 간단한 도식으로 그려 볼 수 있습니다.
>
>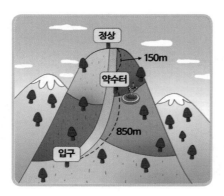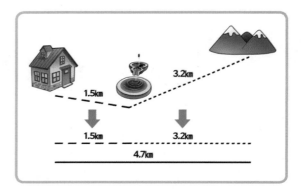

● **비슷한 문제 만들어 보기**

> 방금 풀었던 문제를 이번에는 자신이 직접 만들어 봅니다.
>
> 1) 비슷한 조건을 가지고 있는 문제를 만들어 볼 수 있습니다.
>
> 2) 자신의 실생활과 관련한 내용으로 문제를 바꾸어 볼 수 있습니다.
>
> 3) 단순히 숫자를 쉽게 또는 어렵게 바꾸어 비슷한 문제를 만들 수 있습니다.

● 분수 문제를 왜 풀어야 해요?

찬희: 나 초콜릿 있는데, 줄까?

희선: 응! 나 초콜릿 진짜 좋아해! 한 개 다 줄 수 있어?

찬희: 아니, 나도 먹고 싶단 말이야. 반만 줄게.

희선: 알겠어. 고마워! 반만 줘.

여기서 '반만 줘'라는 말의 의미는 초콜릿의 $\frac{1}{2}$을 말하는 거예요. 우리는 생활 속에서 알게 모르게 분수의 개념을 사용하고 있답니다. 이렇게 먹을 것이나 물건 등을 나눌 때 분수가 사용됩니다.

● 피자를 나누어 먹어요 ①

🔘 준비물 피자 스티커([부록 2-1] 참조)

1. 부록의 스티커를 알맞게 붙여 피자 한 판을 만들어 보세요.

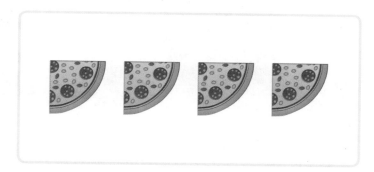

2. 피자 한 판 중 $\frac{3}{4}$를 먹었어요. 얼마나 남았을까요? 남은 조각 만큼 스티커를 붙여 보세요.

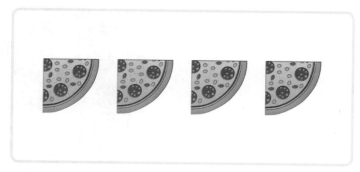

● 피자를 나누어 먹어요 ②

🔵 준비물 피자 스티커([부록 2-1] 참조)

1. 부록의 피자 스티커를 알맞게 붙여 피자 한 판을 만들어 보세요.

2. 피자 한 판 중 $\frac{5}{8}$ 를 먹었어요. 얼마나 남았을까요? 남은 조각 만큼 스티커를 붙여 보세요.

3. 우리 가족은 몇 명인가요? 가족들과 피자 한 판을 나누어 먹으려면 어떻게 나누어야 하는지 선으로 그어 피자를 잘라 보세요.

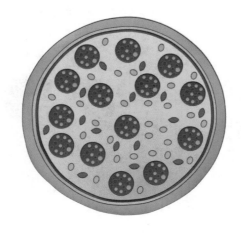

활동 1

활동목표: 분수의 크기를 비교할 수 있다.

● 그림과 맞는 분수 찾기

1. 그림에 알맞은 분수를 찾아 선으로 연결해 보세요.

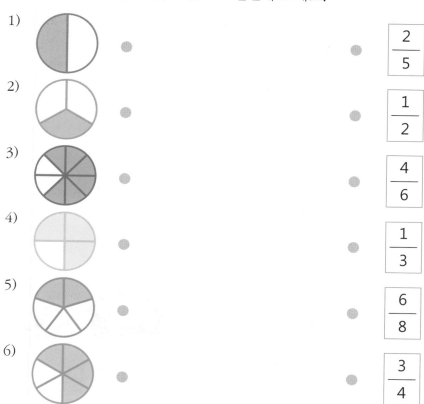

2. 1번 문제의 그림에서 색칠되지 않은 부분을 나타내는 분수를 찾고, 노란색 칸에 해당하는 그림의 번호를 적어 주세요.

$\frac{2}{8}$	$\frac{2}{6}$	$\frac{1}{4}$	$\frac{2}{3}$	$\frac{1}{2}$	$\frac{3}{5}$
3번					

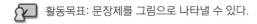 활동목표: 문장제를 그림으로 나타낼 수 있다.

● 다음을 읽고 문제를 풀어 보세요.

1. 크기와 모양이 같은 케이크가 2개 있습니다. 진솔이는 케이크 한 개의 $\frac{3}{7}$만큼을 먹었고, 동생은 케이크 한 개의 $\frac{2}{7}$만큼을 먹었습니다. 진솔이와 동생이 먹은 케이크는 모두 얼마일까요? 분수로 나타내세요.

활동 순서	적어 보기, 그려 보기, 풀어 보기
① 이해를 위한 읽기 ▶ 문제를 읽어 보기 ▶ 이해할 수 없으면 다시 읽기 ▶ 모르는 단어에 표시하기	1) 케이크 2개는 [크기]와 [모양]이 똑같다. 2) 진솔이는 케이크 한 개의 [ ]을 먹었다. 3) 동생은 케이크 한 개의 [ ]를 먹었다. 4) 크기와 모양이 같은 것끼리 짝 지어진 것은? ① ② ③
② 자신의 단어로 바꾸어 말하기 ▶ 중요한 부분에 밑줄 긋기 ▶ 이 문제를 자신의 말로 말해 보기	5) 크기와 모양이 같은 케이크가 2개 있습니다. 진솔이는 케이크 한 개의 $\frac{3}{7}$만큼을 먹었고 동생은 케이크 한 개의 $\frac{2}{7}$만큼을 먹었습니다. 진솔이와 동생이 먹은 케이크는 모두 얼마일까요? 분수로 나타내세요. 6) 문제를 자신의 말로 간단히 해 보기

활동 순서	적어 보기, 그려 보기, 풀어 보기
③ 그림으로 표현하기	7) 진솔이와 동생이 먹은 케이크 양을 그림에 색칠해 보세요. 진솔이가 먹은 케이크　　　동생이 먹은 케이크
④ 문제해결을 위한 계획 세우기 ▶ 필요한 연산기호(＋, －, ×, ÷)를 써 보기	8) 필요한 연산기호는 무엇일까요? _____ 　왜 그렇게 생각했나요? _____ 9) 필요한 연산기호를 그림으로 나타내어 보세요. ◯ ☐ ◯ ＝ ◯
⑤ 계산하기 ▶ 식을 써 보기 ▶ 계산하기	10) 식: $$\frac{\square}{\square} + \frac{\square}{\square}$$ 11) 답: _____ 개 12) $$\frac{\square + \square}{\square}$$ 　① 분모가 같을 경우 분모는 그대로 둡니다. 　② 분자끼리 더합니다.
⑥ 검토하기 ▶ 계산 과정이 맞았는지 확인하기 ▶ 분수로 나타내었는지 확인하기	13) 문제에서 정답을 어떤 수로 나타내라고 했나요? _____

2. 진호는 매일 아침 운동을 합니다. 어제는 $\frac{3}{6}$시간, 오늘은 $\frac{4}{6}$시간 동안 운동을 하였습니다. 진호가 어제와 오늘 운동한 시간은 모두 몇 시간입니까? 가분수로 나타내세요.

활동 순서	적어 보기, 그려 보기, 풀어 보기

① 이해를 위한 읽기
▶ 문제를 읽어 보기
▶ 이해할 수 없으면 다시 읽기
▶ 모르는 단어에 표시하기
	1) 진호가 어제 운동한 시간은 ☐ 시간이다.
	
	2) 진호가 오늘 운동한 시간은 ☐ 시간이다.
	
	시계를 피자라고 생각해 보세요.
	
	3) 시간을 분수로 나타내 봅시다.
	  ① 시계를 네 등분해 보세요. ② 시계를 여섯 등분해 보세요.
	
	몇 분 단위로 나눌 수 있나요? 몇 분 단위로 나눌 수 있나요?
	_____ 분 _____ 분
	
	  ③ 시계를 다섯 등분해 보세요.
	
	몇 분 단위로 나눌 수 있나요?
	_____ 분

② 자신의 단어로 바꾸어 말하기 ▶ 중요한 부분에 밑줄 긋기 ▶ 이 문제를 자신의 말로 말해 보기	4) 진호는 매일 아침 운동을 합니다. 어제는 $\frac{3}{6}$시간, 오늘은 $\frac{4}{6}$시간 동안 운동을 하였습니다. 진호가 어제와 오늘 운동한 시간은 모두 몇 시간입니까? 가분수로 나타내세요. 5) 문제를 자신의 말로 간단히 해 보기

활동 순서	적어 보기, 그려 보기, 풀어 보기
③ 그림으로 표현하기	6) 진호가 어제, 오늘 운동한 시간을 그림에 색칠해 보세요. 어제 오늘
④ 문제해결을 위한 계획 세우기 ▶ 필요한 연산기호(+, −, ×, ÷)를 써보기	7) 필요한 연산기호는 무엇일까요? _____ 왜 그렇게 생각했나요? _____ 8) 필요한 연산기호를 그림으로 나타내어 보세요.
⑤ 계산하기 ▶ 식을 써 보기 ▶ 계산하기	9) 식: $$\frac{\square}{\square} + \frac{\square}{\square}$$ 10) 답: _____ 시간 11) $$\frac{\square + \square}{\square}$$ ① 분모가 같을 경우 분모는 그대로 둡니다. ② 분자끼리 더합니다.
⑥ 검토하기 ▶ 계산 과정이 맞았는지 확인하기 ▶ 가분수로 나타내었는지 확인하기	12) 문제에서 정답을 어떤 수로 나타내라고 했나요? _____

활동목표: 문장제를 그림으로 나타낼 수 있다.

● 다음 문제를 스스로 풀어 보세요.

1. 크기와 모양이 같은 초콜릿이 2개 있습니다. 진솔이는 초콜릿 한 개의 $\frac{2}{9}$만큼을 먹었고, 동생은 $\frac{5}{9}$만큼을 먹었습니다. 진솔이와 동생이 먹은 초콜릿은 모두 얼마일까요? 분수로 나타내세요.

활동 순서	적어 보기, 그려 보기, 풀어 보기
① 이해를 위한 읽기 ▶ 문제를 읽어 보기 ▶ 이해할 수 없으면 다시 읽기 ▶ 모르는 단어에 표시하기	1) 초콜릿 2개는 [　　　] 와 [　　　] 이 똑같다. 2) 진솔이는 초콜릿 한 개의 [　　] 를 먹었다. 3) 동생은 초콜릿 한 개의 [　　] 를 먹었다.
② 자신의 단어로 바꾸어 말하기 ▶ 중요한 부분에 밑줄 긋기	4) 크기와 모양이 같은 초콜릿이 2개 있습니다. 진솔이는 케이크 한 개의 $\frac{2}{9}$만큼을 먹었고 동생은 케이크 한 개의 $\frac{5}{9}$만큼을 먹었습니다. 진솔이와 동생이 먹은 케이크는 모두 얼마일까요? 분수로 나타내세요.
③ 그림으로 표현하기 ④ 문제해결을 위한 계획 세우기 ▶ 필요한 연산기호(+, −, ×, ÷)를 써 보기	5) 진솔이와 동생이 먹은 초콜릿 양을 그림으로 나타내어 보세요.　　진솔이　　동생 
⑤ 계산하기 ▶ 식을 써 보기 ▶ 계산하기	6) 식: $\dfrac{\Box}{\Box} + \dfrac{\Box}{\Box}$ 7) 답: ＿＿＿＿＿＿＿＿＿ 개 8) $\dfrac{\Box + \Box}{\Box}$　　① 분모가 같을 경우 분모는 그대로 둡니다. 　　② 분자끼리 더합니다.
⑥ 검토하기 ▶ 계산 과정이 맞는지 확인하기 ▶ 분수로 나타내었는지 확인하기	9) 문제에서 정답을 어떤 수로 나타내라고 했나요? ＿＿＿＿＿＿＿＿＿＿＿

2. 사랑이는 매일 아침 피아노 연습을 합니다. 어제는 $\frac{2}{6}$시간, 오늘은 $\frac{5}{6}$시간 동안 피아노를 연습했습니다. 사랑이가 어제와 오늘 피아노를 친 시간은 모두 몇 시간입니까? 가분수로 나타내세요.

활동 순서	적어 보기, 그려 보기, 풀어 보기
① 이해를 위한 읽기 ▶ 문제를 읽어 보기 ▶ 이해할 수 없으면 다시 읽기 ▶ 모르는 단어에 표시하기	1) 사랑이는 어제 피아노를 □ 시간 연습했습니다. 2) 사랑이는 오늘 피아노를 □ 시간 연습했습니다.
② 자신의 단어로 바꾸어 말하기 ▶ 중요한 부분에 밑줄 긋기	3) 사랑이는 매일 아침 피아노 연습을 합니다. 어제는 $\frac{2}{6}$시간, 오늘은 $\frac{5}{6}$시간 동안 피아노를 연습했습니다. 사랑이가 어제와 오늘 피아노를 친 시간은 모두 몇 시간입니까? 가분수로 나타내세요.
③ 그림으로 표현하기 ④ 문제해결을 위한 계획 세우기 ▶ 필요한 연산기호(+, −, ×, ÷)를 써 보기	4) 사랑이가 어제, 오늘 피아노를 친 시간을 그림에 색칠해 보고, 필요한 연산 기호를 그림으로 나타내어 보세요.
⑤ 계산하기 ▶ 식을 써 보기 ▶ 계산하기	5) 식: $\frac{\square}{\square} + \frac{\square}{\square}$ 6) 답: _____ 시간 7) $\dfrac{\square + \square}{\square}$ ① 분모가 같을 경우 분모는 그대로 둡니다. ② 분자끼리 더합니다.
⑥ 검토하기 ▶ 계산 과정이 맞았는지 확인하기 ▶ 가분수로 나타내었는지 확인하기	8) 문제에서 정답을 어떤 수로 나타내라고 했나요? _____

02차시 분수의 뺄셈

📖 **학습목표** • 문장제에서 식을 세워 분수의 뺄셈을 할 수 있다.

도입 교사와 함께하기

💬 활동목표: 분수의 크기를 비교할 수 있다.

● 분수 비교 게임

🔧 **준비물** 분수 카드([부록 2-2] 참조)

<게임 방법>

1. 분수 카드 1)번 세트 네 장을 모두 엎어 놓아요.
2. 친구와 가위바위보로 순서를 정해요.
3. 이긴 사람이 먼저 카드를 고른 다음에 진 사람이 카드를 골라요. 색칠한 부분의 크기가 더 큰 분수 카드를 가진 사람이 진 사람의 카드를 가져요.
4. 모든 카드가 사라질 때까지 카드 게임을 해요.
5. 카드를 많이 가지고 있는 사람이 이기는 거예요. 2)번, 3)번 세트도 해 보세요.

1)

2)

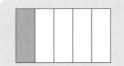

$\dfrac{1}{7}$	$\dfrac{2}{7}$
$\dfrac{3}{7}$	$\dfrac{4}{7}$
$\dfrac{5}{7}$	$\dfrac{6}{7}$

3)

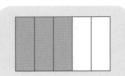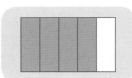

$\dfrac{1}{9}$	$\dfrac{2}{9}$
$\dfrac{3}{9}$	$\dfrac{4}{9}$
$\dfrac{5}{9}$	$\dfrac{6}{9}$

● 벽돌 색칠하기

준비물 주사위 2개, 색연필

<계임 방법>

1. 주사위 두 개를 준비해 주세요.
2. 주사위 두 개를 던져서 나온 2개의 숫자로 분수를 만들고, 그 크기만큼 다음 분수 벽돌에 색칠하여 보세요.
3. 벽돌을 먼저 다 색칠한 친구가 이깁니다.

횟수	큰 숫자	작은 숫자	내가 만든 분수
1회			
2회			
3회			
4회			
5회			
6회			
7회			
8회			
9회			
10회			

잠깐❗ ① 같은 숫자가 나오는 경우 '큰 숫자' 칸과 '작은 숫자' 칸에 같은 숫자를 씁니다.

② 분수는 분모가 분자보다 크거나 같게 만듭니다.

활동목표: 문장제를 그림으로 나타낼 수 있다.

● 다음을 읽고 문제를 풀어 보세요.

1. 은행나무의 높이는 $2\frac{4}{5}$ m이고 단풍나무의 높이는 $1\frac{2}{5}$ m입니다. 은행나무는 단풍나무보다 몇 m 더 높습니까? 대분수로 나타내세요.

활동 순서	적어 보기, 그려 보기, 풀어 보기
① 이해를 위한 읽기 ▶ 문제를 읽어 보기 ▶ 이해할 수 없으면 다시 읽기 ▶ 모르는 단어에 표시하기	1) 은행나무 높이는 ☐ m이다.　　2) 단풍나무 높이는 ☐ m이다. 3) 은행나무는 단풍나무보다 ☐ . 4) 은행나무와 단풍나무 중 어느 나무가 더 높은가요? 　막대기 칸을 세어 보면서 은행나무와 단풍나무의 높이까지 색칠해 보세요. 3　2　1　　3　2　1
② 자신의 단어로 바꾸어 말하기 ▶ 중요한 부분에 밑줄 긋기 ▶ 이 문제를 자신의 말로 말해 보기	5) 은행나무의 높이는 $2\frac{4}{5}$ m이고 단풍나무의 높이는 $1\frac{2}{5}$ m입니다. 은행나무는 단풍나무보다 몇 m 더 높나요? 대분수로 나타내세요. 6) 문제를 자신의 말로 간단히 해 보기

활동 순서	적어 보기, 그려 보기, 풀어 보기
③ 그림으로 표현하기	7) 각 나무의 높이를 색칠해 보세요. 〈은행나무 높이〉 　　　　　〈단풍나무 높이〉
④ 문제해결을 위한 계획 세우기 ▶ 필요한 연산기호(+, −, ×, ÷)를 써 보기	8) 필요한 연산기호는 무엇일까요? _____ 왜 그렇게 생각했나요? _____ 9) 필요한 연산기호를 그림으로 나타내어 보세요. 〈은행나무 높이〉 　　　〈단풍나무 높이〉 그런데 이번 문제는 자연수끼리, 분자끼리 빼서 계산할 수 있어요. 앞에 나온 자연수와 분자가 뒤에 나온 분자와 자연수보다 '크기' 때문이에요.
⑤ 계산하기 ▶ 식을 써 보기 ▶ 계산하기	10) 식: $$\boxed{}\,\frac{\boxed{}}{\boxed{}} - \boxed{}\,\frac{\boxed{}}{\boxed{}} = \left(\boxed{} - \boxed{}\right) + \left(\frac{\boxed{}}{\boxed{}} - \frac{\boxed{}}{\boxed{}}\right)$$ 자연수끼리　　　　분수끼리 * 계산하는 방법에는 두 가지가 있어요. 대분수를 가분수로 바꾸어 계산할 수 있어요. $$2\frac{4}{5} \Rightarrow (2\times 5)+4 \Rightarrow \frac{14}{5}$$ (자연수 × 분모 + 분자) 11) 답: _____ m
⑥ 검토하기 ▶ 계산 과정이 맞았는지 확인하기 ▶ 대분수로 나타내었는지 확인하기	12) 문제에서 정답을 어떤 수로 나타내라고 했나요? _____

2. 수민이는 길이가 $2\frac{5}{9}$m인 리본을 선물 포장하는 데 $1\frac{1}{9}$m를 사용하였습니다. 남은 리본의 길이는 몇 m입니까? 대분수로 나타내세요.

활동 순서	적어 보기, 그려 보기, 풀어 보기
① 이해를 위한 읽기 ▶ 문제를 읽어 보기 ▶ 이해할 수 없으면 다시 읽기 ▶ 모르는 단어에 표시하기	1) 수민이가 가지고 있는 리본의 길이는 ☐ m이다. 2) 수민이는 선물을 ☐ 하기 위하여 리본을 사용하였다. 3) 수민이가 사용한 리본의 길이는 ☐ m이다.
② 자신의 단어로 바꾸어 말하기 ▶ 중요한 부분에 밑줄 긋기 ▶ 이 문제를 자신의 말로 말해 보기	4) 수민이는 길이가 $2\frac{5}{9}$m인 리본에서 선물을 포장하는 데 $1\frac{1}{9}$m를 사용하였습니다. 남은 리본의 길이는 몇 m입니까? 대분수로 나타내세요. 5) 문제를 자신의 말로 간단히 해 보기
③ 그림으로 표현하기	6) 수민이가 가지고 있는 리본의 길이만큼 색칠해 보세요. 〈가지고 있는 리본 길이〉　　　　〈사용한 리본 길이〉

활동 순서	적어 보기, 그려 보기, 풀어 보기
④ 문제해결을 위한 계획 세우기 ▶ 필요한 연산기호(+, −, ×, ÷)를 써 보기	7) 필요한 연산기호는 무엇일까요? _____ 　왜 그렇게 생각했나요? _____ 8) 필요한 연산기호를 그림으로 나타내어 보세요.
⑤ 계산하기 ▶ 식을 써 보기 ▶ 계산하기	9) 식: $$\boxed{}\dfrac{\boxed{}}{\boxed{}} - \boxed{}\dfrac{\boxed{}}{\boxed{}} = (\boxed{} - \boxed{}) + (\dfrac{\boxed{}}{\boxed{}} - \dfrac{\boxed{}}{\boxed{}})$$ 　　　　　　　　　　자연수끼리　　　　분수끼리 **교사 TIP** ◆ 이번 문제는 자연수끼리, 분자끼리 빼서 계산할 수 있어요. 앞에 나온 자연수와 분자가 뒤에 나온 분자와 자연수보다 '크기' 때문이에요. * 계산하는 방법에는 두 가지가 있어요. 다음과 같이 대분수를 가분수로 바꾸어 계산할 수 있어요. $$2\dfrac{5}{9} \Rightarrow (2\times 9)+5 \Rightarrow \dfrac{23}{9}$$ (자연수 × 분모 + 분자) 10) 답: _____ m
⑥ 검토하기 ▶ 계산과정이 맞았는지 확인하기 ▶ 대분수로 나타내었는지 확인하기	11) 문제에서 정답을 어떤 수로 나타내라고 했나요? _____

활동 2

 활동목표: 문장제를 그림으로 나타낼 수 있다.

● **다음 문제를 스스로 풀어 보세요.**

1. 학교 운동장에는 철봉이 두 개 있습니다. 파란색 철봉의 높이는 $2\frac{2}{3}$ m이고 빨간색 철봉의 높이는 $1\frac{1}{3}$ m입니다. 파란색 철봉은 빨간색 철봉보다 몇 m 더 높습니까? 대분수로 나타내세요.

활동 순서	적어 보기, 그려 보기, 풀어 보기
① 이해를 위한 읽기 ▶ 문제를 읽어 보기 ▶ 이해할 수 없으면 다시 읽기 ▶ 모르는 단어에 표시하기	1) 파란색 철봉 높이는 ☐ m이다. 2) 빨간색 철봉 높이는 ☐ m이다. 3) 파란색 철봉은 빨간색 철봉보다 ☐.
② 자신의 단어로 바꾸어 말하기 ▶ 중요한 부분에 밑줄 긋기 ▶ 이 문제를 자신의 말로 말해 보기	4) 학교 운동장에는 철봉이 두 개 있습니다. 파란색 철봉의 높이는 $2\frac{2}{3}$ m이고 빨간색 철봉의 높이는 $1\frac{1}{3}$ m입니다. 파란색 철봉은 빨간색 철봉보다 몇 m 더 높습니까? 대분수로 나타내세요.
③ 그림으로 간단히 표현하기 ④ 문제해결을 위한 계획 세우기 ▶ 필요한 연산기호(+, −, ×, ÷)를 써 보기	5) 파란색 철봉과 빨간색 철봉 높이를 그림에 색칠해 보고, 필요한 연산 기호를 그림으로 나타내어 보세요. 〈파란색 철봉 높이〉 〈빨간색 철봉 높이〉
⑤ 계산하기 ▶ 식을 써 보기 ▶ 계산하기	6) 식: ☐$\frac{☐}{☐}$ − ☐$\frac{☐}{☐}$ = (☐ − ☐) + ($\frac{☐}{☐}$ − $\frac{☐}{☐}$) 자연수끼리 분수끼리 7) 답: _____ m
⑥ 검토하기 ▶ 계산 과정이 맞았는지 확인하기 ▶ 대분수로 나타내었는지 확인하기	8) 문제에서 정답을 어떤 수로 나타내라고 했나요? _____

2. 민지는 길이가 $2\frac{5}{7}$m인 테이프를 이용하여 선물을 포장하는 데 $1\frac{1}{7}$m를 사용하였습니다. 남은 테이프 길이는 몇 m입니까? 대분수로 나타내세요.

활동 순서	적어 보기, 그려 보기, 풀어 보기
① 이해를 위한 읽기 ▶ 문제를 읽어 보기 ▶ 이해할 수 없으면 다시 읽기 ▶ 모르는 단어에 표시하기	1) 민지가 가지고 있는 테이프 길이는 □ m이다. 2) 민지는 선물을 □ 하기 위하여 테이프를 사용하였다. 3) 민지가 사용한 테이프 길이는 □ m이다.
② 자신의 단어로 바꾸어 말하기 ▶ 중요한 부분에 밑줄 긋기 ▶ 이 문제를 자신의 말로 말해 보기	4) 민지는 길이가 $2\frac{5}{7}$m인 테이프를 이용하여 선물을 포장하는데, $1\frac{1}{7}$m를 사용하였습니다. 남은 테이프 길이는 몇 m입니까? 대분수로 나타내세요.
③ 그림으로 간단히 표현하기 ④ 문제해결을 위한 계획 세우기 ▶ 필요한 연산기호(+, −, ×, ÷)를 써 보기	5) 포장을 위해 사용한 테이프 길이를 그림에 색칠해 보고, 필요한 연산 기호를 그림으로 나타내어 보세요. 〈포장 전 테이프 길이〉 〈사용한 테이프 길이〉
⑤ 계산하기 ▶ 식을 써 보기 ▶ 계산하기	6) 식: $$\Box\frac{\Box}{\Box} - \Box\frac{\Box}{\Box} = (\Box - \Box) + (\frac{\Box}{\Box} - \frac{\Box}{\Box})$$ 자연수끼리 분수끼리 7) 답: _____ m
⑥ 검토하기 ▶ 계산 과정이 맞았는지 확인하기 ▶ 대분수로 나타내었는지 확인하기	8) 문제에서 정답을 어떤 수로 나타내라고 했나요? _____

03 차시 소수의 덧셈

📖 **학습목표** ・문장제에서 식을 세워 소수의 덧셈을 할 수 있다.

도입 교사와 함께하기

🗨️ 활동목표: 소수의 의미를 알고, 문장제를 해결하기 위한 단위를 이해한다.

● 소수

> 소수란 작은 수라는 의미예요. 소수는 1보다 작은 수를 나타낼 때 사용해요. 소수에도 자릿값이 있어요. 1보다 작은 0.5를 읽을 때는 '영점 오'라고 읽어요. 점(.) 바로 뒤에 있는 5의 자릿수는 소수 첫째 자리라고 하고, 0.52는 '영점 오이'라고 읽고, 여기서 2는 소수 둘째 자릿수예요.
>
> 소수점 첫째 자리┐   ┌소수점 둘째 자리
> # 0.52
> '영점 오이'라고 읽어요.

출처: 교사용 지도서 4학년 2학기 1단원 '소수 세 자리 수를 알 수 있어요' 참조.

● 단위 이야기: 거리

> 준희: 엄마! 나 운동장 1,000m 달리기에서 1등을 했어요!
>
> 엄마: 와! 1km나 달렸어? 게다가 1등이라고? 대단하구나!
>
> 준희: 아니요! 1,000m라니까요!
>
> 형: 둘 다 같은 거리인데⋯⋯.
>
> ◆ 길이, 거리 단위: mm, cm, m, km
>
> ◆ km: '킬로미터'라고 해요. 1,000m는 1km라고도 해요. 수가 너무 커지면, 말하거나 계산할 때 복잡해서 간단히 하려고 km로 나타내기도 해요.

활동 1
교사와 함께하기

활동목표: 소수를 만들 수 있다.

● 소수 게임하기

준비물 주사위 2개

<게임 방법>

주사위 2개를 던져 나오는 수를 이용하여 다음 빙고 칸에 소수를 만들어 봅시다. 그리고 짝꿍, 선생님과 함께 빙고게임을 해 보세요. 예를 들어, 첫 번째 빙고판에 3, 2가 나오면 0.32, 0.23을 적을 수 있고, 두 번째 빙고판에서 3, 2가 나오면 3.2, 2.3의 소수를 만들 수 있어요. 같은 숫자가 나오면 다시 주사위를 굴려서 빙고판을 완성해 보세요!

 주사위를 굴려서 소수를 만들자!

0.___ ___	0.___ ___	0.___ ___	0.___ ___
0.___ ___	0.___ ___	0.___ ___	0.___ ___
0.___ ___	0.___ ___	0.___ ___	0.___ ___
0.___ ___	0.___ ___	0.___ ___	0.___ ___

___.___	___.___	___.___	___.___
___.___	___.___	___.___	___.___
___.___	___.___	___.___	___.___
___.___	___.___	___.___	___.___

교사와 함께하기

활동목표: 소수점 첫째 자리 수의 덧셈에 대한 문장제를 이해하고, 상황을 그림으로 표현하여 문제 해결의 방향을 설정할 수 있다.

● **다음을 읽고 문제를 풀어 보세요.**

1. 병준이네 집에서 약수터까지는 1.2km, 약수터에서 산 정상까지는 2.4km입니다. 병준이네 집에서 약수터를 거쳐 산 정상까지는 총 몇 km입니까? 소수로 나타내세요.

활동 순서	적어 보기, 그려 보기, 풀어 보기
① 이해를 위한 읽기 ▶ 문제를 읽어 보기 ▶ 이해할 수 없으면 다시 읽기 ▶ 모르는 단어에 표시하기	1) 병준이는 집에서 출발하여 먼저 [　　　　]에 가려고 한다. 2) 병준이는 [　　　]에서 다시 [　　　]로 가려고 한다. ● 단어의 의미를 확인해 봅니다. 모르는 단어: _____ 　- 에서: 앞말이 출발점이 됨 　- 까지: 어떤 일, 상태, 장소의 끝을 나타냄 　- 거쳐: '거치다'는 오가는 도중에 어디를 지나거나 들르는 것을 의미함
② 자신의 단어로 바꾸어 말하기 ▶ 중요한 부분에 밑줄 긋기 ▶ 이 문제를 자신의 말로 말해 보기	3) 병준이네 집에서 약수터까지는 1.2km, 약수터에서 산 정상까지는 2.4km입니다. 병준이네 집에서 약수터를 거쳐 산 정상까지는 총 몇 km입니까? 소수로 나타내세요. 4) 문제를 간단히 자신의 말로 간단히 해 보기
③ 그림으로 표현하기	5) 정상 [　　　] km [　　　] km 약수터 집

활동 순서	적어 보기, 그려 보기, 풀어 보기
④ 문제해결을 위한 계획 세우기 ▶ 필요한 연산기호(+, -, ×, ÷)를 써보기	6) 필요한 연산기호는 무엇일까요? _____
⑤ 계산하기 ▶ 식을 써 보기 ▶ 계산하기	7) 식: 8) 답: _____ km
⑥ 검토하기 ▶ 계산과정이 맞았는지 확인하기 ▶ 소수로 나타내었는지 확인하기	9) 계산 과정 중 자릿수를 확인하였나요? 10) 문제에서 정답을 어떤 수로 나타내라고 했나요? _____
⑦ 비슷한 문제 만들어 보기	- 내가 좋아하는 장소: _____ - 내가 가고 싶은 장소: _____ - 내가 자주 가는 장소: _____ ● 작성한 장소 중에 세 군데를 선택합니다. - 첫 번째 장소: _____ - 두 번째 장소: _____ - 세 번째 장소: _____

★ 계산 중 틀린 부분이 있다면 선생님과 함께 풀어 보세요.

활동 순서	적어 보기, 그려 보기, 풀어 보기
⑦ 비슷한 문제 만들어 보기	● 선생님의 도움을 받아 인터넷을 검색하여, 첫 번째 장소와 두 번째 장소의 거리, 두 번째 장소와 세 번째 장소의 거리를 알아봅시다. 만일 인터넷으로 알아보기 힘들다면, 숫자를 만들어 써도 됩니다. – 첫 번째 장소(　　　　　) ⟷ 두 번째 장소(　　　　　)의 거리: _____ – 두 번째 장소(　　　　　) ⟷ 세 번째 장소(　　　　　)의 거리: _____ – 위의 정보들로 문제를 만들어 보세요. _____ _____ _____ _____ _____ _____ _____ _____ _____ _____ _____

2. 무게가 0.35kg인 바구니에 0.58kg의 자두가 담겨 있습니다. 자두가 담긴 바구니의 무게는 몇 kg입니까? 소수로 나타내세요.

활동 순서	적어 보기, 그려 보기, 풀어 보기
① 이해를 위한 읽기 ▶ 문제를 읽어 보기 ▶ 이해할 수 없으면 다시 읽기 ▶ 모르는 단어에 표시하기	1) 바구니에는 ☐ 가 담겨 있다. 2) 바구니의 무게는 ☐ kg이다. 3) 자두의 무게는 ☐ kg이다. ● 단어의 의미를 확인해 봅시다. 모르는 단어: _____ – 담긴, 담기다, 담다, 담그다: 어떤 물건이 그릇 따위에 넣어지다.
② 자신의 단어로 바꾸어 말하기 ▶ 중요한 부분에 밑줄 긋기 ▶ 이 문제를 자신의 말로 말해 보기	4) 무게가 0.35kg인 바구니에 0.58kg의 자두가 담겨 있습니다. 자두가 담긴 바구니의 무게는 총 몇 kg입니까? 5) 문제를 간단히 자신의 말로 간단히 해 보기
③ 그림으로 표현하기	6) 자두 ☐ kg 바구니 ☐ kg 저울
④ 문제해결을 위한 계획 세우기 ▶ 필요한 연산기호(＋, －, ×, ÷)를 써보기	7) 필요한 연산기호는 무엇일까요? _____

활동 순서	적어 보기, 그려 보기, 풀어 보기
⑤ 계산하기 ▶ 식을 써보기 ▶ 계산하기	8) 식: 9) 답: _____ kg
⑥ 검토하기 ▶ 계산 과정이 맞았는지 확인하기 ▶ 소수로 나타내었는지 확인하기	10) 계산과정 중 자릿수를 확인하였나요? 11) 문제에서 정답을 어떤 수로 나타내라고 했나요? _____
⑦ 비슷한 문제 만들어 보기	● 다음 중 친구들과 나누어 먹고 싶은 것을 골라 보세요. 포도, 참외, 복숭아, 사과, 바나나 ● 고른 과일을 어디에 담아 갈지 골라 보세요. 그릇, 바구니, 상자, 가방 ● 선생님의 도움을 받아 인터넷을 검색하여, 내가 좋아하는 과일의 무게가 얼만큼 되는지 알아봅시다. 그리고 음식을 담아가기로 한 것의 무게는 얼만큼 되는지 알아봅시다. 만일 인터넷으로 알아보기 힘들다면, 숫자를 만들어 써도 됩니다. 직접 저울에 달아 보아도 좋습니다. – 내가 좋아하는 과일의 무게: _____ – 담아 가는 것의 무게: _____ – 위의 정보들로 문제를 만들어 보세요. _____ _____ _____ _____

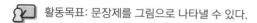

문장제 풀어 보기

활동목표: 문장제를 그림으로 나타낼 수 있다.

● 다음 문제를 스스로 풀어 보세요.

1. 민준이네 집에서 학교까지는 2.1km, 학교에서 도서관까지는 1.4km입니다. 민준이네 집에서 학교를 거쳐 도서관까지는 총 몇 km입니까? 소수로 나타내세요.

활동 순서	적어 보기, 그려 보기, 풀어 보기
① 이해를 위한 읽기 ▶ 문제를 읽어 보기 ▶ 이해할 수 없으면 다시 읽기 ▶ 모르는 단어에 표시하기	1) 민준이는 집에서 출발하여 먼저 [　　　]에 가려고 한다. 2) 민준이는 [　　　]에서 다시 [　　　]으로 가려고 한다.
② 자신의 단어로 바꾸어 말하기 ▶ 중요한 부분에 밑줄 긋기 ▶ 이 문제를 자신의 말로 말해 보기	3) 민준이네 집에서 학교까지는 2.1km, 학교에서 도서관까지는 1.4km입니다. 민준이네 집에서 학교를 거쳐 도서관까지는 몇 km입니까? 소수로 나타내세요. 4) 문제를 간단히 자신의 말로 간단히 해 보기
③ 그림으로 간단히 표현하기	5)
④ 문제해결을 위한 계획 세우기 ▶ 필요한 연산기호(+, −, ×, ÷)를 써보기	6) 필요한 연산기호는 무엇일까요? _____
⑤ 계산하기 ▶ 식을 써보기 ▶ 계산하기	7) 식: 8) 답: _____ km
⑥ 검토하기 ▶ 계산 과정이 맞았는지 확인하기 ▶ 소수로 나타내었는지 확인하기	9) 계산 과정 중 자릿수를 확인하였나요? 10) 문제에서 정답을 어떤 수로 나타내라고 했나요? _____

2. 무게가 0.25kg인 상자에 0.35kg의 과자가 담겨 있습니다. 과자가 담긴 상자의 무게는 총 몇 kg입니까? 소수로 나타내세요.

활동 순서	적어 보기, 그려 보기, 풀어 보기
① 이해를 위한 읽기 ▶ 문제를 읽어 보기 ▶ 이해할 수 없으면 다시 읽기 ▶ 모르는 단어에 표시하기	1) 상자에는 ☐ 가 있다. 2) 상자의 무게는 ☐ kg이다. 3) 과자의 무게는 ☐ kg이다.
② 자신의 단어로 바꾸어 말하기 ▶ 중요한 부분에 밑줄 긋기 ▶ 이 문제를 자신의 말로 말해 보기	4) 무게가 0.25kg인 상자에 0.35kg의 과자가 담겨 있습니다. 과자가 담긴 상자의 무게는 총 몇 kg입니까? 소수로 나타내세요. 5) 문제를 간단히 자신의 말로 간단히 해 보기
③ 그림으로 표현하기	6)
④ 문제해결을 위한 계획 세우기 ▶ 필요한 연산기호(+, −, ×, ÷)를 써보기	7) 필요한 연산기호는 무엇일까요? ————————
⑤ 계산하기 ▶ 식을 써보기 ▶ 계산하기	8) 식: 9) 답: ———————— kg
⑥ 검토하기 ▶ 계산 과정이 맞았는지 확인하기 ▶ 소수로 나타내었는지 확인하기	10) 계산 과정 중 자릿수를 확인하였나요? 11) 문제에서 정답을 어떤 수로 나타내라고 했나요? ————————

04차시 소수의 뺄셈

📖 **학습목표** • 문장제에서 식을 세워 소수의 뺄셈을 할 수 있다.

도입

교사와 함께하기

🧩 활동목표: 수학 문장제를 해결하기 위한 전략을 이해한다.

● 기호, 점, 선, 도형으로 나타내기

◆ 무엇인가요?

●   ─   □

(   ) (   ) (   )

◆ 기호, 점, 선, 도형 등을 사용하여 관계, 과정, 구조 등을 나타낼 수 있어요.

예)   기본 도식   도식 조합   * 옆의 그림처럼 점, 선, 면을 이용하여 그림을 만들어 보세요.

1) 생활 속에서 비교할 수 있는 것들을 생각해 보세요.
● 키, 몸무게, (   ), (   ), (   )

2) 부분과 집합의 개념이 될 수 있는 것들을 생각해 보세요.
● 상자 안에 사과
● (   ) 안에 든 (   )
● 우리 반 학생 중 남학생

● 시각적 표식, 도식을 활용한 시각화하기

> **도식을 활용한 시각화 전략**
>
> 시각화하기는 수학 문장제에 제시된 문제 상황을 도식으로 표상화하는 활동입니다. 문제를 정확히 파악하고 해결방법을 계획하는 데 도움이 될 수 있습니다. 애매하거나 복잡한 문제에 대한 이해를 구체적으로 시각화함으로써 핵심적인 해결의 단서를 찾는 데 도움이 됩니다. 그림 그리기 전략에서 나아가 간단한 도식 조직자를 그림으로써 보다 구조화 및 명료화하여 문장제를 해결할 수 있습니다. 도식을 활용하여 계산과정 전반에 대한 계획을 세울 수 있습니다.
>
> 출처: 김구연(1994), 김소희(2005), 전경희(2005).

● 비교형

비교형은 하나를 다른 하나와 빗대는 것, 즉 비교하는 것을 말합니다. 누가 무엇을 더 가지고 있는지 혹은 몇 개 더 적게 가지고 있는지를 알고자 할 때 사용합니다. 비교형 문제를 풀 때는,

1. 비교 대상보다 많은지 또는 적은지를 확인합니다.
2. 서로 빗대어 보는 그림에 표시합니다.
3. 도식의 빈칸에 문자와 숫자를 씁니다.

> 문제에서 '~보다' '~는' 이라는 말에 밑줄을 긋습니다.

● 부분-집합형

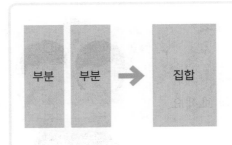

부분-집합형은 서로 다른 부분들이 모여서 그것의 전체가 되는 것을 말합니다. 예를 들어, '여학생'과 '남학생' 수를 통해 '전체 학생'의 수를 알고자 할 때 '여학생'과 '남학생'을 작은 네모로, '전체 학생'은 큰 네모로 나타낼 수 있습니다.

활동 1

교사와 함께하기

활동목표: 소수점 첫째 자리 수와 둘째 자리 수의 뺄셈에 대한 수학 문장제를 이해하고, 상황을 그림으로 표현하여 문제 해결의 방향을 설정할 수 있다.

● 다음을 읽고 문제를 풀어 보세요.

1. 재현이의 몸무게는 35.7kg이고 원희는 재현이보다 6.2kg 더 가볍다고 합니다. 원희의 몸무게는 몇 kg입니까? 소수로 나타내세요.

비교형 도식과 부분-집합형 도식 중 어떠한 도식을 사용하는 것이 더 좋을까요?

1) 문제에서 비교 대상은 누구와 누구인가요? (   ), (   )

2) 무엇을 비교하는 것인가요? (   )

3) 문제에서 '~보다' '~는'에 해당하는 말에 각각 밑줄을 그어 보세요.

4) 문장제를 비교형 도식으로 나타내 보세요. 다음 주어진 말을 이용하여 ㉮ 도식을 완성해 보세요. ㉯ 도식에는 숫자도 함께 적어 보세요.

재현이, 원희, 몸무게, 더 가볍다고

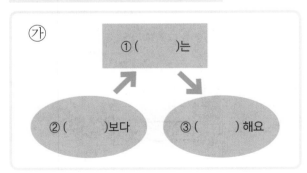

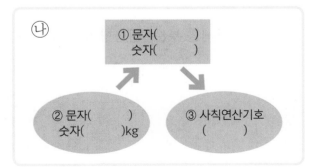

5) 도식으로 표현한 것을 식으로 나타내 보세요.

식: [ ] [ ] [ ]

(숫자) (연산기호) (숫자)

풀이: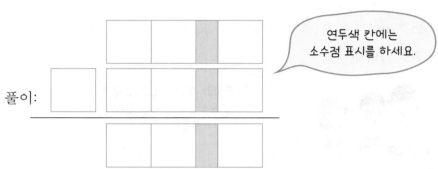

> 연두색 칸에는
> 소수점 표시를 하세요.

답: _____ kg

2. 물이 들어 있는 어항의 무게는 0.75kg입니다. 빈 어항의 무게가 0.29kg일 때 물의 무게는 몇 kg입니까? 소수로 나타내세요.

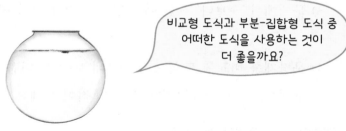

> 비교형 도식과 부분-집합형 도식 중
> 어떠한 도식을 사용하는 것이
> 더 좋을까요?

1) 문장제를 부분-집합형 도식으로 나타내 보세요.

첫 번째 네모 칸에 들어갈 내용을 그림이나 단어로 써 보세요.

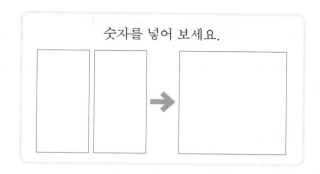

숫자를 넣어 보세요.

2) 문제에서 구하고자 하는 것은 (물이 없는 빈 어항 / 물 / 물이 들어 있는 어항)의 무게이다.

3) 수학 문장제를 식으로 세우는 데 필요한 사칙연산 기호는 (+ / − / × / ÷) 이다.

4) 이번에는 도식에 숫자도 함께 적어 보세요.

5) 도식으로 나타낸 것을 식으로 나타내고 계산해 보세요.

식: ☐ ☐ ☐
   (숫자) (연산기호) (숫자)

풀이:

연두색 칸에는
소수점 표시를 하세요.

답: _____ kg

활동목표: 소수점 첫째 자리 수와 둘째 자리 수의 뺄셈에 대한 수학 문장제를 이해하고, 상황을 그림으로 표현하여 문제 해결의 방향을 설정할 수 있다.

● 다음 문제를 스스로 풀어 보세요.

1. 정욱이는 주말농장 밭에서 고구마 12.4kg을 캐어 그중에서 3.573kg을 할머니께 드렸습니다. 남은 고구마의 무게는 몇 kg입니까? 소수로 나타내세요.

　　1) 네모 칸에 도식을 그려 보세요.

> 비교형 도식과 부분-집합형 도식 중 어떤 것을 사용하는 것이 더 좋을까요?

부분형 도식	부분-집합형 도식

　　2) 문제에서 구하고자 하는 것은 무엇입니까?

　　　　① 정욱이가 캔 고구마 무게

　　　　② 정욱이가 할머니께 드린 고구마 무게

　　　　③ 정욱이가 할머니께 드리고 남은 고구마 무게

　　3) 수학 문장제를 식으로 세우는 데 필요한 사칙연산 기호는 (＋ / － / × / ÷) 이다.

　　4) 이번에는 도식에 숫자도 함께 적어 보세요.

5) 도식으로 나타낸 것을 식으로 나타내고 계산해 보세요.

식:

(숫자)	(연산기호)	(숫자)

풀이:

연두색 칸에는
소수점 표시를 하세요.

답: _____ kg

05 차시 세 자리 수 및 네 자리 수의 곱셈

📖 **학습목표** • 문장제에서 식을 세워 세 자리 수와 네 자리 수의 곱셈을 할 수 있다.

도입 　　　　　　　　　　　　　　　　　　교사와 함께하기

🗨 활동목표: 수학 문장제를 해결하기 위한 핵심어 전략을 이해한다.

● **핵심어 전략**

> 　문장제에서 문제 해결에 도움이 되는 핵심적 단어를 찾아 문제를 푸는 전략입니다. 문장제를 읽고 문제에 포함된 핵심어에 표시를 하고 핵심 단어의 의미를 해석하여 수식으로 표현합니다.
>
> ① 식 세우기에 필요한 단어를 찾아봅니다.
> ② 문제를 읽고 식을 세우는 데 필요한 여러 가지 정보에 주의를 기울이고, 연산 전략 결정에 중요한 단어, 식에 포함될 구체적 숫자들을 찾아봅니다. 식에 포함될 숫자에는 '◯' 표시를 해 보세요.
> ③ 숫자들이 관계를 나타내거나 사용될 연산 전략(덧셈, 뺄셈, 곱셈, 나눗셈)에 대해 언급한 단어에는 '☁' 표시를 해 보세요.
> ④ 구하고자 하는 것에는 '☐' 표시를 해 보세요.
>
> 출처: 이태수, 홍성두(2006).

● **연산 전략 선택에 활용되는 주요 핵심어 알아보기**

- 덧셈: 모두, 합하면, 더하면
- 뺄셈: 남은, 얼마나 더, 빼면
- 곱셈: 몇 배, 모두
- 나눗셈: 한 사람당, 한 그릇에, 나누어주면

> **잠깐!** 단순히 주요 핵심어만 읽고 식을 세워서는 안 돼요. 핵심어가 모든 문제에 동일한 뜻으로 사용되는 것은 아닐 수 있어요. 때로는 필요한 정보가 문장에 명확하게 제시되지 않을 수도 있어요!

활동목표: 수학 문장제를 해결하기 위한 전략을 이해한다.

> 핵심어 전략을 활용한 세 자리 수,
> 네 자리 수 곱셈 문장제를 풀기 전
> 간단한 곱셈 문제를 머릿속으로
> 풀어 보는 게임입니다.

● 문장제 카드 게임

1. 다음 문장제 카드를 친구가 읽어 주면, 잘 듣고 문제를 맞혀 보세요.

① 수진이는 엄마에게 용돈으로
2,000원을 받았습니다.
수진이의 언니 수영이는 엄마에게
수진이 용돈의 2배를 받았습니다.
수영이가 받은 용돈은 얼마일까요?

② 텔레비전에서 아이스크림 광고가 나왔습니다.
민희는 아이스크림이 너무 먹고 싶어졌습니다.
아이스크림은 한 개에 700원입니다. 민희는 민희와
동생의 아이스크림을 사러 가려고 합니다.
민희가 필요한 돈은 모두 얼마일까요?

③ 철수가 할머니 댁에 갔어요.
할머니가 귤을 한 봉지에
10개씩 3봉지를 담아주셨어요.
철수가 할머니께 받은 귤은 모두 몇 개일까요?

④ 준재의 몸무게는 30kg입니다.
준재 형은 준재 몸무게의 2배입니다.
준재 형의 몸무게는 몇 kg일까요?

⑤ 미현이는 운동을 시작했습니다.
미현이는 하루에 운동장을 8바퀴씩 돌았습니다.
미현이는 일주일 동안 운동장
몇 바퀴를 돌았을까요?

⑥ 상민이는 전학을 가게 되었습니다.
이별 선물로 상민이는 친한 친구 3명에게
1,500원짜리 볼펜을 한 개씩 주려고 합니다.
상민이가 볼펜을 사려면 얼마 있어야 할까요?

2. 문장제 카드에 적힌 문장에서 핵심어를 찾아보세요.

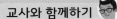

활동 2

🔖 활동목표: 세 자리 수와 네 자리 수의 곱셈 수학 문장제를 이해하고, 상황을 그림으로 표현하여 문제 해결의 방향을 설정할 수 있다.

● 다음을 읽고 문제를 풀어 보세요.

1. 유림이네 학교에서는 운동회날 800원짜리 공책을 학생 200명에게 한 권씩 나누어주려고 합니다. 공책 값은 총 얼마입니까?

   1) 식에 포함될 숫자에는 '◯' 표시해 보세요.

   2) 숫자들이 관계를 나타내거나 사용될 연산 전략(덧셈, 뺄셈, 곱셈, 나눗셈)에 대해 언급한 단어는 '☁' 표시해 보세요.

   3) 구하고자 하는 것은 '☐' 표시해 보세요.

틀린 경우
유림이네 학교에서는 운동회날 ⟨800원짜리⟩ 공책을 ⟨학생 200명⟩에게 한 권씩 나누어주려고 합니다. [공책 값]은 총 얼마입니까?
식: 800 ÷ 200 = 4

맞은 경우
유림이네 학교에서는 운동회날 ⟨800원짜리⟩ 공책을 ⟨학생 200명⟩에게 한 권씩 나누어주려고 합니다. [공책 값]은 ☁총 얼마입니까?
식: 800 × 200 = 160,000

잠깐! '나누어주려고'라는 단어를 보고 나누기를 하면 안 돼요. 구하는 것은 '공책값은 총 얼마입니까?'이기 때문이지요.

2. 정희네 과수원에서는 사과를 수확하여 한 상자에 34개씩 담아 포장하였습니다. 포장한 상자가 1,542상자이고, 남은 것이 없다면 사과는 모두 몇 개입니까?

1) 식에 포함될 숫자에는 '◯' 표시해 보세요.

2) 숫자들이 관계를 나타내거나 사용될 연산 전략(덧셈, 뺄셈, 곱셈, 나눗셈)에 대해 언급한 단어는 '☁' 표시해 보세요.

3) 구하고자 하는 것은 '☐' 표시해 보세요.

식:	풀이:
	답: _____ kg

틀린 경우

정희네 과수원에서는 사과를 수확하여 한 상자에 ⟨34개씩⟩ 담아 포장하였습니다. 포장한 상자가 ⟨1,542상자⟩이고, 남은 것이 없다면 사과는 모두 몇 개입니까?

식: 1,542 ÷ 34 = 45

맞은 경우

정희네 과수원에서는 사과를 수확하여 한 상자에 ⟨34개씩⟩ 담아 포장하였습니다. 포장한 상자가 ⟨1,542상자⟩이고, 남은 것이 없다면 사과는 ☁모두☁ 몇 개입니까?

식: 1,542 × 34 = 52,428

잠깐! '남은 것이 없다면'이란 말은 한 상자에 34개씩 사과를 모두 담았다는 것을 의미해요. 남은 것이라는 말 때문에 나누기를 하면 안 돼요. 구하는 것은 '1,542 상자에 담긴 총 사과의 개수'예요.

문장제 풀어 보기

스스로 하기

활동목표: 세 자리 수와 네 자리 수의 곱셈 수학 문장제를 이해하고 상황을 그림으로 표현하여 문제 해결의 방향을 설정할 수 있다.

● 다음을 읽고 문제를 풀어 보세요.

1. 키위 한 개의 값은 990원입니다. 키위 32개의 값은 얼마입니까?

1) 식에 포함될 숫자에는 '◯' 표시해 보세요.

2) 숫자들이 관계를 나타내거나 사용될 연산 전략(덧셈, 뺄셈, 곱셈, 나눗셈)에 대해 언급한 단어는 '☁' 표시해 보세요.

3) 구하고자 하는 것은 '☐' 표시해 보세요.

식:	풀이:
	답: _____ 원

2. 공장에서 신발 1켤레를 만드는 데 6,743원이 듭니다. 신발 40켤레를 만드는 데 드는 비용은 모두 얼마입니까?

1) 식에 포함될 숫자에는 '◯' 표시해 보세요.

2) 숫자들이 관계를 나타내거나 사용될 연산 전략(덧셈, 뺄셈, 곱셈, 나눗셈)에 대해 언급한 단어는 '☁' 표시해 보세요.

3) 구하고자 하는 것은 '☐' 표시해 보세요.

식:	풀이:
	답: _____ 원

● 문제를 만들고 풀어 보세요.

3. (   )이네 (   )에서는 (   )를 수확하여/만들어 한 상자에 25개씩 담아 포장하였습니다. 포장한 상자가 1,250상자이고, 남은 것이 없다면 (   )는 모두 몇 개 입니까?

　◆ 괄호 안에 자신이 적고 싶은 내용을 적어 문제를 완성해 보세요.

　◆ 내가 만든 문제를 풀어 보세요.

1) 식에 포함될 숫자에는 '◯' 표시를 해 보세요.

2) 숫자들이 관계를 나타내거나 사용될 연산 전략(덧셈, 뺄셈, 곱셈, 나눗셈)에 대해 언급한 단어는 '☁' 표시해 보세요.

3) 구하고자 하는 것은 '☐' 표시해 보세요.

〈계산하기〉 식: 답: _____ 개	〈연습장〉
〈검토하기〉 - 식을 바르게 세웠는지 확인하기 - 계산 과정이 맞았는지 확인하기	

📖 **학습목표** • 문장제에서 식을 세워 1 자릿수에 맞는 소수의 나눗셈을 할 수 있다.

도입
교사와 함께하기

🗨 활동목표: 수학 문장제를 해결하기 위한 핵심어 전략을 이해한다.

● **핵심어 전략**

> 문장제에서 문제 해결에 도움이 되는 핵심적 단어를 찾아 문제를 푸는 전략입니다. 문장제를 읽고 문제에 포함된 핵심어에 표시를 하고 핵심 단어의 의미를 해석하여 수식으로 표현합니다.
>
> ① 식 세우기에 필요한 단어를 찾아봅니다.
> ② 문제를 읽고 식을 세우는 데 필요한 여러 가지 정보에 주의를 기울이고, 연산 전략 결정에 중요한 단어, 식에 포함될 구체적 숫자들을 찾아봅니다. 식에 포함될 숫자에는 '◯' 표시를 해 보세요.
> ③ 숫자들이 관계를 나타내거나 사용될 연산 전략(덧셈, 뺄셈, 곱셈, 나눗셈)에 대해 언급한 단어에는 '☁' 표시를 해 보세요.
> ④ 구하고자 하는 것에는 '▭' 표시를 해 보세요.
>
> 출처: 이태수, 홍성두(2006).

● **연산 전략 선택에 활용되는 주요 핵심어 알아보기**

• 덧셈: 모두, 합하면, 더하면   • 뺄셈: 남은, 얼마나 더, 빼면
• 곱셈: 몇 배, 모두   • 나눗셈: 한 사람당, 한 그릇에, 나누어주면

잠깐! 단순히 주요 핵심어만 읽고 식을 세워서는 안 돼요. 핵심어가 모든 문제에 동일한 뜻으로 사용되는 것은 아닐 수 있어요. 때로는 필요한 정보가 문장에 명확하게 제시되지 않을 수도 있어요!

활동목표: 수학 문장제를 해결하기 위한 전략을 이해한다.

● 문장제 카드 게임

1. 다음 문장제 카드를 친구가 읽어 주면, 잘 듣고 문제를 맞혀 보세요.

① 수진이는 빵 9개를 사 왔습니다.
수진이는 친구 영철이와 민희랑 빵을 똑같이
나누어 먹으려고 합니다.
한 사람이 몇 개씩 빵을 먹을 수 있을까요?

② 색연필 12자루를 세 명에게 나누어주려고 합니다.
세 명의 친구들은 색연필을
몇 자루씩 가지게 될까요?

③ 철수와 형은 할머니 댁에 갔습니다.
할머니가 귤 10개를 주셨습니다.
철수와 형은 귤을 똑같이 나누어 먹으려고 합니다.
한 사람이 몇 개씩 먹으면 될까요?

④ 민재는 전철을 타고 영화관에 가려고 합니다.
영화관까지 전철역을 6정거장 지나면 되는데
걸리는 시간은 총 12분입니다.
한 정거장까지 걸리는 시간은 몇 분입니까?

⑤ 미현이는 운동을 시작했습니다.
미현이는 하루에 운동장을 8바퀴씩 돌았습니다.
8바퀴를 도는 데 걸리는 시간은 16분입니다.
한 바퀴 도는 데 걸리는 시간은 몇 분일까요?

⑥ 상민이는 전학을 가게 되었습니다.
친한 친구들에게 이별 선물로
볼펜 한 자루씩 선물하려고 합니다. 상민이가 가진
돈은 1,500원이고, 볼펜 한 자루는 500원입니다.
상민이는 몇 명의 친구들에게 볼펜을 줄 수 있을까요?

2. 문장제 카드에 적힌 문장에서 핵심어를 찾아보세요.

활동 2

교사와 함께하기

활동목표: 두 자리 수 및 세 자리 수 나눗셈의 수학 문장제를 이해하고, 상황을 그림으로 표현하여 문제 해결의 방향을 설정할 수 있다.

● 다음을 읽고 문제를 풀어 보세요.

1. 84권의 공책을 12학급에 똑같이 나누어주려고 합니다.
한 학급에 공책을 몇 권씩 주어야 합니까?

1) 식에 포함될 숫자에는 '◯' 표시해 보세요.

2) 숫자들이 관계를 나타내거나 사용될 연산 전략(덧셈, 뺄셈, 곱셈, 나눗셈)에 대해 언급한
단어는 '☁' 표시해 보세요.

3) 구하고자 하는 것은 '☐' 표시해 보세요.

식:	풀이:
	답: _____ 권

2. 769개의 구슬을 한 주머니에 30개씩 넣어 포장하려 고 합니다. 구슬은 모두 몇 개의 주머니로 포장할 수 있습니까? 또 남는 구슬은 몇 개입니까?

1) 식에 포함될 숫자에는 '◯' 표시해 보세요.

2) 숫자들이 관계를 나타내거나 사용될 연산 전략(덧셈, 뺄셈, 곱셈, 나눗셈)에 대해 언급한 단 어는 '☁' 표시해 보세요.

3) 구하고자 하는 것은 '☐' 표시해 보세요.

식:	풀이:
	답: _____ 주머니, 나머지 _____ 개

4) 확인해 보세요.

- 몫의 위치 확인하기: 백의 자리 숫자 7에 30이 들어가지 않으면 (   )의 자리는 비워 두고 몫은 (   )의 자리부터 씁니다.

- 받아내림한 수 확인하기: 받아내림한 160과 (   )를 더한 (   )에 30이 몇 번 들어가는지 구하여 몫의 (   )의 자리에 씁니다.

- 나머지의 크기 확인하기: 나머지는 항상 나누는 수보다 (   ) 합니다. 나누는 수 는 30이므로, 나머지는 30보다 (   ) 합니다.

🔖 활동목표: 두 자리 수 및 세 자리 수 나눗셈의 수학 문장제를 이해하고, 상황을 그림으로 표현하여 문제 해결의 방향을 설정할 수 있다.

● 다음을 읽고 문제를 풀어 보세요.

1. 길이가 698cm인 색 테이프를 한 도막이 34cm가 되도록 잘라 꽃을 만들려고 합니다. 꽃을 몇 송이 만들 수 있고 또 남는 테이프의 길이는 몇 cm입니까?

1) 식에 포함될 숫자에는 '◯' 표시해 보세요.

2) 숫자들이 관계를 나타내거나 사용될 연산 전략(덧셈, 뺄셈, 곱셈, 나눗셈)에 대해 언급한 단어는 '☁' 표시해 보세요.

3) 구하고자 하는 것은 '☐' 표시해 보세요.

식:	풀이:
	답: _____ 송이, 나머지 _____ cm

5) 검산해 보세요.

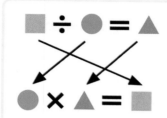

계산 결과가 옳은지 그른지를 검사하기 위한 계산을 '검산'이라고 합니다. 검산은 나누는 수와 몫을 곱하면 나누어지는 수가 나와야 합니다. 나누어 떨어지지 않는 나눗셈의 경우 나누는 수와 몫을 곱하고 다시 나머지를 더하면 나눠지는 수가 나와야 합니다.

- 나누어 떨어질 때 검산하기: (나누는 수) × (몫) = (나누어지는 수)
- 나누어 떨어지지 않을 때 검산하기: (나누는 수) × (몫) + (나머지) = (나누어지는 수)

검산:

● 문제를 만들고 풀어 보세요.

2. (   )을 친구 (   )명에게 똑같이 나누어주려고 합니다. 한 사람에게 몇 개씩 나누어 줄 수 있고, 나머지는 몇 개인가요?

◆ 괄호 안에 자신이 적고 싶은 내용을 적어 문제를 완성해 보세요.

◆ 내가 만든 문제를 풀어 보세요.

1) 식에 포함될 숫자에는 '◯' 표시해 보세요.

2) 숫자들이 관계를 나타내거나 사용될 연산 전략(덧셈, 뺄셈, 곱셈, 나눗셈)에 대해 언급한 단어는 '☁' 표시해 보세요.

3) 구하고자 하는 것은 '☐' 표시해 보세요.

〈계산하기〉
식:

답: _____개, 나머지 _____개

〈연습장〉

〈검토하기〉
– 식을 바르게 세웠는지 확인하기
– 계산 과정이 맞았는지 확인하기

07차시 혼합계산

📖 **학습목표** • 혼합계산에서 필요한 전략을 활용하여 문제를 해결할 수 있다.

도입

교사와 함께하기

💬 활동목표: 수학 문장제를 해결하기 위한 전략을 이해한다.

● **혼합계산에서 중요한 점 알아보기**

다음 괄호 안에 들어갈 말로 가장 알맞은 것은 무엇입니까?

Q. 혼합계산에서 자꾸 틀리는 이유는 무엇일까요?

A. 바로 (   )을(를) 생각하지 않고 풀었기 때문이지요.

① 답   ② 순서   ③ 길이   ④ 크기

● **혼합계산 순서 알아보기**

1) 덧셈과 뺄셈이 섞여 있을 때

⇒ 앞에서부터 차례로 계산해요. 단, 괄호가 있는 식은 괄호 안을 먼저 계산합니다.

2) 곱셈과 나눗셈이 섞여 있을 때

⇒ 앞에서부터 차례로 계산해요. 단, 괄호가 있는 식은 괄호 안을 먼저 계산합니다.

3) 덧셈, 뺄셈, 곱셈, 나눗셈이 섞여 있을 때는 어떻게 해야 할까요?

다음에 제시된 문장을 혼합계산 문제를 풀 때 순서로 나열해 보세요.

① 곱셈 또는 나눗셈을 순서대로 계산합니다.

② 괄호가 있으면 괄호 안을 먼저 계산합니다.

③ 덧셈 또는 뺄셈을 순서대로 계산합니다.

활동목표: 혼합계산과 관련한 간단한 활동을 한다.

● 다음을 읽고 문제를 풀어 보세요.

1. 주어진 수 사이에 덧셈(+), 뺄셈(−), 곱셈(×) 기호를 써서 식을 만들어 보세요.

$3 \bigcirc 6 \bigcirc 2 = 20$

$6 \bigcirc 1 \bigcirc 3 = 9$

$2 \bigcirc 8 \bigcirc 4 = 20$

$2 \bigcirc 5 \bigcirc 4 = 14$

$3 \bigcirc 6 \bigcirc 5 = 23$

$3 \bigcirc 4 \bigcirc 5 = 17$

$2 \bigcirc 6 \bigcirc 3 = 15$

$9 \bigcirc 1 \bigcirc 3 = 12$

활동 2
교사와 함께하기

활동목표: 혼합계산과 관련한 간단한 활동을 한다.

● 다음 문제를 풀어 보세요.

1. 덧셈, 뺄셈, 곱셈, 나눗셈, ( )를 사용하여 주어진 수가 나오도록 네모 안에 식을 만들어 보세요.

1)

50 6 9 4 → $6 \times 9 - 4$

2)
40 7 3 4 →

3)
48 6 7 6 →

4)
30 8 4 2 →

2. 스스로 문제를 만들고 계산해 보세요.

1)
17 3 4 5 → $3 \times 4 + 5$

2)
○ ○ ○ →

3)
○ ○ ○ →

4)
○ ○ ○ →

〈07차시〉 혼합계산 **113**

활동목표: 혼합계산이 필요한 문장제에서 식을 세우고 답을 구할 수 있다.

● 다음을 읽고 문제를 풀어 보세요.

1. 길이가 각각 15cm인 색 테이프 2장을 $2\frac{3}{5}$cm만큼 겹쳐서 붙이면 색 테이프 전체 길이는 몇 cm가 됩니까? 대분수로 나타내세요.

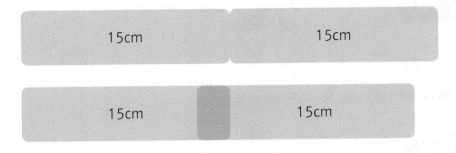

1) 겹쳐서 붙여진 부분의 길이는 몇 cm입니까? (　　　　　)cm

2) 겹쳐서 붙여졌으니까 길이가 짧아졌을까요? 더 길어졌을까요? (　　　　　)

순서를 생각하면서 풀어 보세요!

3) 식을 세우고 계산해 봅시다.

식:	풀이:
15 □ 15 □ $2\frac{3}{5}$	
	답: _____ cm

2. 상연이네 반은 남학생이 17명, 여학생이 16명입니다. 체육 시간에 체육복을 입은 학생이 31명이라면 체육복을 입지 않은 학생은 몇 명입니까?

1) 식에 포함될 숫자에는 '◯' 표시해 보세요.

2) 숫자들이 관계를 나타내거나 사용될 연산 전략(덧셈, 뺄셈, 곱셈, 나눗셈)에 대해 언급한 단어는 '☁' 표시해 보세요.

3) 구하고자 하는 것은 '▭' 표시해 보세요.

순서를 생각하면서 풀어 보세요!

식:

17 ▢ 16 ▢ 31

풀이:

답: _____ 명

활동목표: 혼합계산이 필요한 문장제에서 식을 세우고 답을 구할 수 있다.

● 다음을 읽고 문제를 풀어 보세요.

1. 주하는 한 통에 30개씩 들어 있는 초콜릿 3통을 사서 동생과 똑같이 나누어 가졌습니다. 그리고 주하는 5개를 먹었습니다. 주하에게 남은 초콜릿은 몇 개입니까?

　1) 식에 포함될 숫자에는 '◯' 표시해 보세요.

　2) 숫자들이 관계를 나타내거나 사용될 연산 전략(덧셈, 뺄셈, 곱셈, 나눗셈)에 대해 언급한 단어는 '☁' 표시해 보세요.

　3) 구하고자 하는 것은 '☐' 표시해 보세요.

　4) 한 통에 30개씩 들어 있다면 초콜릿 3통에 있는 초콜릿은 모두 몇 개인가요? 식을 만들어 보세요.

식:	답:
	_____ 개

　5) 동생과 나누어 가졌다면 주하는 몇 개의 초콜릿을 가지고 있나요? 4)에서 구한 초콜릿 총 개수에서부터 식을 만들어 보세요.

식:	답:
	_____ 개

6) 주하가 가진 초콜릿 중 5개를 먹었다면 몇 개 남았나요? 5)에서 구한 주하의 초콜릿 개수에서부터 식을 만들어 보세요.

식:	답:
	_____ 개

7) 4)~6)의 식을 한번에 적어 보세요. 이때 풀이 순서를 생각하면서 계산해 보세요.

식:	풀이:
	답: _____ 개

2. 색연필이 50개 있습니다. 5명으로 이루어진 모둠에 각 사람당 색연필을 한 개씩 모두 6모둠에 주고, 선생님께서 색연필 7개를 가지셨습니다. 남은 색연필은 몇 개입니까?

1) 식에 포함될 숫자에는 '◯' 표시를 해 보세요.

2) 숫자들이 관계를 나타내거나 사용될 연산 전략(덧셈, 뺄셈, 곱셈, 나눗셈)에 대해 언급한 단어는 '☁' 표시해 보세요.

3) 구하고자 하는 것은 '☐' 표시해 보세요.

4) 6개 모둠에 모두 색연필을 나누어주었다면 모든 모둠에 나누어준 색연필은 모두 몇 개입니까?

식:	답:
	_____ 개

5) 4)번에서 사용한 것 외에 누가 색연필을 또 가지게 되었나요? (   )
(   )에게 준 색연필은 몇 개입니까? (   )

6) 4)번과 5)번에서의 색연필을 (더하면 / 곱하면 / 빼면 / 나누면) 사용한 색연필 개수가 됩니다.

7) 원래 있던 색연필 50개에서 사용한 색연필 개수를 (더하면 / 곱하면 / 빼면 / 나누면) 남은 색연필 개수가 됩니다.

8) 4)~7)까지의 식을 한번에 적어 보세요. 이때 풀이 순서를 생각하며 계산해 보세요.

식:	풀이:
	답: _____ 개

단계
03

1. 개관

가. 분수와 소수의 사칙연산

3단계에서는 초등학교 5학년의 수와 연산영역에 초점을 두고, 분수의 사칙연산, 소수의 곱셈과 나눗셈을 내용 체계로 구성하였습니다. 초등학교 5학년 수학 교과용 지도서에서 약수와 배수의 경우 학습자들이 개념을 이해하기 어려울 수 있으므로, 실생활에서 활용되는 경우를 찾아 자연수 범위에서 다룰 것을 강조하고 있습니다. 이에 따라, 학습자가 다양한 문장제에서 나오는 약수와 배수의 개념을 익힐 수 있도록 구성하였으며, 전략을 사용하여 문장제를 식으로 바꾸는 과정을 학습할 수 있습니다.

나. 전략 소개

수학 문장제는 연산 능력뿐만 아니라 읽기 이해, 전략 사용, 추론 능력 등 다양한 기술과 인지 과정이 필요한 활동(김동일 외, 2010)입니다. 수학 문장제는 기초 연산 능력의 숙달뿐만 아니라 언어적 이해력까지 필요하기 때문에 수학 학습부진 및 학습장애 아동에게 도전이 되는 영역이기도 합니다. 이에 따라, 다음과 같은 다양한 문장제 풀이 전략들을 적용할 수 있습니다.

첫째, 핵심어 전략은 문장제에서 학습자가 문제를 해결하는 데 도움이 되는 핵심적인 단어를 찾아서 문제를 해결하는 것을 말합니다. 즉, 문장제를 읽고, 포함된 핵심어에 표시하고, 핵심 단어의 의미를 해석하여 수식으로 표현하는 것입니다(이태수, 홍성두, 2006).

둘째, 그림 그리기 전략은 문제 상황이나 사실, 관계를 그림으로 표현하여 해결하거나 그 방법을 찾는 전략입니다. 구해야 할 것이 무엇인지, 답을 구하기 위해 어떤 수들이 필요한지 명확히 함으로써 답을 구하기 위한 계획을 세울 수 있습니다. 주어진 문제를 그림으로 나타내기 어려운 경우, 기호를 사용하여 간단한 도식을 그려 볼 수 있습니다.

셋째, 표 만들기 전략은 문제에 주어진 정보들을 표로 나타내어 그 정보들을 조직화하고 표에 나타난 자료 사이의 관계를 파악하여 이를 근거로 문제를 해결하는 전략입니다. 정보를 표로 나타내면 빠진 자료를 쉽게 찾을 수 있을 뿐만 아니라 의미 있는 규칙성을 발견하는 데도 유용합니다.

넷째, 규칙 찾기 전략은 문제에 주어진 조건과 구해야 하는 값 사이의 규칙성을 찾고, 이를 문제 상황에 적용함으로써 문제를 해결하는 전략입니다. 어떤 사실을 순서에 따라 시행하고 결과나 변화의 상태를 기록하고 그 관계로부터 규칙성을 찾음으로써 새로운 정보를 예상하고 추론하는 데 유용하게 활용될 수 있습니다.

2. 전개 계획

차시	주제	활동 목표
1	분수의 덧셈	문장제에서 식을 세워 분수의 덧셈을 할 수 있다.
2	분수의 뺄셈	문장제에서 식을 세워 분수의 뺄셈을 할 수 있다.
3	분수의 곱셈	문장제에서 식을 세워 분수의 곱셈을 할 수 있다.
4	소수의 곱셈	문장제에서 식을 세워 소수의 곱셈을 할 수 있다.
5	분수의 나눗셈	문장제에서 식을 세워 분수의 나눗셈을 할 수 있다.
6	소수의 나눗셈	문장제에서 식을 세워 소수의 나눗셈을 할 수 있다.

3. 지도 유의사항

• 문장제에서 모르는 단어나 읽기에 어려움이 있는지 사전에 현행 수준을 확인합니다.

• 분수와 소수의 덧셈 개념을 충분히 숙지한 후 곱셈과 나눗셈의 개념에 대해 학습하도록 합니다.

• 분수의 개념에 대해 알기 위해 다양한 구체물을 활용합니다.

4. 중재 지도안 예시

단계	3단계 1차시
활동목표	문장제에서 식을 세워 분수의 덧셈을 할 수 있다.
준비물	연필, 색연필
도입	• 분수 연산 관련 어휘 구분, 연산 연습하기 • 덧셈을 나타내는 '모두' 글자 찾기
전개	• '핵심어 전략' '그림 그리기 전략' 소개하기(활동 1) • 대분수 덧셈식 풀어 보기(활동 2, 3) • 분수 덧셈식 세워 보기(스스로 하기)
적용	• 계산의 달인으로 분수의 덧셈식 풀어 보기
정리 및 평가	• 학습 내용 정리 및 평가, BASA 수학문장제 검사도구 • 2차시 예고

5. 학습 평가

평가 영역	평가 내용	관련 차시
문장제에서 덧셈과 관련된 단어를 찾을 수 있다.	문제에서 '더하여' '모두'와 같은 단어를 찾을 수 있다.	1
문장제에서 뺄셈과 관련된 단어를 찾을 수 있다.	문제에서 '남은' 단어를 찾을 수 있다.	2
표 만들기 전략, 규칙 찾기 전략을 사용할 수 있다.	문제에서 표를 만들거나 규칙을 찾아 곱셈식을 만들 수 있다.	3, 4
문장제에서 다양한 전략을 활용할 수 있다.	문제에서 다양한 전략을 활용하여 식을 만들 수 있다.	모든 차시

01 차시 분수의 덧셈

📖 **학습목표** • 문장제에서 식을 세워 분수의 덧셈을 할 수 있다.

도입 1

교사와 함께하기

🔖 활동목표: 분수 연산과 관련된 어휘들을 구별할 수 있다.

● **분수의 모양**

분수 연산에 대한 설명이 알맞은 것끼리 연결해 봅시다.

$$\frac{1}{3} \leftarrow 분자 \\ \leftarrow 분모$$

진분수 ●	● 분자가 분모와 같거나 분모보다 큰 분수	● $\frac{3}{3}$, $\frac{5}{2}$, $\frac{7}{3}$
가분수 ●	● 분자가 분모보다 작은 분수	● $1\frac{1}{2}$, $2\frac{4}{5}$, $4\frac{3}{7}$
기약분수 ●	● 자연수와 진분수로 이루어진 분수	● $\frac{1}{2}$, $\frac{4}{5}$, $\frac{3}{7}$
대분수 ●	● 더 이상 약분이 되지 않는 분수	● $\frac{1}{3}$, $\frac{3}{4}$, $\frac{7}{9}$

● 분수의 연산

배수, 약수 중 알맞은 말을 써 봅시다.

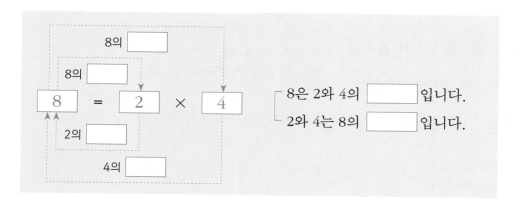

| 8의 ☐ |
| 8의 ☐ |

8 = 2 × 4

2의 ☐
4의 ☐

8은 2와 4의 ☐ 입니다.

2와 4는 8의 ☐ 입니다.

| 배수 ● | | ● 어떤 수를 나누어 떨어지게 하는 수 |

| 약수 ● | | ● 어떤 수를 1배, 2배, 3배……한 수 |

| 약분 ● | | ● 분수의 분모를 같게 하는 것 |

| 통분 ● | | ● 분수의 분모와 분자를 공약수로 나누는 것 |

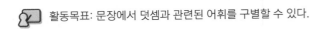

도입 2

교사와 함께하기

활동목표: 문장에서 덧셈과 관련된 어휘를 구별할 수 있다.

● 분수의 연산을 연습해 봅시다.

> 분수 연산을 잘할 수 있으면 넘어가도 좋아요.

1. 공약수와 최대공약수

4와 12의 약수를 각각 구하고, 공약수와 최대공약수를 구해 봅시다.
- 4의 약수:
- 12의 약수:
- 4와 12의 공약수:
- 4와 12의 최대공약수:

2. 배수와 최소공배수

4와 6의 배수를 각각 구하고, 공배수와 최소공배수를 구해 봅시다.
- 4의 배수:
- 6의 배수:
- 4와 6의 공배수:
- 4와 6의 최소공배수:

3. 약분하기

$\frac{4}{12}$를 약분하여 기약분수로 나타내 봅시다.
- 4와 12의 최대공약수:

$$\frac{4}{12} =$$

4. 통분하기

$\frac{2}{3}$와 $\frac{3}{4}$을 통분하여 봅시다.
- 3의 배수:
- 4의 배수:
- 3과 4의 최소공배수:

$$(\frac{2}{3}, \frac{3}{4}) = (\qquad , \qquad)$$

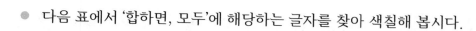

● 다음 표에서 '합하면, 모두'에 해당하는 글자를 찾아 색칠해 봅시다.

나누어	씩	모두	나누어	배
남은	남은	합하면	배	나누어
합하면	모두	모두	합하면	모두
나누어	남은	모두	씩	나누어
남은	배	합하면	나누어	나누어

1. 색칠하면 어떤 모양이 나오나요? (   )

2. 다음 문장에서 '모두'를 찾아 동그라미해 봅시다.

국화와 장미를 심은 부분을 합하면 모두 얼마입니까?

수조에 물은 모두 몇 L가 되었습니까?

두 사람이 줄넘기를 연습한 시간은 모두 몇 시간입니까?

활동 1

 활동목표: 문장제에서 진분수의 덧셈을 할 수 있다.

> **우 리 의 약 속** 다음 순서에 따라서 문제를 풀어 볼 거예요.

소리 내어 읽기 → 계획 세우기(전략 사용) → 계산하기 → 검토하기

전략 소개

● **핵심어 전략**

> 덧셈과 관련된 핵심 단어
> **합하면, 모두**
> 꼭 기억하세요~!

> 문장에서 핵심이 되는 단어에 ○, △, □, ◇ 등으로 표시해서 핵심 단어를
> 구별하면 문제를 단순하고 간단한 형태로 만들어 답을 구할 수 있습니다.

● **그림 그리기 전략**

> 문제의 문제 상황이나 사실, 관계를 그림으로 표현하는 전략입니다. 주어진 것과 구해야 할 것들을
> 정리하면서 숫자, 기호 등으로 문제를 정리할 수 있습니다. 그림으로 나타내기 어려운 문제의 경우
> 기호를 사용해서 간단하게 그려도 좋습니다.
>
>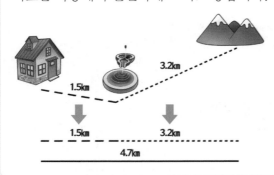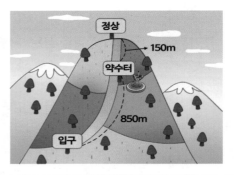

● **문제 만들기 전략**

> 배운 전략을 사용할 수 있는 비슷한 문제를 만들어 볼 수 있어요. 문장에 나오는 이름, 대상을 바꾸
> 어서 나만의 문제를 만들 수 있습니다.

● 다음을 읽고 문제를 풀어 보세요.

1. 다음 문장을 소리 내어 읽어 봅시다.

재희와 준규는 꽃밭의 $\frac{1}{7}$에는 국화를 심었고, $\frac{1}{5}$에는 장미를 심었습니다. 국화와 장미를 심은 부분을 합하면 모두 얼마입니까?

2. 계획 세우기

2-1. 핵심어 전략

① 덧셈에 해당하는 단어를 찾아 '○' 표시를 해 보세요.

② 숫자를 찾아 '△' 표시를 해 보세요.

③ 빈칸에 숫자와 덧셈을 식으로 써 보세요.

재희와 준규는 꽃밭의 $\frac{1}{7}$에는 국화를 심었고, $\frac{1}{5}$에는 장미를 심었습니다.
국화와 장미를 심은 부분을 모두 합하면 얼마입니까?

→ 식으로 써 봅시다.

2-2. 그림 그리기 전략

◆ 분수 막대 그리기

1번 막대

2번 막대

○ 1번 막대에서 $\frac{1}{7}$에 해당하는 부분에 '파란색'을 칠해 보세요.

○ 2번 막대에서 $\frac{1}{5}$에 해당하는 부분에 '빨간색'을 칠해 보세요.

3. 계산하기

– 식을 써 보기 – 계산하기	식: 답: _____

4. 검토하기

– 계산 과정이 맞았는지 확인하기 – 기약분수로 나타내었는지 확인하기	– 계산 과정 점검(덧셈, 통분을 바르게 했나요?) ∗ 통분: 분모의 곱을 공통분모로 하는 것 $$\dfrac{1}{\triangle} + \dfrac{1}{\bigcirc} = \dfrac{1\times\bigcirc}{\triangle\times\bigcirc} + \dfrac{1\times\triangle}{\bigcirc\times\triangle}$$ ∗ 약분: 분모와 분자를 공약수로 더 이상 나누어지지 않을 때까지 나누는 것 – 문제에서 정답을 어떤 수로 나타내라고 했나요? <u>기약분수</u>

활동 2

활동목표: 문장제에서 대분수의 덧셈식을 풀 수 있다.

● 다음을 읽고 문제를 풀어 보세요.

1. 다음 문장을 소리 내어 읽어 봅시다.

> 수조에 $1\frac{1}{9}$ L의 물을 부은 다음 $3\frac{1}{4}$ L의 물을 더 부었습니다. 수조의 물은 모두 몇 L가 되었습니까?

◆ 모르는 단어가 있습니까?

> 잠깐! L는 들이를 재는 단위예요. L는 '리터'라고 읽지요. 우유갑에 써 있는 1L는 들이가 1리터라는 뜻이랍니다(출처: 천재학습백과 초등 수학 3-2).

2. 식 세우기

2-1. 핵심어 전략

① 덧셈에 해당하는 단어를 찾아 '○' 표시를 해 보세요.

② 숫자를 찾아 '△' 표시를 해 보세요.

③ 빈칸에 숫자와 덧셈을 식으로 써 보세요.

> 수조에 $1\frac{1}{9}$ L의 물을 부은 다음 $3\frac{1}{4}$ L의 물을 ⃝더 부었습니다. 수조에 물은 ⃝모두 몇 L가 되었습니까?
>
> → 식으로 써 봅시다.

2-2. 그림 그리기 전략

◆ 수조 그리기

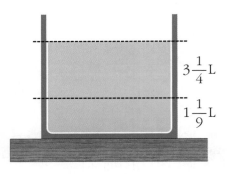

$3\dfrac{1}{4}$ L

$1\dfrac{1}{9}$ L

○ $1\dfrac{1}{9}$ 에 해당하는 부분에 ||| 빗금을 그어 보세요.

○ $3\dfrac{1}{4}$ 에 해당하는 부분에 ═ 빗금을 그어 보세요.

○ $1\dfrac{1}{9}+3\dfrac{1}{4}$ 에 해당하는 부분에 /// 빗금을 그어 보세요.

◆ 분수 막대 그리기

1번 막대

2번 막대

○ 1번 막대에서 $1\dfrac{1}{9}$ 에 해당하는 부분에 '파란색'을 칠해 보세요.

○ 2번 막대에서 $3\dfrac{1}{4}$ 에 해당하는 부분에 '빨간색'을 칠해 보세요.

3. 계산하기

– 식을 써 보기 – 계산하기 　▶ 〈방법 1〉 자연수는 자연 　　수끼리, 분수는 분수끼리 　　더하기	〈방법 1〉 식:
▶ 〈방법 2〉 대분수를 가분 　　수로 고쳐서 계산하기	〈방법 2〉 식:
– 답 적기(대분수)	답: ＿＿＿＿＿＿ L

4. 검토하기

– 계산 과정이 맞았는지 확인 하기	– 계산 과정 점검(덧셈, 곱셈, 통분, 약분을 바르게 했나요?) 　＊ 통분: 분모의 곱을 공통분모로 하는 것 $$\frac{\blacksquare}{\triangle} + \frac{\blacklozenge}{\bigcirc} = \frac{\blacksquare \times \bigcirc}{\triangle \times \bigcirc} + \frac{\triangle \times \blacklozenge}{\triangle \times \bigcirc}$$
– 대분수로 나타내었는지 확 인하기	– 문제에서 정답을 어떤 수로 나타내라고 했나요? 대분수

🔖 활동목표: 문장제에서 대분수의 덧셈식을 풀 수 있다.

● 다음을 읽고 문제를 풀어 보세요.

1. 다음 문장을 소리 내어 읽어 봅시다.

> 정수는 줄넘기를 $2\frac{1}{2}$시간 동안 연습하였고, 희진이는 $3\frac{1}{6}$시간 동안 연습하였습니다. 두 사람이 줄넘기를 연습한 시간은 모두 몇 시간입니까?

2. 식 세우기

2-1. 핵심어 전략

① 덧셈에 해당하는 단어를 찾아 '○' 표시를 해 보세요.

② 숫자를 찾아 '△' 표시를 해 보세요.

③ 빈칸에 숫자와 덧셈을 식으로 써 보세요.

> 정수는 줄넘기를 $2\frac{1}{5}$ 시간 동안 연습하였고, 희진이는 $3\frac{1}{6}$ 시간 동안 연습하였습니다. 두 사람이 줄넘기를 연습한 시간은 모두 몇 시간입니까?
>
> → 식으로 써 봅시다.
>
> [   ]

2-2. 그림 그리기 전략

◆ 시계 그리기 （1시간 = 60분）

$2\frac{1}{2}$시간을 '분'으로 알아봅시다. $\frac{1}{2}$시간은 몇 분일까요? 	$3\frac{1}{6}$시간을 '분'으로 알아봅시다. $\frac{1}{6}$시간은 몇 분일까요? 

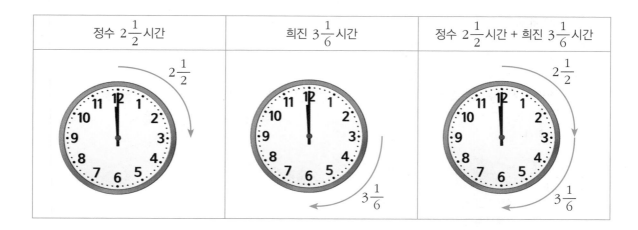

정수 $2\frac{1}{2}$시간	희진 $3\frac{1}{6}$시간	정수 $2\frac{1}{2}$시간 + 희진 $3\frac{1}{6}$시간

◆ 분수 막대 그리기

1번 막대

2번 막대

○ 1번 막대에서 $2\frac{1}{2}$에 해당하는 부분에 '파란색'을 칠해 보세요.

○ 2번 막대에서 $3\frac{1}{6}$에 해당하는 부분에 '빨간색'을 칠해 보세요.

3. 계산하기

– 식을 써 보기
– 계산하기
  ▶ 방법 1. 자연수는 자연수
     끼리, 분수는 분수끼리
     더하기
	〈방법 1〉
	식:

▶ 방법 2. 대분수를 가분수 로 고쳐서 계산하기	〈방법 2〉 식:
– 답 적기(대분수)	답: _____ 시간

4. 검토하기

– 계산 과정이 맞았는지 확인 하기	– 계산 과정 점검(덧셈, 곱셈, 통분, 약분을 바르게 했나요?) * 통분: 분모의 곱을 공통분모로 하는 것 
– 대분수로 나타내었는지 확 인하기	– 문제에서 정답을 어떤 수로 나타내라고 했나요? <u>대분수</u>

문장제 풀어 보기

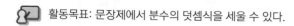 스스로 하기

🗨 활동목표: 문장제에서 분수의 덧셈식을 세울 수 있다.

● 다음 문제를 스스로 풀어 보세요.

1. 핵심어 전략을 이용해서 식을 만들어 봅시다.

1) 재희와 준규는 꽃밭의 $\frac{1}{6}$에는 국화를 심었고, $\frac{1}{7}$에는 장미를 심었습니다. 국화와 장미를 심은 부분을 합하면 모두 얼마입니까?

식:

2) 수조에 $1\frac{1}{9}$ L의 물을 부은 다음 $3\frac{1}{4}$ L의 물을 더 부었습니다. 수조에 물은 모두 몇 L가 되었습니까?

식:

3) 정수는 줄넘기를 $2\frac{1}{2}$시간 동안 연습하였고, 희진이는 $3\frac{1}{3}$시간 동안 연습하였습니다. 두 사람이 줄넘기를 연습한 시간은 모두 몇 시간입니까?

식:

2. 그림 그리기 전략을 이용해서 식을 만들어 봅시다.

1) 재희와 준규는 과수원의 $\frac{1}{5}$에는 사과나무를 심었고, $\frac{1}{4}$에는 배나무를 심었습니다. 사과와 배를 심은 부분을 합하면 모두 얼마입니까?

그림은 간단하게
표현해도 괜찮아요.

그림

식:

2) 기름통에 $2\frac{1}{4}$L의 기름을 부은 다음 $1\frac{1}{5}$L의 기름을 더 부었습니다. 기름통의 기름은 모두 몇 L가 되었습니까?

그림

식:

3) 정수는 탁구를 $4\frac{1}{2}$시간 동안 연습하였고, 희진이는 $2\frac{1}{6}$시간 동안 연습하였습니다. 두 사람이 탁구를 연습한 시간은 모두 몇 시간입니까?

그림

식:

전략을 사용해서 문제를 스스로 풀어 봅시다.

(연습장이 필요한 경우 선생님에게 말하세요.)

1. 재희와 준규는 꽃밭의 $\frac{1}{5}$에는 국화를 심었고, $\frac{1}{8}$에는 장미를 심었습니다. 국화와 장미를 심은 부분을 합하면 모두 얼마입니까? 기약분수로 나타내세요.

식:	답:
	_____

2. 수조에 $2\frac{1}{6}$L의 물을 부은 다음 $4\frac{1}{5}$L의 물을 더 부었습니다. 수조에 물은 모두 몇 L가 되었습니까? 대분수로 나타내세요.

식:	답:
	_____

3. 정수는 줄넘기를 $3\frac{1}{6}$시간 동안 연습하였고, 희진이는 $1\frac{1}{3}$시간 동안 연습하였습니다. 두 사람이 줄넘기를 연습한 시간은 모두 몇 시간입니까? 대분수로 나타내세요.

식:	답:
	_____

4. 재희와 준규는 꽃밭의 $\frac{1}{4}$에는 튤립를 심었고, $\frac{1}{9}$에는 민들레를 심었습니다. 국화와 장미를 심은 부분을 합하면 모두 얼마입니까? 기약분수로 나타내세요.

식:	답:
	_____

5. 수영장에 $4\frac{1}{4}$ L의 물을 부은 다음 $3\frac{1}{6}$ L의 물을 더 부었습니다. 수영장에 물은 모두 몇 L가 되었습니까? 대분수로 나타내세요.

식:	답:
	_____

6. 정수는 달리기를 $1\frac{1}{5}$ 시간 동안 연습하였고, 희진이는 $2\frac{1}{2}$ 시간 동안 연습하였습니다. 두 사람이 달리기를 연습한 시간은 모두 몇 시간입니까? 대분수로 나타내세요.

식:	답:
	_____

02차시 분수의 뺄셈

 학습목표 • 문장제에서 식을 세워 분수의 뺄셈을 할 수 있다.

도입

교사와 함께하기

활동목표: 분수 막대를 이용해 분수를 합하고 떼어 놓을 수 있다.

● **분수 막대 게임**

준비물 분수 막대([부록 3-1] 참조)

1) 분수 막대 값 계산하기

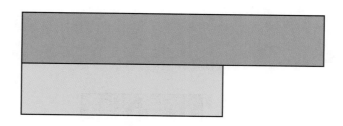

○ 오려낸 분수 막대 중, 위 그림과 크기가 같은 것을 대 보세요.

어떤 분수 막대와 크기가 같나요? (   ), (   )

○ 위의 분수 막대 두 개를 더한 값은 얼마인가요? 식으로 표현하고 값을 구해 보세요.

식:	답:

2) 분수 막대 값 계산하기(혼자서 해 보세요.)

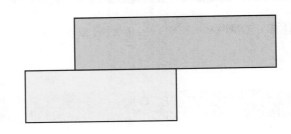

식:	답:

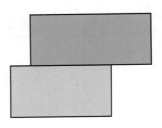

식:	답:

🗨 활동목표: 문장에서 뺄셈과 관련된 어휘를 구별할 수 있다.

● 다음을 읽고 문제를 풀어 보세요.

1. 다음 표에서 '남은'이라는 글자를 찾아 색칠해 봅시다.

나누어	씩	배	나누어	배
합	모두	나누어	배	나누어
남은	남은	남은	남은	남은
나누어	함께	모두	씩	나누어
총	모두	총	나누어	모두

1) 색칠하면 어떤 모양이 나오나요? (   )

2) 다음 문장에서 '남은'을 찾아 동그라미해 봅시다.

> 물통에 물이 있습니다. 이 중에서 얼마를 사용했습니다. 남은 물은 몇 L입니까?

> 아빠께서 주스를 사 오셨습니다. 그중에서 혜정이, 재현이가 마셨다면 남은 주스는 몇 L입니까?

> 철사가 있습니다. 현수, 주민이가 잘라 사용했습니다. 남은 철사의 길이는 몇 m입니까?

〈핵심어 전략〉

문장제에서 '**남은**'은 **뺄셈**을 의미해요.
원래 있는 것에서 사용하거나 없어진 양을 빼면 '남은' 값을 알 수 있어요.

활동목표: 문장제에서 분수의 뺄셈을 할 수 있다.

● 다음을 읽고 문제를 풀어 보세요.

준비물 색연필(빨강, 파랑)

1. 다음 문장을 소리 내어 읽어 봅시다.

> 물통에 물이 $\frac{6}{7}$ L 들어 있습니다. 이 중에서 $\frac{3}{5}$ L를 사용했습니다. 남은 물은 몇 L입니까?

◆ 모르는 단어가 있습니까?

잠깐! L은 '니은'이 아닌, '리터'라고 읽습니다. L는 들이를 잴 때 쓰는 단위로, 콜라에 써 있는 1리터는 들이가 1L라는 뜻입니다. 따라서 1L의 콜라가 들어 있다는 뜻입니다.

2. 계획 세우기

　2-1. 핵심어 전략

　　　① 덧셈에 해당하는 단어를 찾아 '○' 표시를 해 보세요.

　　　② 숫자를 찾아 '△' 표시를 해 보세요.

　　　③ 빈칸에 숫자와 덧셈을 식으로 써 보세요.

> 물통에 물이 $\frac{6}{7}$ L 들어 있습니다. 이 중에서 $\frac{3}{5}$ L를 사용했습니다.
>
> 남은 물은 몇 L입니까?
>
> → 식으로 써 봅시다.

2-2. 그림 그리기 전략

◆ 물통 채우기

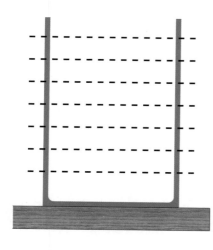

○ $\frac{6}{7}$에 해당하는 부분에 파란색을 칠해서 물통에 물을 넣어 보세요.

○ 파란색으로 칠한 부분을 '5'줄로 나누어 보세요(굵은 선으로 나누어 보세요). 이 중 위에서부터 '3'칸을 빨간색으로 칠해 보세요. $\frac{3}{5}$ 완성!

○ 빨간색을 제외하고 남은 파란 물에 해당하는 부분에 /// 빗금을 그어 보세요. $\frac{6}{7} - \frac{3}{5}$ 완성!

◆ 분수 막대 그리기

1번 막대	

3번 막대	

2번 막대	

○ 1번 막대에서 $\frac{6}{7}$에 해당하는 부분에 '파란색'을 칠해 보세요.

○ 2번 막대에서 $\frac{3}{5}$에 해당하는 부분에 '빨간색'을 칠해 보세요.

○ 3번 막대에 1번 막대만큼 '파란색'을 칠해 보세요.

○ 3번 막대에서 2번 막대 만큼 '빨간색'을 칠해 보세요.

○ 3번 막대에서 '파란색' 부분은 무엇일까요? 선생님과 이야기해 보세요.

3. 계산하기

– 식을 써 보기 – 계산하기 ▶ 방법 1. 분모의 곱으로 통분하기	〈방법 1〉 식:
▶ 방법 2. 분모의 최소공배수를 이용하여 통분하기	〈방법 2〉 식:
	답: _____ L

4. 검토하기

– 계산 과정이 맞았는지 확인하기	– 계산 과정 점검(덧셈, 통분을 바르게 했나요?) ＊ 통분: 분모의 곱을 공통분모로 하는 것  ＊ 약분 : 분모와 분자를 공약수로 더 이상 나누어지지 않을 때까지 나누는 것
– 기약분수로 나타내었는지 확인하기	– 문제에서 정답을 어떤 수로 나타내라고 했나요? **기약분수** 잠깐! 통분, 약분, 기분수의 개념이 헷갈리면 1차시의 분수 알아보기를 다시 풀어 보세요.

활동 3

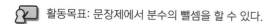 활동목표: 문장제에서 분수의 뺄셈을 할 수 있다.

● 다음을 읽고 문제를 풀어 보세요.

1. 다음 문장을 소리 내어 읽어 봅시다.

> 할머니께서 포도 주스 $\frac{7}{12}$L를 담아 오셨습니다. 그중에서 혜정이가 $\frac{1}{6}$L, 재현이가 $\frac{2}{3}$L를 마셨다면 남은 포도 주스는 몇 L입니까?

◆ 모르는 단어가 있습니까?

2. 식 세우기

    2-1. 핵심어 전략

        ① 덧셈에 해당하는 단어를 찾아 '○' 표시를 해 보세요.

        ② 숫자를 찾아 '△' 표시를 해 보세요.

        ③ 빈칸에 숫자와 덧셈을 식으로 써 보세요.

> 할머니께서 포도 주스 $\frac{7}{12}$ 를 L 담아 오셨습니다.
>
> 그중에서 혜정이가 $\frac{1}{6}$ L, 재현이가 $\frac{2}{3}$ L를 마셨다면 남은 포도 주스는 몇 L입니까?
>
> → 식으로 써 봅시다.

    2-2. 그림 그리기 전략

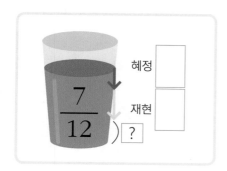

○ 문제를 참고하여 ☐ 에 알맞은 분수를 넣어 보세요.

○ ? 에 해당하는 양을 구하는 방법에 대해 선생님과 이야기해 보세요.

◆ 분수 막대 그리기

1번 막대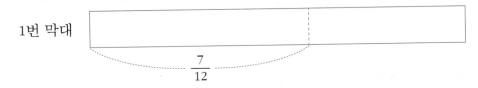

2번 막대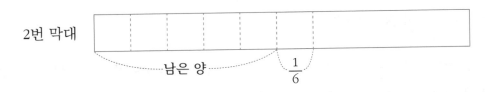

3번 막대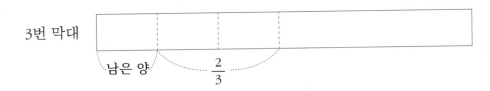

○ 2번 막대에서 $\frac{1}{6}$에 해당하는 부분에 '파란색'을 칠해 보세요. 파란색을 제외한 부분에 빨간색을 칠해 보세요. 빨간색 부분을 식으로 나타내면 어떻게 되나요? 선생님과 이야기해 보세요.

○ 3번 막대에서 2번 막대의 빨간색만큼 색칠해 봅시다. 그리고 $\frac{2}{3}$에 해당하는 부분에 /// 빗금 표시를 해 봅시다. /// 빗금이 표시되지 않은 빨간색 부분을 식으로 나타내면 어떻게 되나요? 선생님과 이야기해 보세요.

3. 계산하기

- 식을 써 보기 - 계산하기	식:
- 답 적기	답: _____ L

4. 검토하기

- 계산 과정이 맞았는지 확인 하기	- 계산 과정 점검(통분, 곱셈, 뺄셈, 약분을 바르게 했나요?) - 뺄셈을 2번 했나요? * 통분: 분모의 곱을 공통분모로 하는 것 $$\dfrac{\blacksquare}{\triangle} - \dfrac{\blacklozenge}{\bigcirc} = \dfrac{\blacksquare \times \bigcirc}{\triangle \times \bigcirc} - \dfrac{\triangle \times \blacklozenge}{\triangle \times \bigcirc}$$
- 기약분수로 나타내었는지 확인하기	- 문제에서 정답을 어떤 수로 나타내라고 했나요? 기약분수 잠깐! 통분, 약분, 기분수의 개념이 헷갈리면 1차시의 분수 알아보기를 다시 풀어 보세요.

활동 4

활동목표: 문장제에서 분수의 뺄셈을 할 수 있다.

- **다음을 읽고 문제를 풀어 보세요.**

1. 다음 문장을 소리내서 읽어 봅시다.

> 철사가 $3\frac{23}{24}$ m있습니다. 현수가 $1\frac{2}{3}$ m를, 주민이가 $1\frac{1}{4}$ m 잘라 사용했습니다. 남은 철사의 길이는 몇 m입니까?

2. 식 세우기

  2-1. 핵심어 전략

      ① 덧셈에 해당하는 단어를 찾아 '○' 표시를 해 보세요.

      ② 숫자를 찾아 '△' 표시를 해 보세요.

      ③ 빈칸에 숫자와 덧셈을 식으로 써 보세요.

> 철사가 $3\frac{23}{24}$ m있습니다. 현수가 $1\frac{2}{3}$ m를 , 주민이가 $1\frac{1}{4}$ m 잘라 사용했습니다. 철사의 길이는 (모두) 몇 m입니까?
>
> → 식으로 써 봅시다.

  2-2. 그림 그리기 전략

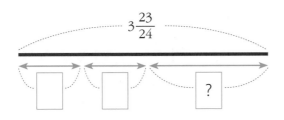

  ○ 문제를 참고하여 ⬚ 에 알맞은 분수를 넣어 보세요.

  ○ ? 에 해당하는 양을 구하는 방법에 대해 선생님과 이야기해 보세요.

3. 계산하기

– 식을 써 보기
– 계산하기
  ▶ 방법 1. 자연수는 자연수
    끼리, 분수는 분수끼리
    빼기
	〈방법 1〉
	식:

▶ 방법 2. 기약분수를 가분 수로 고쳐서 계산하기	〈방법 2〉 식:
– 답 적기(기약분수)	답: _____ m

4. 검토하기

– 계산 과정이 맞았는지 확인 하기	– 계산 과정 점검(뺄셈, 통분, 약분을 바르게 했나요?) – 뺄셈을 2번 했나요? ＊ 통분: 분모의 곱을 공통분모로 하는 것 $$\frac{\blacksquare}{\triangle} - \frac{\blacklozenge}{\bigcirc} = \frac{\blacksquare \times \bigcirc}{\triangle \times \bigcirc} - \frac{\triangle \times \blacklozenge}{\triangle \times \bigcirc}$$
– 기약분수로 나타내었는지 확인하기	– 문제에서 정답을 어떤 수로 나타내라고 했나요? **기약분수** **잠깐!** 통분, 약분, 기약분수의 개념이 헷갈리면 1차시의 분수 알아보기를 다시 풀어 보세요.

문장제 풀어 보기

활동목표: 문장제에서 분수의 뺄셈을 할 수 있다.

● 다음 문제를 스스로 풀어 보세요.

1. 핵심어 전략을 이용해서 식을 만들어 봅시다.

1) 물통에 물이 $\frac{6}{7}$ L 들어 있었습니다. 그중에서 $\frac{2}{5}$ L를 사용했습니다. 남은 물은 몇 L입니까?

식:

2) 할머니께서 포도 주스 $\frac{16}{19}$ L를 담아 오셨습니다. 그중에서 혜정이가 $\frac{1}{7}$ L, 재현이가 $\frac{2}{13}$ L를 마셨다면 남은 포도 주스는 몇 L입니까?

식:

3) 철사가 $3\frac{4}{5}$ m 있었습니다. 그중에서 현수가 $1\frac{2}{3}$ m, 주민이가 $1\frac{3}{4}$ m를 잘라 사용했습니다. 남은 철사의 길이는 몇 m입니까?

식:

2. 그림 그리기 전략을 이용해서 식을 만들어 봅시다.

1) 기름통에 기름이 $\frac{3}{5}$L 들어 있었습니다. 그중에서 $\frac{1}{2}$L를 사용했습니다. 남은 기름은 몇 L입니까?

> 그림은 간단하게 표현해도 괜찮아요.

그림

식:

2) 할머니께서 딸기 주스 $\frac{7}{10}$L를 담아오셨습니다. 그중에서 혜정이가 $\frac{1}{5}$L, 재현이가 $\frac{1}{6}$L를 마셨다면 남은 딸기 주스는 몇 L입니까?

그림

식:

3) 리본이 $4\frac{3}{5}$m있었습니다. 민수가 $1\frac{3}{4}$m, 정연이가 $1\frac{1}{2}$m를 잘라 사용했습니다. 남은 리본의 길이는 몇 m입니까?

그림

식:

전략을 사용해서 문제를 스스로 풀어 봅시다.

(연습장이 필요한 경우 선생님에게 말하세요.)

1. 물통에 물이 $\frac{5}{6}$L 들어 있습니다. 이 중에서 $\frac{2}{5}$L를 사용했습니다. 남은 물은 몇 L입니까? 기약분수로 나타내세요.

식:

답:

_____ L

2. 할머니께서 포도 주스 $\frac{7}{12}$L를 담아 오셨습니다. 그중에서 혜정이가 $\frac{1}{4}$L, 재현이가 $\frac{1}{24}$L를 마셨다면 남은 포도 주스는 몇 L입니까? 기약분수로 나타내세요.

식:

답:

_____ L

3. 철사가 $5\frac{5}{6}$m있습니다. 현수가 $2\frac{1}{2}$m, 주민이가 $1\frac{11}{12}$m를 잘라 사용했습니다. 남은 철사의 길이는 몇 m입니까? 기약분수로 나타내세요.

식:

답:

_____ m

4. 통에 식초가 $\frac{7}{8}$L 들어 있습니다. 이 중에서 $\frac{2}{3}$L를 사용했습니다. 남은 식초는 몇 L 입니까? 기약분수로 나타내세요.

식:

답:

_____ L

5. 할머니께서 감귤 주스 $\frac{13}{14}$L를 담아 오셨습니다. 그중에서 혜정이가 $\frac{2}{7}$L, 재현이가 $\frac{1}{2}$L를 마셨다면 남은 감귤 주스는 몇 L입니까? 기약분수로 나타내세요.

식:	답:
	_____ L

6. 밧줄이 $4\frac{3}{4}$m 있습니다. 그중에서 현수가 $2\frac{1}{2}$m를, 주민이가 $1\frac{3}{4}$m 잘라 사용했습니다. 남은 밧줄의 길이는 몇 m입니까? 기약분수로 나타내세요.

식:	답:
	_____ m

7. 기름통에 기름이 $\frac{5}{7}$L 들어 있습니다. 그중에서 $\frac{3}{8}$L를 사용했습니다. 남은 기름은 몇 L입니까? 기약분수로 나타내세요.

식:	답:
	_____ L

8. 엄마께서 사과 주스 $\frac{5}{6}$L를 담아 오셨습니다. 그중에서 혜정이가 $\frac{2}{5}$L, 재현이가 $\frac{2}{15}$L를 마셨다면 남은 마셨다면 남은 사과 주스는 몇 L입니까? 기약분수로 나타내세요.

식:	답:
	_____ L

9. 리본이 $4\frac{2}{3}$m 있습니다. 현수가 $1\frac{1}{5}$m, 주민이가 $2\frac{2}{15}$m를 잘라 사용했습니다. 남은 철사의 길이는 몇 m입니까? 기약분수로 나타내세요.

식:	답:
	_____ m

03 차시 분수의 곱셈

📖 **학습목표** • 문장제에서 식을 세워 분수의 곱셈을 할 수 있다.

도입 교사와 함께하기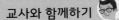

🔑 활동목표: 분수의 곱셈원리를 이해할 수 있다.

● 주사위 게임을 해 봅시다.

⚙️ **준비물** 주사위

◆ 게임 1

1. 가위바위보에서 이긴 사람이 주사위를 굴려서 나온 숫자를 분모에 넣어 분수를 완성합니다.

$$\dfrac{1}{\square}$$

2. 상대방이 굴려서 나온 주사위 숫자만큼 분수를 더해 봅시다.

$$\dfrac{1}{\square} + \dfrac{1}{\square} + \dfrac{1}{\square} + \cdots\cdots + \dfrac{1}{\square} = \dfrac{?}{?}$$

3. 먼저 계산한 사람은 누구인가요?

◆ 게임 2

1. 가위바위보에서 이긴 사람이 주사위를 두 번 굴려서 나온 숫자를 분모, 분자에 넣어 분수를 완성합니다.

2. 상대방이 굴려서 나온 주사위 숫자만큼 분수를 더해 봅시다.

$$\dfrac{\triangle}{\square} + \dfrac{\triangle}{\square} + \dfrac{\triangle}{\square} + \cdots\cdots + \dfrac{\triangle}{\square} = \dfrac{?}{?}$$

3. 먼저 계산한 사람은 누구인가요?

● **표 만들기 전략**

- 표를 만들어서 문제해결에 필요한 정보를 정리할 수 있어요.
- 문제에 나온 정보를 정리해서 관계를 파악하고, 규칙성을 찾을 수 있어요.

예) 하루에 4개씩 줄넘기를 했습니다. 5일 동안 줄넘기를 한 개수는 총 몇 개인가요?

1일	2일	3일	4일	5일
4개	4개			

- 3일, 4일, 5일도 채워 보세요.
- 1일에 4개씩 5일 동안 줄넘기를 하면, 4개 + 4개 + 4개 + 4개 + 4개 = 4개씩 5번
- 5일 동안 줄넘기를 한 개수: 4개 × 5= 20개

● **규칙 찾기 전략**

- 문제 속에 숨어 있는 규칙을 찾아내어 계산하면서 문제를 해결할 수 있어요.
- 문제에 주어진 조건과 구해야 하는 값 사이의 규칙성을 찾고, 문제 상황에 적용하면서 문제를 해결할 수 있어요.
- 순서에 따라 한 결과나 변화를 기록하고 관계에서 규칙성을 찾을 수 있어요.

예 1) 네모칸에 알맞은 모양을 그려 보세요.

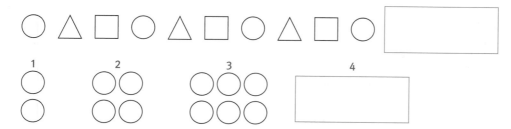

예 2) 하루에 4개씩 줄넘기를 했습니다. 5일 동안 줄넘기를 한 개수는 총 몇 개인가요?

1일	2일	3일	4일	5일
4개	8개			

+4개   +4개   +4개   +4개

- 빈칸에 알맞은 수를 적어 봅시다.
- 하루가 지날수록 4개씩 증가하면, 5일째 날에는 줄넘기를 총 몇 개 했을까요?

활동 1

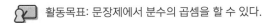 활동목표: 문장제에서 분수의 곱셈을 할 수 있다.

● 다음을 읽고 문제를 풀어 보세요.

1. 다음 문장을 소리 내어 읽어 봅시다.

> 영식이네 학급에서는 운동회를 마치고 피자를 먹었습니다. 피자 한 판의 $\frac{5}{9}$씩 놓여 있는 접시가 3개 있습니다. 접시에 있는 피자를 모두 모으면 몇 개입니까?

◆ 모르는 단어가 있습니까?

2. 계획 세우기

2-1. 핵심어 전략

◆ 숫자를 찾아 '△' 표시를 해 보세요.

1) 영식이네 학급에서는 운동회를 마치고 피자를 먹었습니다. 피자 한 판의 $\frac{5}{9}$ 씩 놓여 있는 접시가 3 개 있습니다. 접시에 있는 피자를 모두 모으면 몇 개입니까?

2-2. 그림 그리기 전략

◆ 피자 그리기

○ 피자의 $\frac{5}{9}$에 맞게 색칠해 봅시다.

○ 색칠한 피자 개수는 몇 개인가요? 개

◆ 분수 막대 그리기

○ 각각 분수막대에 $\frac{5}{9}$ 만큼 색칠하세요.

○ 색칠한 분수막대는 모두 몇 개입니까? $\dfrac{\square}{9}$

2-3. 표 만들기 전략

○ 표를 채워 봅시다.

접시 1	접시 2	접시 3
$\frac{5}{9}$		

○ 3개 접시에 있는 피자는 모두 몇 개일까요? 식으로 써 보세요.

2-4. 규칙 찾기 전략

○ 표를 채워 봅시다.

접시 1	접시 1 + 접시 2	접시 1 + 접시 2 + 접시 3
$\frac{5}{9}$		

○ 접시 1, 접시2, 접시 3에 있는 피자는 모두 몇 개일까요? 식으로 써 보세요.

3. 계산하기

– 식을 써 보기 – 계산하기 ▶ 〈방법 1〉 덧셈식으로 나 　타내어 계산하기	〈방법 1〉 식:
▶ 〈방법 2〉 곱셈식으로 나 　타내어 계산하기	〈방법 2〉 식:
– 답 적기	답: _____ 개

4. 검토하기

– 계산 과정이 맞았는지 확인 　하기 – 가분수로 나타내었는지 확 　인하기	– 계산 과정 점검(곱셈, 약분을 바르게 했나요?) ＊ 분수의 곱셈 $$\frac{\blacksquare}{\triangle} \times \bigcirc = \frac{\blacksquare \times \bigcirc}{\triangle}$$ ＊ 약분: 분모와 분자를 공약수로 더 이상 나누어지지 않을 때까지 나누는 것 – 문제에서 정답을 어떤 수로 나타내라고 했나요?　가분수 **잠깐❤** 통분, 약분, 가분수의 개념이 헷갈리면 1차시의 분수 알아보기를 다시 풀어 보세요.

활동 2

활동목표: 문장제에서 분수의 곱셈을 할 수 있다.

● 다음을 읽고 문제를 풀어 보세요.

1. 다음 문장을 소리 내어 읽어 봅시다.

> 배 한 상자의 무게는 $11\frac{1}{4}$ kg입니다. 배 12상자의 무게는 몇 kg입니까?

◆ 모르는 단어가 있습니까?

잠깐ゝ 'kg'은 무게를 재는 단위로, '킬로그램'이라고 읽습니다.

2. 계획 세우기

2-1. 핵심어 전략

◆ 숫자를 찾아 '△' 표시를 해 보세요.

> 배 한 상자의 무게는 $11\frac{1}{4}$ kg입니다. 배 12 상자의 무게는 몇 kg입니까?

2-2. 그림 그리기 전략

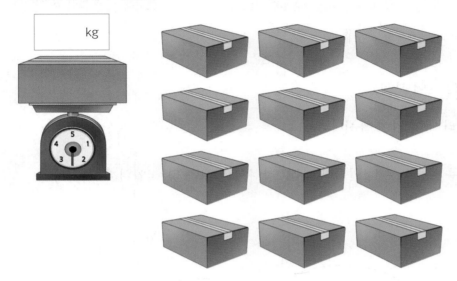

◆ 몇 개의 박스가 있습니까?

◆ 빈 칸에 분수를 적어 봅시다.

◆ 식으로 바꿔 봅시다.

1) 덧셈식으로 바꿔 봅시다.

$$11\frac{1}{4} \; +$$

2) 곱셈식으로 바꿔 봅시다.

(배 1상자 무게) × (상자 개수) = ☐ × ☐

3) 덧셈과 곱셈 중 어떤 식이 더 간단한가요?

여러 번 더해야 하는 경우, 곱셈이 편리해요!

3. 계산하기

- 식을 써 보기 - 계산하기: 대분수를 가분수로 고친 뒤 분수와 자연수를 곱하기	식:
- 답 적기	답: _____ kg

4. 검토하기

| - 계산 과정이 맞았는지 확인하기 | - 계산 과정 점검(통분, 곱셈, 덧셈, 약분을 바르게 했나요?)

* 분수의 곱셈

$$\frac{\blacksquare}{\triangle} \times \bigcirc = \frac{\blacksquare \times \bigcirc}{\triangle}$$

* 약분: 분모와 분자를 공약수로 더 이상 나누어지지 않을 때까지 나누는 것

잠깐! 통분, 약분, 가분수의 개념이 헷갈리면 1차시의 분수 알아보기를 다시 풀어 보세요. |

활동 3

교사와 함께하기

활동목표: 문장제에서 분수의 뺄셈을 할 수 있다.

● 다음을 읽고 문제를 풀어 보세요.

1. 다음 문장을 소리 내어 읽어 봅시다.

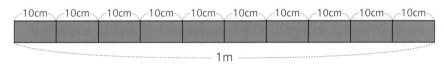

미술시간에 리본으로 선물상자를 포장하기 위해 리본 8m를 사 왔습니다. 이 리본의 $\frac{3}{4}$을 사용하였다면 사용한 리본의 길이는 몇 m입니까?

◆ 모르는 단어가 있습니까?

잠깐! 'm'는 길이를 재는 단위의 기본입니다. '미터'라고 읽습니다.

참고로 10cm(10센티미터)가 10개, 즉 10cm × 10 = 100cm(100센티미터)는 1m입니다.

| 10cm | 10cm | 10cm | 10cm | 10cm | 10cm | 10cm | 10cm | 10cm | 10cm |

1m

2. 식 세우기

2-1. 핵심어 전략

◆ 숫자를 찾아 '△' 표시를 해 보세요.

1) 미술시간에 선물상자를 포장하기 위해 리본 △8 m를 사 왔습니다. 이 리본의 △$\frac{3}{4}$ 을 사용하였다면 사용한 리본의 길이는 몇 m입니까?

2-2. 그림 그리기 전략

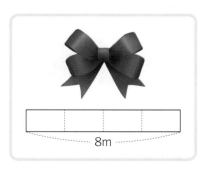

8m

○ 8m 리본에 해당하는 부분을 색칠해 봅시다.

○ 색칠한 부분은 얼마입니까?

– 8m를 4칸으로 나누면 1칸은 몇 m입니까? _____m

– 3칸은 몇 m입니까? _____m

3. 계산하기

- 식을 써 보기
- 계산하기
    ▶ 방법 1. 자연수와 분자를
        곱한 뒤 약분하기
	〈방법 1〉
	식:

▶ 방법 2. 자연수와 분모를
        약분한 뒤 자연수와 분수
        를 곱하기
	〈방법 2〉
	식:

- 답 적기	답: _____ m

4. 검토하기

- 계산 과정이 맞았는지 확인
  하기
	- 계산 과정 점검(덧셈, 곱셈, 통분, 약분을 바르게 했나요?)
	
	  * 분수의 곱셈
	
	$$\frac{\blacksquare}{\triangle} \times \bigcirc = \frac{\blacksquare \times \bigcirc}{\triangle}$$
	
	  * 약분: 분모와 분자를 공약수로 더 이상 나누어지지 않을때 까지 나누는 것
	
	잠깐! 통분, 약분, 가분수의 개념이 헷갈리면 1차시의 분수 알아보기를 다시 풀어 보세요.

활동목표: 문장제에서 분수의 곱셈을 할 수 있다.

● 다음을 읽고 문제를 풀어 보세요.

1. 다음 문장을 소리 내어 읽어 봅시다.

> 학교 도서관에 있는 책의 $\frac{3}{4}$은 아동 도서이고, 그중에서 $\frac{8}{9}$은 동화책입니다. 동화책은 학교 도서관에 있는 책 전체의 몇 분의 몇입니까?

◆ 모르는 단어가 있습니까?

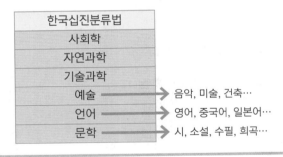

<도서관>

- 도서관에는 어떤 종류들의 책이 있을까요?
- 내가 도서관에 가면 읽는 책은 무슨 종류인가요?
- 우리 학교 도서관에는 책이 총 몇 권 있을까요?

참고) 도서관의 책 분류

한국십진분류법
사회학
자연과학
기술과학
예술 → 음악, 미술, 건축…
언어 → 영어, 중국어, 일본어…
문학 → 시, 소설, 수필, 희곡…

- '미술 책'을 찾으려면 '예술'에서 찾아야 합니다. '소설 책'을 찾으려면 어디에 가서 찾아야 할까요?

2. 식 세우기

2-1. 핵심어 전략

◆ 숫자를 찾아 '△' 표시를 해 보세요.

> 학교 도서관에 있는 책의 $\frac{3}{4}$은 아동 도서이고, 그중에서 $\frac{8}{9}$은 동화책입니다. 동화책은 학교 도서관에 있는 책 전체의 몇 분의 몇입니까?

2-2. 그림 그리기 전략

◆ ①, ② 순서대로 칸을 색칠해 보세요.

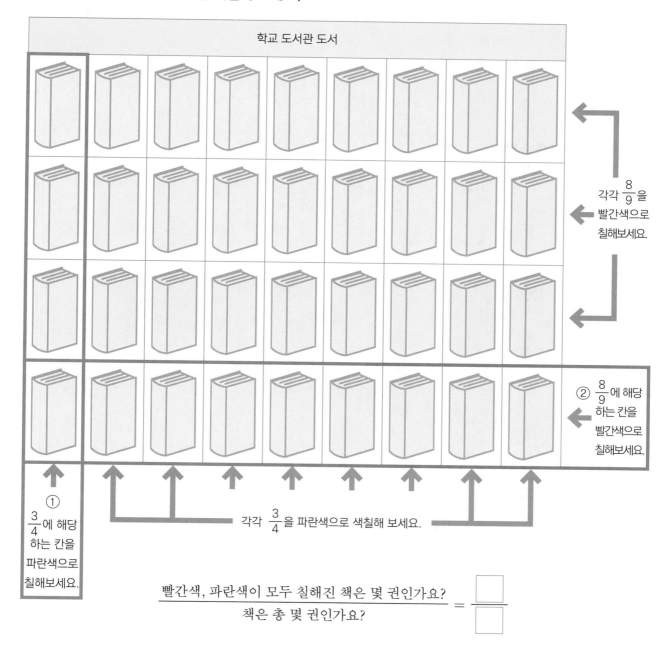

학교 도서관 도서

각각 $\frac{8}{9}$을 빨간색으로 칠해보세요.

② $\frac{8}{9}$에 해당 하는 칸을 빨간색으로 칠해보세요.

① $\frac{3}{4}$에 해당 하는 칸을 파란색으로 칠해보세요.

각각 $\frac{3}{4}$을 파란색으로 색칠해 보세요.

$$\frac{\text{빨간색, 파란색이 모두 칠해진 책은 몇 권인가요?}}{\text{책은 총 몇 권인가요?}} = \frac{\boxed{}}{\boxed{}}$$

3. 계산하기

– 식을 써 보기 – 계산하기 　▶ 방법 1. 자연수와 분자를 　　곱한 뒤 약분하기	〈방법 1〉 식:
▶ 방법 2. 자연수와 분모를 　　약분한 뒤 자연수와 분수 　　를 곱하기	〈방법 2〉 식:
– 답 적기	답: ＿＿＿＿＿

4. 검토하기

– 계산 과정이 맞았는지 확인 　하기	– 계산 과정 점검(덧셈, 곱셈, 통분, 약분을 바르게 했나요?) ＊ 분수의 곱셈  ＊ 약분: 분모와 분자를 공약수로 더 이상 나누어지지 않을 때까지 나누는 것 **잠깐!** 통분, 약분, 진분수의 개념이 헷갈리면 1차시의 분수 알아보기를 다시 풀어 보세요.

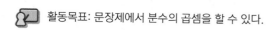

문장제 풀어 보기

스스로 하기

활동목표: 문장제에서 분수의 곱셈을 할 수 있다.

● 다음 문제를 스스로 풀어 보세요.

1. 핵심어 찾기, 그림 그리기, 표 만들기 전략을 이용해서 식을 만들어 봅시다.

1) 영준이네 학급에서는 운동회를 마치고 피자를 먹었습니다. 피자 한 판의 $\frac{5}{8}$씩 놓여 있는 접시가 4개 있었습니다. 접시에 있는 피자를 모두 모으면 얼마입니까?

> 그림, 표
>
> 그림은 간단하게 표현해도 괜찮아요.
>
> 식:

2) 배 한 상자의 무게는 $9\frac{2}{5}$ kg입니다. 배 10상자의 무게는 몇 kg입니까?

> 그림, 표
>
> 식:

2. 그림 그리기 전략을 이용해서 식을 만들어 봅시다.

1) 미술시간에 선물상자를 포장하기 위해 리본 12m를 사왔습니다. 이 리본의 $\frac{2}{3}$를 사용하였다면 사용한 리본의 길이는 몇 m입니까?

그림은 간단하게 표현해도 괜찮아요.

그림, 표

식:

2) 학교 도서관에 있는 책의 $\frac{5}{8}$은 아동 도서이고 그중에서 $\frac{3}{7}$은 동화책입니다. 동화책은 학교 도서관에 있는 책 전체의 몇 분의 몇입니까?

그림, 표

식:

(연습장이 필요한 경우 선생님에게 말하세요.)

1. 민주네 학급에서는 운동회를 마치고 케이크를 먹었습니다. 케이크 한 판의 $\frac{5}{8}$씩 놓여 있는 접시가 4개 있습니다. 접시에 있는 케이크를 모두 모으면 얼마입니까? 가분수로 나타내세요.

식:

답:
_____

2. 사과 한 상자의 무게는 $8\frac{1}{3}$kg입니다. 사과 9상자의 무게는 몇 kg입니까?

식:

답:
_____ kg

3. 미술시간에 노끈으로 작품을 포장하기 위해 6m를 사 왔습니다. 이 노끈의 $\frac{2}{3}$를 사용하였다면 사용한 노끈의 길이는 몇 m입니까?

식:

답:
_____ m

4. 시립 도서관에 있는 책의 $\frac{5}{6}$는 청소년 도서이고, 그중에서 $\frac{3}{4}$은 직업책입니다. 직업책은 시립 도서관에 있는 책 전체의 몇 분의 몇입니까?

식:

답:
_____

5. 영식이네 학급에서는 체육을 마치고 부침개를 먹었습니다. 부침개 한 판의 $\frac{5}{6}$씩 놓여 있는 접시가 6개 있습니다. 접시에 있는 부침개를 모두 모으면 얼마입니까?

식:

답:
_____ 개

6. 오렌지 한 상자의 무게는 $4\frac{2}{5}$ kg입니다. 오렌지 10상자의 무게는 몇 kg입니까?

식:

답:
_____ kg

7. 체육시간에 밧줄로 줄다리기를 하기 위해 18m를 사 왔습니다. 이 밧줄의 $\frac{5}{6}$를 사용하였다면 사용한 밧줄의 길이는 몇 m입니까?

식:

답:
_____ m

8. 국회 도서관에 있는 책의 $\frac{4}{7}$은 소설책이고, 그중에서 $\frac{5}{6}$은 한국 소설책입니다. 한국 소설책은 국회 도서관 책 전체의 몇 분의 몇입니까?

식:

답:
_____

04차시 소수의 곱셈

📖 **학습목표** • 문장제에서 식을 세워 소수의 곱셈을 할 수 있다.

도입

교사와 함께하기

🔑 활동목표: 소수의 곱셈 원리를 이해할 수 있다.

● 문제를 풀면서 정답을 따라 집을 찾아가 보세요.

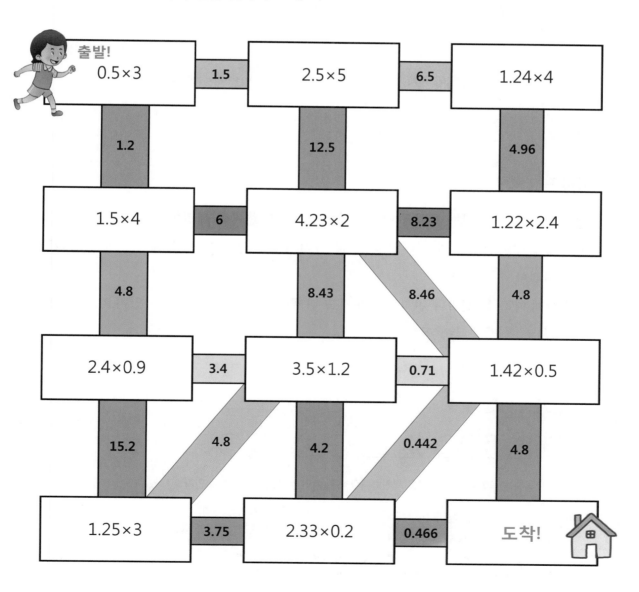

다음 순서를 따라서 문제를 풀어 볼 거예요.

소리내어 읽기 → 계획 세우기(전략 사용) → 계산하기 → 검토하기

● **표 만들기 전략**

• 표를 만들어서 문제 해결에 필요한 정보를 정리할 수 있어요.

• 문제에 나온 정보를 정리해서 관계를 파악하고, 규칙성을 찾을 수 있어요.

예) 하루에 1.5L씩 물을 마셨습니다. 5일 동안 마신 물은 총 몇 L인가요?

1일	2일	3일	4일	5일
1.5L	1.5L			

– 3일, 4일, 5일도 채워 보세요.

– 1일에 1.5L씩 5일 동안 물을 마시면, 1.5L + 1.5L + 1.5L + 1.5L + 1.5L = 1.5L씩 5개

– 5일 동안 총 물을 마신 L = 1.5L × 5일 = 7.5L

● **규칙 찾기 전략**

• 문제 속에 숨어 있는 규칙을 찾아내어 계산하면서 문제를 해결할 수 있어요.

• 문제에 주어진 조건과 구해야 하는 값 사이의 규칙성을 찾고, 문제 상황에 적용하면서 문제를 해결할 수 있어요.

• 순서에 따라 한 결과나 변화를 기록하고 관계에서 규칙성을 찾을 수 있어요.

예 1) 네모칸에 알맞은 모양을 그려 보세요.

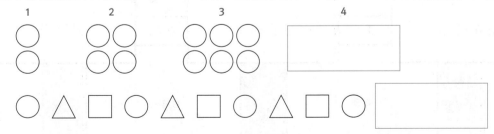

예 2) 물통에 하루에 0.5cm씩 물을 채웠습니다. 5일 동안 총 채운 물은 몇 cm인가요?

1일	2일	3일	4일	5일
0.5cm	1.0cm			

+0.5cm +0.5cm +0.5cm +0.5cm

🗨 활동목표: 문장제에서 소수의 곱셈을 할 수 있다.

● 다음을 읽고 문제를 풀어 보세요.

1. 다음 문장을 소리 내어 읽어 봅시다.

> 재호는 아침마다 2.4km씩 달리기를 합니다. 재호가 6일 동안 달린 거리는 모두 몇 km입니까?

◆ 모르는 단어가 있습니까?

2. 계획 세우기

2-1. 핵심어 전략

◆ '~마다' '~씩' '모두'에 '○' 표시를 해 보세요.

◆ 숫자를 찾아 '△' 표시를 해 보세요.

> 재호는 아침마다 ⟨2.4⟩ km씩 달리기를 합니다. 재호가 ⟨6⟩ 일 동안 달린 거리는 ⟨모두⟩ 몇 km입니까?

2-2. 그림 그리기 전략

◆ 재호가 달력에 다음과 같이 달린 날에 '○' 표시를 했을 경우, 빈칸을 채워 봅시다.

일	월	화	수	목	금	토
31	1	② 2.4km	③ 2.4km	④ 2.4km	5	6
7	8	⑨ ☐	⑩ ☐	⑪ ☐	12	13
14	15	16	17	18	19	20

◆ 재호가 뛴 날짜를 적어 봅시다.

－ (   )일, (   )일, (   )일, (   )일, (   )일, (   )일

－ 2.4km가 총 몇 개 있나요? (   )개

2-3. 표 만들기 전략

◆ 표를 채워 봅시다.

1일	2일	3일	4일	5일	6일
2.4km					

◆ 재호가 6일 동안 총 달린 거리는 모두 몇 km일까요? 덧셈식으로 써 보세요.

> 여러 번 더해야 하는 경우,
> 곱셈이 편리해요!

2-4. 규칙 찾기 전략

◆ 규칙에 맞게 빈칸을 채워 봅시다.

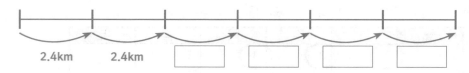

2.4km   2.4km

◆ 재호가 6일 동안 달린 거리는 모두 몇 km일까요? 덧셈식으로 써 보세요.

3. 계산하기

▶ 방법 1. 덧셈식으로 나타 내고 계산하기	〈방법 1〉 식:
▶ 방법 2. 곱셈식으로 나타 내고 계산하기	〈방법 2〉 • 2.4를 분수로 바꾸면 어떻게 되나요? (　　　　　) • 식:
▶ 방법 3. 곱셈 알고리즘으 로 계산하기	〈방법 3〉 식: 　　　　☐ . ☐ × 　　　　☐ ――――― ☐ ☐ ☐ 　⇒ 소수점 자리 확인
– 답 적기	답: ＿＿＿＿＿＿ km

4. 검토하기

– 계산 과정이 맞았는지 확인 하기 – 소수로 나타내었는지 확인 하기 – 소수점 자리가 맞는지 확인 하기	– 계산 과정 점검(곱셈, 약분을 바르게 했나요?) ＊ 분수의 곱셈  ＊ 약분: 분모와 분자를 공약수로 더 이상 나누어지지 않을 때까지 나눈 것 ＊ 소수로 나타냈나요? 잠깐! 통분, 약분, 가분수의 개념이 헷갈리면 1차시의 분수 알아보기를 다시 풀어 보세요.

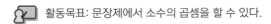

활동 2

활동목표: 문장제에서 소수의 곱셈을 할 수 있다.

● 다음을 읽고 문제를 풀어 보세요.

1. 다음 문장을 소리 내어 읽어 봅시다.

> 소리는 1초 동안에 공기 중에서 0.45km를 간다고 합니다. 번개를 보고 나서 5.3초 후에 천둥소리를 들었다면, 소리를 들은 곳은 번개 친 곳에서 몇 km 떨어져 있습니까?

◆ 모르는 단어가 있습니까?

2. 계획 세우기

　2-1. 핵심어 전략

◆ 숫자를 찾아 '△' 표시를 해 보세요.

> 소리는 1초 동안 공기 중에서 △0.45△ km를 간다고 합니다. 번개를 보고 나서 △5.3△ 초 후에 천둥소리를 들었다면, 소리를 들은 곳은 번개 친 곳에서 몇 km 떨어져 있습니까?

　2-2. 그림 그리기 전략

◆ 문제에 따라 빈칸에 맞는 숫자를 써 넣어 봅시다.

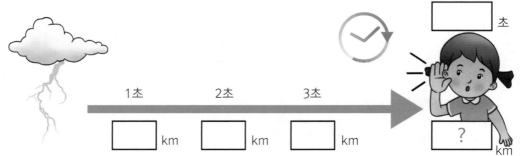

○ 1초에 소리는 몇 km를 가나요? (　　　) km

○ 2초 후에 소리는 몇 km를 갔을까요? (　　　) km

○ 5.3초 후에 소리는 몇 km를 갔을까요? 선생님과 식으로 세워 보세요.

3. 계산하기

▶ 방법 1. 분수식으로 나타내고 계산하기	〈방법 1〉 - 0.45를 분수로 바꾸면 어떻게 되나요? ( ) - 5.3을 분수로 바꾸면 어떻게 되나요? ( ) - 식 :

▶ 방법 2. 곱셈 알고리즘으로 계산하기	〈방법 2〉
	식 :
	
	      □ . □ □
	   × □ . □
	   ─────────
	      □ □ □
	   + □ □ □
	   ─────────
	    □ □ □ □ ⇒ 소수점 자리 확인

- 답 적기	답: _____ km

4. 검토하기

- 계산 과정이 맞았는지 확인하기 - 소수로 나타내었는지 확인하기 - 소수점 자리가 맞는지 확인하기	- 계산 과정 점검(통분, 곱셈, 뺄셈, 약분을 바르게 했나요?) * 분수의 곱셈  * 소수로 나타냈나요? 잠깐 통분, 약분, 가분수의 개념이 헷갈리면 1차시의 분수 알아보기를 다시 풀어 보세요.

교사와 함께하기

 활동목표: 문장제에서 소수의 곱셈을 할 수 있다.

● 다음을 읽고 문제를 풀어 보세요.

1. 다음 문장을 소리 내어 읽어 봅시다.

> 정연이와 도형이는 운동장에 막대를 세우고 그림자의 길이를 재어 보았습니다. 정연이가 잰 그림자는 2.35m이고, 도형이가 잰 그림자는 정연이가 잰 그림자의 0.7배입니다. 도형이가 잰 그림자의 길이는 몇 m입니까?

◆ 모르는 단어가 있습니까?

2. 식 세우기

2-1. 핵심어 전략

◆ '배'를 찾아 '○' 표시를, 숫자를 찾아 '△' 표시를 해 보세요.

> 정연이와 도형이는 운동장에 막대를 세우고 그림자의 길이를 재어 보았습니다. 정연이가 잰 그림자는 △2.35△ m이고, 도형이가 잰 그림자는 정연이가 잰 그림자의 △0.7△ ○배○입니다. 도형이가 잰 그림자의 길이는 몇 m입니까?

2-2. 그림 그리기 전략

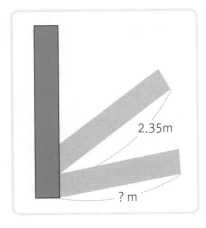

2.35m

? m

○ 도형이가 잰 그림자 길이는 정연이가 잰 그림자의 (   )배이다.

○ 정연이가 잰 그림자는 몇 m인가요? (   )

○ 도형이가 잰 그림자의 길이를 구하려면 어떻게 해야 할까요? 선생님과 식을 세워 보세요.

3. 계산하기

– 식을 써 보기 – 계산하기 　▶ 방법1. 분수식으로 나타 　　내고 계산하기	〈방법 1〉 – 2.35를 분수로 바꾸면 어떻게 되나요? (　　　　) – 0.7을 분수로 바꾸면 어떻게 되나요? (　　　　) 　식:
▶ 방법2. 곱셈 알고리즘으 　　로 계산하기	〈방법 2〉 식: 　　　□ . □ □ 　× 　　□ . □ 　―――――――― 　□ □ □ □　　⇒ 소수점 자리 확인
– 답 적기	답: _____ m

4. 검토하기

– 계산 과정이 맞았는지 확인 　하기 – 소수로 나타내었는지 확인 　하기 – 소수점 자리가 맞는지 확인 　하기	– 계산 과정 점검(덧셈, 곱셈, 통분, 약분을 바르게 했나요?) * 분수의 곱셈  * 소수로 나타냈나요? 잠깐! 통분, 약분, 가분수의 개념이 헷갈리면 1차시의 분수 알아보기를 다시 풀어 보세요.

활동목표: 문장제에서 소수의 곱셈을 할 수 있다.

● 핵심어 찾기, 그림 그리기, 표 만들기 전략을 이용해서 식을 만들어 봅시다.

1. 아름이는 강낭콩을 심었습니다. 강낭콩이 하루에 0.2cm씩 자란다면, 8일 뒤에는 몇 cm입니까?

그림, 표

식:

2. 지우와 민호가 키를 재고 있습니다. 지우의 키가 1.43m이고, 민호의 키가 지우 키의 1.1배라면, 민호의 키는 얼마입니까?

그림, 표

식:

전략을 사용해서 문제를 스스로 풀어 봅시다.

(연습장이 필요한 경우 선생님에게 말하세요.)

1. 영수는 저녁마다 3.5km씩 걷기를 합니다. 영수가 7일 동안 걸은 거리는 모두 몇 km입니까?

식:

답:
_____ km

2. 소리는 1초 동안에 공기 중에서 0.32km를 간다고 합니다. 번개를 보고나서 4.5초 후에 천둥소리를 들었다면, 소리를 들은 곳은 번개 친 곳에서 몇 km 떨어져 있습니까?

식:

답:
_____ km

3. 재우와 선영이는 운동장에서 줄을 연결하고 길이를 재어 보았습니다. 재우가 잰 줄의 길이는 1.54m이고, 선영이가 잰 줄의 길이는 재우가 잰 길이의 0.2배입니다. 선영이가 잰 줄의 길이는 몇 m입니까?

식:

답:
_____ m

〈04차시〉 소수의 곱셈   **183**

4. 진수는 아침마다 2.3km씩 수영을 합니다. 진수가 6일 동안 수영한 거리는 모두 몇 km입니까?

식:	
	답: _____ km

5. 비둘기는 1초 동안 0.15km를 날 수 있다고 합니다. 공원에서 날아오른 비둘기가 6.2초 후에 골목을 지났다면, 공원에서 골목은 몇 km 떨어져 있습니까?

식:	
	답: _____ km

6. 종민이와 지우는 운동장에서 선을 긋고 길이를 재어 보았습니다. 종민이가 잰 선의 길이는 2.32m이고, 지우가 잰 선의 길이는 종민이가 잰 길이의 0.4배입니다. 지우가 잰 선의 길이는 몇 m입니까?

식:	
	답: _____ m

3단계

05 차시 분수의 나눗셈

📖 **학습목표** • 문장제에서 식을 세워 분수의 나눗셈을 할 수 있다.

도입

🔲 활동목표: 분수의 나눗셈을 이해할 수 있다.

● **분수 빙고를 해 봅시다.**

🔘 **준비물** 주사위

〈게임 방법〉

• 주사위를 굴려 나온 숫자에 해당하는 칸의 분수를 모두 틀리지 않고 말하는 사람이 승자!
• 틀리게 말했을 경우 다른 사람에게 순서가 돌아갑니다.

교사 TIP

◆ 주사위가 나온 칸에 해당하는 분수값을 2개 정해서 덧셈 및 곱셈을 해 볼 수도 있어요.

1	2	3	6	5
2	5	4	6	3
3	5		2	4
4	2	4	6	1
1	3	5	1	6

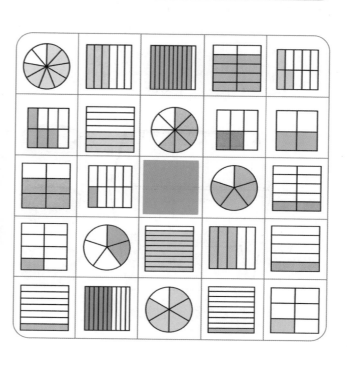

활동목표: 문장제에서 분수의 나눗셈을 할 수 있다.

● 다음을 읽고 문제를 풀어 보세요.

1. 다음 문장을 소리 내어 읽어 봅시다.

> 수조에 담긴 4L의 물을 모양과 크기가 같은 그릇 5개에 똑같이 나누어 담았습니다. 그릇 한 개에 담긴 물의 양은 몇 L입니까? 기약분수로 나타내세요.

◆ 모르는 단어가 있습니까?

2. 계획 세우기

2-1. 핵심어 전략

◆ '나누어'에 '○' 표시를 해 보고, 숫자를 찾아 '△' 표시를 해 보세요.

> 수조에 담긴 △4△ L의 물을 모양과 크기가 같은 그릇 △5△ 개에 똑같이 ⟨나누어⟩ 담았습니다. 그릇 한 개에 담긴 물의 양은 몇 L입니까?

2-2. 그림 그리기 전략

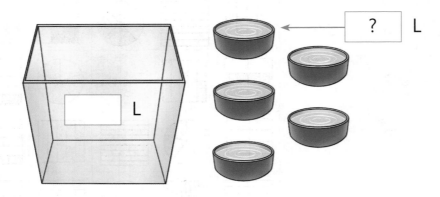

◆ 막대로 그려 봅시다.

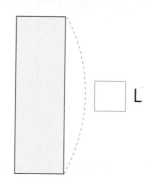

□ L

– 큰 막대를 5칸으로 나누어 봅시다.

– 한 칸에 들어가는 물의 양을 식으로 써 봅시다.

□ ÷ □

3. 계산하기

– 식을 써 보기 – 계산하기	식:
– 답 적기	답: _____ L

4. 검토하기

| – 계산 과정이 맞았는지 확인하기
– 기약분수로 나타냈는지 확인하기 | – 계산 과정 점검(곱셈, 약분을 바르게 했나요?)

＊ 분수의 곱셈

$\bigcirc \times \dfrac{\blacksquare}{\triangle} = \dfrac{\bigcirc \times \blacksquare}{\triangle}$

＊ 약분: 분모와 분자를 공약수로 더 이상 나누어지지 않을 때까지 나누는 것
＊ 기약분수로 나타냈나요?

잠깐! 통분, 약분, 기약분수의 개념이 헷갈리면 1차시의 분수 알아보기를 다시 풀어 보세요. |

활동 2

 활동목표: 문장제에서 분수의 나눗셈을 할 수 있다.

● 다음을 읽고 문제를 풀어 보세요.

1. 다음 문장을 소리 내어 읽어 봅시다.

> 물 $\frac{6}{7}$L를 3명이 똑같이 나누어 마셨습니다. 1명당 몇 L를 마실 수 있습니까? 기약분수로 나타내세요.

◆ 모르는 단어가 있습니까?

2. 계획 세우기

  2-1. 핵심어 전략

  ◆ '나누어'를 찾아 '○' 표시를 해 보세요.

  ◆ 숫자를 찾아 '△' 표시를 해 보세요.

  > 물 $\frac{6}{7}$L를 3 명이 똑같이 나누어 마셨습니다. 1명당 몇 L를 마실 수 있습니까? 기약분수로 나타내세요.

  2-2. 그림 그리기 전략

◆ 막대로 그려 봅시다.

　○ 큰 막대를 3칸으로 나누어 봅시다.
　○ 한 칸에 들어가는 물의 양을 식으로 써 봅시다.

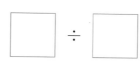 $\div$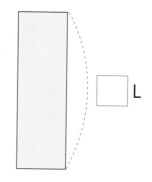

　□ L

◆ 표로 그려 봅시다.

　○ 굵은선을 따라 $\dfrac{6}{7}$ 을 파란색으로 색칠해 봅시다.

　○ 점선을 따라 3칸으로 나누어 봅시다.

　○ 3칸으로 나뉜 첫 번째 칸을 빨간색으로 칠해 봅시다.

　○ 파란색, 빨간색 모두 칠한 칸은 전체 칸 중에 몇 칸인가요?

$$\frac{\boxed{}}{\boxed{}} = \frac{\text{파란색, 빨간색 모두 칠한 칸}}{\text{전체 칸}}$$

□ 칸　　　□ 칸　　　□ 칸

3. 계산하기

– 식을 써 보기 – 계산하기	식:
–답 적기	답: _____

4. 검토하기

– 계산 과정이 맞았는지 확인하기 – 기약분수로 나타냈는지 확인하기	– 계산 과정 점검(통분, 곱셈, 뺄셈, 약분을 바르게 했나요?) * 분수의 곱셈  * 기약분수로 나타냈나요? 잠깐 통분, 약분, 가분수의 개념이 헷갈리면 1차시의 분수 알아보기를 다시 풀어 보세요.

활동 3

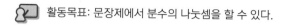

활동목표: 문장제에서 분수의 나눗셈을 할 수 있다.

● 다음을 읽고 문제를 풀어 보세요.

1. 다음 문장을 소리 내어 읽어 봅시다.

> 묽은 염산 $\frac{7}{6}$L를 3개의 시험관에 똑같이 나누어 담았습니다. 시험관 한 개에 몇 L씩 담겨 있습니까? 기약분수로 나타내세요.

◆ 모르는 단어가 있습니까?

2. 식 세우기

　2-1. 핵심어 전략

◆ '나누어'를 찾아 '○' 표시를 해 보세요.

◆ 숫자를 찾아 '△' 표시를 해 보세요.

> 묽은 염산 $\frac{7}{6}$L를 3 개의 시험관에 똑같이 나누어 담았습니다. 시험관 한 개에 몇 L씩 담겨 있습니까? 기약분수로 나타내세요.

　2-2. 그림 그리기 전략

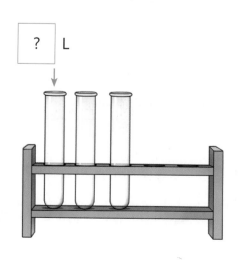

◆ 막대로 그려 봅시다.

○ 큰 막대를 3칸으로 나누어 봅시다.

○ 한 칸에 들어가는 염산의 양을 식으로 써 봅시다.

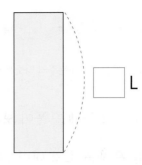 L

◆ 표로 그려 봅시다.

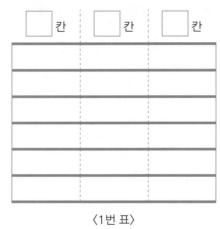

| ☐ 칸 | ☐ 칸 | ☐ 칸 | | ☐ 칸 | ☐ 칸 | ☐ 칸 |

〈1번 표〉　　　　　　　　　　　　〈2번 표〉

○ 1번 표에는 굵은선을 따라 $\frac{6}{6}$을 파란색으로 색칠해 봅시다.

2번 표에는 굵은선을 따라 $\frac{1}{6}$을 파란색으로 색칠해 봅시다.

○ 각각 점선을 따라 3칸으로 나누어 봅시다. 각각 첫 번째 칸은 빨간색으로 칠해 봅시다.

○ 1번 표에서 3칸으로 나뉜 첫 번째 칸에서 파란색, 빨간색 모두 색칠한 칸은 전체 중에 몇 칸인가요?

$$\frac{\text{파란색, 빨간색 모두 칠한 칸}}{\text{전체 나누어진 칸}} = \frac{\Box}{\Box} \text{ (1번 표)}$$

○ 2번 표에서 3칸으로 나뉜 첫 번째 칸에서 파란색, 빨간색 모두 색칠한 칸은 전체 중에 몇 칸인가요?

$$\frac{\text{파란색, 빨간색 모두 칠한 칸}}{\text{전체 나누어진 칸}} = \frac{\Box}{\Box} \text{ (2번 표)}$$

○ 1번 표 값과 2번 표 값을 합하면 얼마인가요?

$$\frac{\Box}{\Box} \text{ (1번 표)} + \frac{\Box}{\Box} \text{ (2번 표)} = \frac{\Box}{\Box}$$

3. 계산하기

- 식을 써 보기 - 계산하기 　▶ 방법1. 표, 그림으로 나 　　눈 후 더하기	〈방법 1〉 식:
▶ 방법2. 나누기를 곱셈으 　　로 바꾸어 계산하기	〈방법 2〉 식:
-답 적기	답: ＿＿＿＿＿＿ L

4. 검토하기

| - 계산 과정이 맞았는지 확인
하기
- 기약분수로 나타냈는지 확
인하기 | - 계산 과정 점검(덧셈, 곱셈, 통분, 약분을 바르게 했나요?)

＊ 분수의 곱셈

＊ 기약분수로 나타냈나요?

잠깐 통분, 약분, 가분수의 개념이 헷갈리면 1차시의 분수 알아보기를 다시 풀어 보세요. |

활동 4

교사와 함께하기

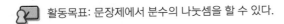

활동목표: 문장제에서 분수의 나눗셈을 할 수 있다.

● 다음을 읽고 문제를 풀어 보세요.

1. 다음 문장을 소리 내어 읽어 봅시다.

> 2L의 우유를 크기가 같은 5개의 컵에 똑같이 나누어 담는다면 한 컵에 몇 L씩 담을 수 있습니까? 소수로 나타내세요.

◆ 모르는 단어가 있습니까?

2. 식 세우기

2-1. 핵심어 전략

◆ '나누어'를 찾아 '○' 표시를 해 보세요.

◆ 숫자를 찾아 '△' 표시를 해 보세요.

> △2 L의 우유를 크기가 같은 △5 개의 컵에 똑같이 ⟨나누어⟩ 담는다면 한 컵에 몇 L씩 담을 수 있습니까?

2-2. 그림 그리기 전략

3. 계산하기

– 식을 써 보기 – 계산하기	식: 1) 나누기를 곱셈으로 바꾸기 $$\boxed{} \div \boxed{} = \dfrac{\boxed{}}{\boxed{}} \times \dfrac{\boxed{}}{\boxed{}}$$ 2) 분모를 10의 배수로 만들기 $$\dfrac{\boxed{}}{\boxed{}} = \dfrac{\boxed{} \times \boxed{}}{\boxed{} \times \boxed{}} = \dfrac{\boxed{}}{10}$$ 3) 분모에 따라 소수로 바꾸기 $$\dfrac{\boxed{}}{10} = 0.\boxed{}$$
–답 적기	답: _____ L

4. 검토하기

– 계산 과정이 맞았는지 확인 하기 – 소수로 나타내었는지 확인 하기	– 계산 과정 점검(덧셈, 곱셈, 통분, 약분을 바르게 했나요?) * 분수의 곱셈  * 소수로 나타냈나요? **잠깐!** 통분, 약분, 가분수의 개념이 헷갈리면 1차시의 분수 알아보기를 다시 풀어 보세요.

활동 5

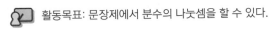 교사와 함께하기

🔖 활동목표: 문장제에서 분수의 나눗셈을 할 수 있다.

● 다음을 읽고 문제를 풀어 보세요.

1. 다음 문장을 소리 내어 읽어 봅시다.

> $2\frac{2}{9}$m짜리 색 테이프를 7명에게 똑같이 나누어 주려고 합니다. 한 사람에게 돌아가는 색 테이프는 몇 m입니까? 기약분수로 나타내세요.

　◆ 모르는 단어가 있습니까?

2. 식 세우기

　2-1. 핵심어 전략

　◆ '나누어'를 찾아 '○' 표시를 해 보세요.

　◆ 숫자를 찾아 '△' 표시를 해 보세요.

> △$2\frac{2}{9}$ m짜리 색 테이프를 △7 명에게 똑같이 ○나누어 주려고 합니다. 한 사람에게 돌아가는 색 테이프는 몇 m입니까?

　2-2. 그림 그리기 전략

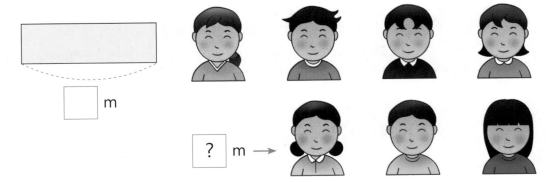

　　▢ m

　　? m →

3. 계산하기

– 식을 써 보기 – 계산하기	식: 1) 대분수 기약분수로 바꾸기 $$2\frac{2}{9} = \frac{\square}{\square}$$ 2) 나눗셈 곱셈식으로 바꾸기 $$\frac{\square}{\square} \div \square = \frac{\square}{\square} \times \frac{\square}{\square}$$
– 답 적기	답: _____ m

4. 검토하기

– 계산 과정이 맞았는지 확인 하기 – 소수로 나타내었는지 확인 하기	– 계산 과정 점검(덧셈, 곱셈, 통분, 약분을 바르게 했나요?) * 분수의 곱셈  * 기약분수로 나타냈나요? 잠깐! 통분, 약분, 가분수의 개념이 헷갈리면 1차시의 분수 알아보기를 다시 풀어 보세요.

문장제 풀어 보기

활동목표: 문장제에서 분수의 나눗셈을 할 수 있다.

● 핵심어 찾기, 그림 그리기 전략을 이용해서 식을 만들어 봅시다.

1. 수영이는 참외밭에서 참외 $5\frac{1}{2}$ kg을 따서 바구니 5개에 똑같이 나누어 담았습니다. 바구니 한 개에 담긴 참외는 몇 kg입니까? 소수로 나타내세요.

그림, 표

> 그림은 간단하게 표현해도 괜찮아요.

식:

2. 철민이는 바닷가에서 조약돌 3kg을 주워서 유리병 6개에 나누어 담았습니다. 유리병 한 개에 담긴 조약돌은 몇 kg입니까? 소수로 나타내세요.

그림, 표

식:

3. 요오드 용액 $\frac{8}{5}$L를 4개의 시험관에 똑같이 나누어 담았습니다. 시험관 한 개에 몇 L씩 담겨 있습니까? 기약분수로 나타내세요.

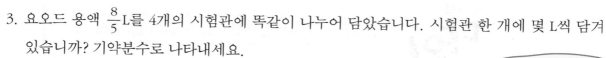
그림은 간단하게
표현해도 괜찮아요.

그림, 표

식:

4. 4L의 기름을 크기가 같은 5개의 병에 똑같이 나누어 담는다면 한 병에 몇 L씩 담을 수 있습니까? 소수로 나타내세요.

그림, 표

식:

전략을 사용해서 문제를 스스로 풀어 봅시다.

(연습장이 필요한 경우 선생님에게 말하세요.)

1. 욕조에 담긴 7L의 물을 모양과 크기가 같은 그릇 9개에 똑같이 나누어 담았습니다. 그릇 한 개에 담긴 물의 양은 몇 L입니까? 기약분수로 나타내세요.

식:

답:
_____ L

2. 우유 $\frac{5}{7}$L를 5사람이 똑같이 나누어 마셨습니다. 한 사람당 몇 L를 마실 수 있습니까? 기약분수로 나타내세요.

식:

답:
_____ L

3. 식초 $\frac{7}{3}$L를 5개의 시험관에 똑같이 나누어 담았습니다. 시험관 한 개에 몇 L씩 담겨 있습니까? 기약분수로 나타내세요.

식:

답:
_____ L

4. 3L의 주스를 크기가 같은 5개의 컵에 똑같이 나누어 담는다면 한 컵에 몇 L씩 담을 수 있습니까? 소수로 나타내세요.

식:

답:
_____ L

5. 수조에 담긴 5L의 물을 모양과 크기가 같은 그릇 6개에 똑같이 나누어 담았습니다. 그릇 한 개에 담긴 물의 양은 몇 L입니까? 대분수로 나타내세요.

식:	
	답:
	_____ L

6. 딸기주스 $\frac{3}{8}$ L를 4사람이 똑같이 나누어 마셨습니다. 한 사람당 몇 L를 마실 수 있습니까? 기약분수로 나타내세요.

식:	
	답:
	_____ L

7. 식염수 $\frac{6}{5}$ L를 4개의 시험관에 똑같이 나누어 담았습니다. 시험관 한 개에 몇 L씩 담겨 있습니까? 기약분수로 나타내세요.

식:	
	답:
	_____ L

8. 1L의 주스를 크기가 같은 5개의 컵에 똑같이 나누어 담는다면 한 컵에 몇 L씩 담을 수 있습니까? 소수로 나타내세요.

식:	
	답:
	_____ L

06차시 소수의 나눗셈

📖 **학습목표** • 문장제에서 식을 세워 소수의 나눗셈을 할 수 있다.

도입

💬 활동목표: 문장제에서 소수의 나눗셈을 할 수 있다.

● **분수 막대를 소수로 바꿔 봅시다.**

◆ 빈칸의 분수를 소수로 바꾼 값을 알아봅시다.

◆ 분수 막대에 해당하는 소수의 값을 써 봅시다. (소수점 둘째 자리까지만 구합니다.)

식	분수	소수
$1 \div 2$		
$1 \div 3$		
$1 \div 4$		
$1 \div 5$		
$1 \div 6$		
$1 \div 8$		
$1 \div 10$		
$1 \div 12$		

1											
$\frac{1}{2}$											
$\frac{1}{3}$			$\frac{1}{3}$								
$\frac{1}{4}$		$\frac{1}{4}$			$\frac{1}{4}$						
$\frac{1}{5}$		$\frac{1}{5}$		$\frac{1}{5}$		$\frac{1}{5}$					
$\frac{1}{6}$	$\frac{1}{6}$	$\frac{1}{6}$	$\frac{1}{6}$	$\frac{1}{6}$							
$\frac{1}{8}$	$\frac{1}{8}$	$\frac{1}{8}$	$\frac{1}{8}$	$\frac{1}{8}$	$\frac{1}{8}$	$\frac{1}{8}$					
$\frac{1}{10}$	$\frac{1}{10}$	$\frac{1}{10}$	$\frac{1}{10}$	$\frac{1}{10}$	$\frac{1}{10}$	$\frac{1}{10}$	$\frac{1}{10}$	$\frac{1}{10}$			
$\frac{1}{12}$	$\frac{1}{12}$	$\frac{1}{12}$	$\frac{1}{12}$	$\frac{1}{12}$	$\frac{1}{12}$	$\frac{1}{12}$	$\frac{1}{12}$	$\frac{1}{12}$	$\frac{1}{12}$	$\frac{1}{12}$	

● **분수 소수 바꾸기 게임**

<게임 방법>

1. 번갈아 가며 상대편이 소수값을 보지 않고 바꾼 값을 말합니다.
2. 맞춘 사람이 해당 칸에 스티커를 붙일 수 있습니다.
3. 칸을 다 스티커로 채우고 많이 채운 사람이 승자!

활동 1

🔖 활동목표: 문장제에서 소수의 나눗셈을 할 수 있다.

● 다음을 읽고 문제를 풀어 보세요.

1. 다음 문장을 소리 내어 읽어 봅시다.

> 범수는 감자밭에서 감자 4.8kg을 따서 바구니 4개에 똑같이 나누어 담았습니다. 바구니 한 개에 담긴 감자는 몇 kg입니까? 소수로 나타내세요.

◆ 모르는 단어가 있습니까?

2. 계획 세우기

2-1. 핵심어 전략

◆ '나누어'를 찾아 '○' 표시를 해 보세요.

◆ 숫자를 찾아 '△' 표시를 해 보세요.

> 범수는 감자밭에서 감자 △4.8△ kg을 따서 바구니 △4△ 개에 똑같이 ◯나누어◯ 담았습니다. 바구니 한 개에 담긴 감자는 몇 kg입니까? 소수로 나타내세요.

2-2. 그림 그리기 전략

◆ 감자는 총 몇 kg입니까? 빈 칸에 적어 봅시다.

◆ 몇 개의 바구니에 넣습니까? (   )개

3. 계산하기

– 계산하기 – 식을 써 보기 ▶ 방법 1. 분수로 고쳐 계산하기	〈방법 1〉 1) 4.8을 분수로 바꾸면 어떻게 되나요? (　　　　) 2) 곱셈식으로 바꿔 써봅시다. 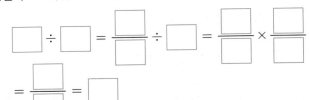
▶ 방법 2. 세로로 계산하기	〈방법 2〉 빈칸에 알맞은 수를 적어 봅시다. 식:　　　　　　　　　　　　　　　　　소수점 자리 확인! 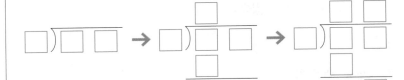
– 답 적기	답: ＿＿＿＿＿＿ kg

4. 검토하기

– 계산 과정이 맞았는지 확인 　하기 – 소수점 자리 확인하기	– 계산 과정 점검(곱셈, 약분을 바르게 했나요?) ＊ 분수의 곱셈  ＊ 약분: 분모와 분자를 공약수로 더 이상 나누어지지 않을 때까지 나누는 것 ＊ 소수점 자리를 확인하였나요? 잠깐! 통분, 약분의 개념이 헷갈리면 1차시의 분수 알아보기를 다시 풀어 보세요.

문장제 풀어 보기

 활동목표: 문장제에서 소수의 나눗셈을 할 수 있다.

● 핵심어 찾기, 그림 그리기 전략을 이용해서 식을 만들어 봅시다.

1. 수진이는 딸기밭에서 딸기 4.5kg을 따서 바구니 3개에 똑같이 나누어 담았습니다. 바구니 1개에 담긴 딸기는 몇 kg입니까? 소수로 나타내세요.

> 그림은 간단하게
> 표현해도 괜찮아요.

그림, 표

식:

2. 유민이는 고구마밭에서 고구마 6.3kg을 따서 박스 9개에 나누어 담았습니다. 박스 1개에 담긴 고구마는 몇 kg입니까? 소수로 나타내세요.

그림, 표

식:

전략을 사용해서 문제를 스스로 풀어 봅시다.

(연습장이 필요한 경우 선생님에게 말하세요.)

1. 주원이는 당근 밭에서 당근 5.5kg을 따서 바구니 5개에 똑같이 나누어 담았습니다. 바구니 한 개에 담긴 당근은 몇 kg입니까? 소수로 나타내세요.

식:

답:
_____ kg

2. 정아는 사과 농장에서 사과 6.9kg을 따서 바구니 3개에 똑같이 나누어 담았습니다. 바구니 한 개에 담긴 사과는 몇 kg입니까? 소수로 나타내세요.

식:

답:
_____ kg

3. 민지는 배 농장에서 배 3.2kg을 따서 박스 8개에 똑같이 나누어 담았습니다. 바구니 한 개에 담 긴 배는 몇 kg입니까? 소수로 나타내세요.

식:

답:
_____ kg

4. 지원이는 고구마 밭에서 고구마 7.2kg을 따서 바구니 6개에 똑같이 나누어 담았습니다. 바구니 한 개에 담긴 고구마는 몇 kg입니까? 소수로 나타내세요.

식:

답:
_____ kg

단계
04

1. 개관

가. 분수와 소수 응용

3단계에서 학습한 분수와 소수를 응용하여 나누어지는 수가 분수나 소수인 수학 문장제를 학습합니다. 원활한 문제 이해와 풀이를 위하여 이 단계는 다양한 문제 해결 전략을 익히고, 활용할 수 있도록 구성되었습니다. 따라서 이 단계의 학습을 마친 아동은 나누어지는 수가 분수나 소수인 수학 문장제를 다양한 전략을 활용하여 자유롭게 풀 수 있습니다.

나. 전략 소개

첫째, 시각적 표상도식 전략은 문제를 이해하기 쉽게 그림이나 표 등으로 나타낸 후, 어떻게 풀어야 할지 생각해 보는 전략입니다. 단, 그림이나 표는 정답을 알아내고자 활용하는 것이 아니라 어떻게 식을 세워야 하는지 확인하기 위함입니다.

둘째, 자기질문 전략은 과제를 수행하면서 수행이 얼마나 정확한지를 확인하기 위해 스스로 끊임없이 질문하는 전략입니다. 자기질문 전략을 잘 활용하면 분수의 사칙연산에 도움이 됩니다.

셋째, 그림 그리기 전략은 글로 표현된 문제를 그림으로 표현하는 과정을 통해 문제를 이해하고 해결하기 쉽게 도와주는 전략입니다. 시각적 표상도식 전략이 보다 추상적인 전략이라면, 그림 그리기 전략은 조금 더 구체적인 전략이라고 할 수 있습니다.

넷째, 조건 변경하여 문제 만들기 전략은 문제 상황에서 주어진 조건을 정확하게 이해하고 문제의 일부나 모든 조건을 변경하여 새로운 문제를 만드는 전략입니다. 이 전략을 활용하면 나중에 비슷한 문제가 나왔을 때 식을 세우기에 용이합니다. 만약 학생이 이 전략을 어려움 없이 실시할 수 있다면 식만 제시한 후, 새로운 문제를 창작해 보도록 할 수 있습니다.

다섯째, 핵심어 전략은 문제에서 중요한 단어나 숫자를 알아보기 쉽게 표시한 후, 문제를 풀 수 있는 식을 세우는 것입니다. 이 단계에서는 주로 ○와 △, ♡ 기호를 활용하여 핵심어를 표시하도록 제시하였습니다.

여섯째, 시각적 도식을 활용한 식 세우기 전략은 시각적 표상도식 전략과 핵심어 전략을 혼합한 것으로, ○와 △를 활용하여 숫자와 핵심어를 파악한 후 해당하는 도식에 숫자나 연산부호를 기입하도록 하는 전략입니다. 아동이 문제를 읽었지만 어떻게 식을 세워야 할지 모를 때 사용하면 도움이 됩니다.

2. 전개 계획

차시	주제	활동 목표
1	분수의 나눗셈	문장제에서 식을 세워 (자연수)÷(분수)를 할 수 있다.
2	분수의 나눗셈	문장제에서 식을 세워 (분수)÷(분수)를 할 수 있다.
3	소수의 나눗셈	문장제에서 식을 세워 자리 수가 같은 소수의 나눗셈을 할 수 있다.
4	소수의 나눗셈	문장제에서 식을 세워 (자연수)÷(소수)를 할 수 있다.
5	소수의 나눗셈	문장제에서 식을 세워 응용이 필요한 소수의 나눗셈을 할 수 있다.
6	혼합 나눗셈	문장제에서 식을 세워 분수와 소수의 혼합 나눗셈을 할 수 있다.
7	혼합 나눗셈	문장제에서 식을 세워 응용이 필요한 분수와 소수의 혼합 나눗셈을 할 수 있다.

3. 지도 유의사항

- 3단계의 분수와 소수의 나눗셈을 정확히 이해한 후, 4단계 학습을 진행하도록 합니다.
- 아동이 스스로 문제 상황을 탐색하고, 수학적 지식과 전략을 토대로 해결 방법을 도출하여 답을 찾도록 격려합니다.
- 여러 가지 전략을 비교하여 문제를 이해하고, 주어진 문제에서 필요 없는 정보나 부족한 정보를 찾아 올바르게 식을 세울 수 있으며, 조건을 바꾸어 새로운 문제를 만드는 등의 응용학습을 할 수 있도록 합니다.

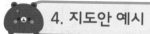

4. 지도안 예시

단계	4단계 1차시
활동목표	문장제에서 식을 세워 (자연수)÷(분수)를 할 수 있다.
준비물	연필, 가위, 강화물([부록 4-1], [부록 4-2] 참조)
도입	• 3단계에서 학습한 분수의 나눗셈 복습하기 • 자연수와 분수를 나누는 방법 학습하기
전개	• 교사와 함께 문제 이해하기 및 전략 소개(활동 1) • 스스로 (자연수)÷(분수) 계산하기(활동 2)
적용	• 실생활에서 발생할 수 있는 (자연수)÷(분수) 문제 계산하기(문장제 풀어 보기) • 학습한 내용을 활용한 동서남북 게임하기(활동 3)
정리 및 평가	• 학습 내용 정리 및 평가, BASA 수학문장제 검사도구 • 2차시 예고

5. 학습 평가

평가 영역	평가 내용	관련 차시
시각적 표상도식 전략, 자기질문 전략을 활용하여 분수의 나눗셈을 할 수 있다.	시각적 표상도식 전략을 활용하여 올바르게 식을 세울 수 있으며, 자기질문 전략을 활용하여 계산 과정을 검토할 수 있다.	1, 2
그림 그리기 전략과 조건 변경하여 문제 만들기 전략을 활용하여 소수의 나눗셈을 할 수 있다.	그림 그리기 전략을 활용하여 올바르게 식을 세울 수 있으며, 문제 만들기 전략을 활용하여 문제 상황을 응용할 수 있다.	3, 4
핵심어 전략과 시각적 도식을 활용한 식 세우기 전략을 활용하여 소수 및 혼합 나눗셈을 할 수 있다.	핵심어와 도식을 활용하여 문제에서 중요한 정보와 필요없는 정보를 구분하여 올바르게 식을 세우고 계산할 수 있다.	5, 6
학습한 전략을 다양하게 활용하여 혼합 나눗셈을 할 수 있다.	4단계에서 학습한 전략 중 자신에게 가장 잘 맞는 전략을 선택하여 올바르게 식을 세우고 계산할 수 있다.	7

01 차시 분수의 나눗셈 (1)

📖 **학습목표** • 문장제에서 식을 세워 (자연수)÷(분수)를 할 수 있다.

도입 1 교사와 함께하기

💬 활동목표: 1차시에 활용할 전략을 읽고 이해할 수 있다.

● 시각적 표상도식 전략

> 시각적 표상도식 전략은 문제를 이해하기 쉽게 그림이나 표 등으로 나타낸 후, 어떻게 풀어야 할지 생각해 보는 전략입니다.
>
> 1) 문제를 소리 내어 읽어 봅시다.
> 2) 수 막대 그림을 활용하여 문제를 이해해 봅시다. 처음에는 직접 수 막대를 활용하거나 실제 그림을 사용합니다. 반복하다 보면 머릿속으로 수 막대 그림을 그릴 수 있습니다.
> 3) 수 막대 그림을 보고, 식을 세워 봅시다.
> 4) 세운 식을 계산해 봅시다.
> 5) 정답을 확인합니다. 틀렸다면 어느 부분에서 틀렸는지 확인하고 이야기해 봅시다.

● 자기질문 전략

> 자기질문 전략은 과제를 수행하면서 수행이 얼마나 정확한지를 확인하기 위해 스스로 끊임없이 질문하는 전략입니다. 자기질문 전략을 잘 활용하면 분수의 사칙연산에 도움이 됩니다.

1) 세운 식을 푸는 과정을 자세히 적으면서 문제를 풉니다.
2) 자신이 적은 풀이 과정을 다시 한번 살펴보면서 실수한 부분이 있는지 확인합니다.
   예) 통분이 되지 않는데 통분한 경우, 약분이 되지 않는데 약분한 경우, 분수의 나눗셈에서 역수를 하지 않고 그대로 곱하는 경우 등
3) 잘못된 부분이 있다면 어느 부분에서 틀렸는지 확인하고 다시 한번 풀어 봅시다.
4) 선생님, 친구들과 어느 부분에서 틀렸는지 이야기를 나눠 보고, 실수하지 않기 위해서 어떻게 해야 할지 생각해 봅시다.

도입 2

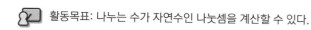
활동목표: 나누는 수가 자연수인 나눗셈을 계산할 수 있다.

● 분수 복습하기: 빙고게임

이전 단계에서 학습한 여러 가지 나눗셈을 활용하여 빙고게임을 해 봅시다. 다음 식을 풀고 답을 빙고판에 적은 후, 빙고게임을 시작합니다. (단, 답은 자연수 또는 분수로 적으세요.)

1) 5

2) 10

3) $5 \div 5$

4) $4 \div 2$

5) $\dfrac{2}{3} \div 2$

6) $\dfrac{3}{2} \div 18$

7) $1\dfrac{2}{5} \div 7$

8) $3\dfrac{5}{8} \div 3$

9) $8\dfrac{1}{4} \div 9$

빙고게임을 해 봅시다!

📢 활동목표: 나누는 수가 분수인 나눗셈 계산 방법을 이해할 수 있다.

● 자연수와 분수를 어떻게 나눌까요?

◆ 다음 문제를 풀어 볼까요?

> 연우는 리본을 잘라 선물상자를 묶으려고 합니다. 선물 1개를 묶는 데 리본 $\frac{2}{3}$ m가 필요하다면 리본 4m로는 몇 개의 선물상자를 묶을 수 있습니까?

1) 그림으로 생각해 봅시다.

$\frac{2}{3}$ 에 해당하는 칸만큼 동그라미를 그려 보세요.

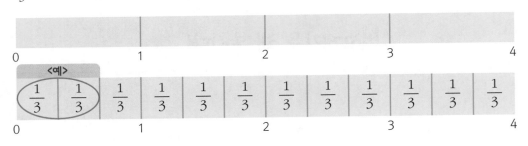

$\frac{2}{3}$ 가 총 6묶음 나오기 때문에 답은 6입니다.

2) (자연수)÷(분수)는 나누는 분수의 분모와 분자를 바꾸어 곱해요.

$4 \div \frac{2}{3}$ 를 계산해 볼까요?

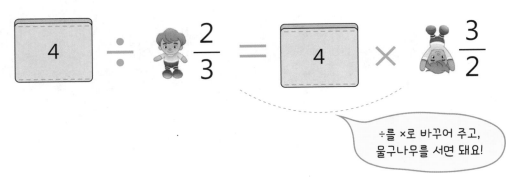

÷를 ×로 바꾸어 주고,
물구나무를 서면 돼요!

🗨 활동목표: (자연수)÷(진분수) 또는 (자연수)÷(대분수)를 계산할 수 있다.

● 다음을 읽고 문제를 풀어 보세요.

1. 어떤 정육점에서는 불우이웃돕기 행사로 6kg의 쇠고기를 $\frac{6}{7}$kg씩 어려운 이웃들에게 나누어주려고 합니다. 몇 명에게 쇠고기를 나누어줄 수 있습니까?

  1) 문제를 이해해 봅시다.

   정육점에서 나누어주려고 하는 쇠고기의 양은 ▨ 6kg ▨ 입니다.

   kg은 ▨ 무게를 세는 단위 ▨ 이고, ▨ 킬로그램 ▨ 이라고 읽습니다.

   1kg은 ▨ 1,000 ▨ g과 같습니다. g은 ▨ 그램 ▨ 이라고 읽습니다.

  2) 그림으로 생각해 보세요.

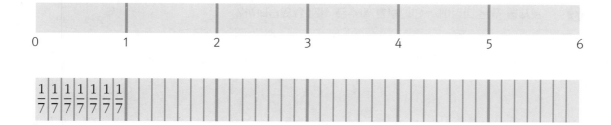

   6kg을 $\frac{6}{7}$kg씩 나누면 몇 묶음이 되나요? _____묶음

   $6 \div \frac{6}{7}$의 값은 얼마일까요? 다음 문제에서 확인해 봅시다.

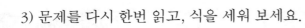

3) 문제를 다시 한번 읽고, 식을 세워 보세요.

쇠고기 $\boxed{6}$ kg 중에 $\boxed{\dfrac{6}{7}}$ kg 씩 나누어주므로 $\boxed{6}$ ÷ $\boxed{\dfrac{6}{7}}$ 을 계산하면 됩니다.

4) 계산해 보세요.

$\boxed{6}$ ÷ $\boxed{\dfrac{6}{7}}$ = $\boxed{6}$ × $\boxed{\dfrac{7}{6}}$ = $\boxed{7}$

답: _____ 명

5) 다시 한번 풀이 과정을 읽어 보고, 다음 표의 질문에 답을 적어 보세요. 잘못 풀이한 부분이 있다면 선생님 또는 친구들과 이야기를 나눠 보세요.

①	문제의 정답과 나의 답이 같습니까?	네	아니요
②	내가 세운 식이 올바릅니까?	네	아니요
③	문제를 푸는 과정에서 연산부호 실수를 하지 않았습니까?	네	아니요
④	문제를 푸는 과정에서 헷갈리거나 어려운 부분이 있었습니까? 있었다면 어느 부분입니까?		
⑤	다음에 비슷한 문제를 풀 때에는 어떻게 하면 좋을까요?		

2. 어떤 슈퍼마켓에서는 불우이웃돕기 행사로 5kg의 쌀을 $\frac{5}{8}$kg씩 어려운 이웃들에게 나누어주려고 합니다. 몇 명에게 쌀을 나누어줄 수 있습니까?

1) 문제를 이해해 볼까요?

슈퍼마켓에서 나누어 주려고 하는 쌀의 양은 [ ] 입니다.

kg은 [ ] 이고, [ ] 이라고 읽습니다.

1kg은 [ ] g과 같습니다.

2) 그림으로 생각해 보세요.

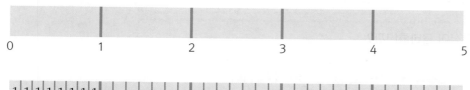

5kg을 $\frac{5}{8}$kg씩 나누면 몇 묶음이 되나요? _____ 묶음

$5 \div \frac{5}{8}$의 값은 얼마일까요? 다음 문제에서 확인해 봅시다.

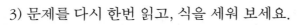

3) 문제를 다시 한번 읽고, 식을 세워 보세요.

총 ☐ kg 중에 ☐ kg 씩 나누어 주므로 ☐ ÷ ☐ 을 계산하면 됩니다.

4) 계산해 보세요.

☐ ÷ ☐ = ☐ × ☐ = ☐

답: _____명

5) 다시 한번 풀이 과정을 읽어 보고, 다음 표의 질문에 답을 적어 보세요. 잘못 풀이한 부분이 있다면 선생님 또는 친구들과 이야기를 나눠 보세요.

❶	문제의 정답과 나의 답이 같습니까?	네	아니요
❷	내가 세운 식이 올바릅니까?	네	아니요
❸	문제를 푸는 과정에서 연산부호 실수를 하지 않았습니까?	네	아니요
❹	문제를 푸는 과정에서 헷갈리거나 어려운 부분이 있었습니까? 있었다면 어느 부분입니까?		
❺	다음에 비슷한 문제를 풀 때에는 어떻게 하면 좋을까요?		

3. 금 $5\frac{5}{6}$g으로 금반지 한 개를 만든다면 금 70g으로
   는 금반지를 몇 개 만들 수 있습니까?

1) 문제를 이해해 볼까요?

   가지고 있는 금의 양은 [ ] g입니다.

   금반지 한 개를 만드는 데 필요한 금의 양은 [ ] g이고, 가분수로 표현하면 [ ] g입
   니다.

2) 그림으로 생각해 보세요.

   $5\frac{5}{6}$는 얼마만큼일까요?

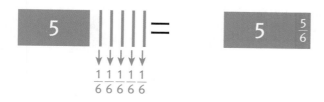

   수 막대를 활용하여 생각해 보세요.

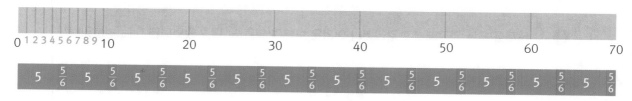

   70g을 $5\frac{5}{6}$kg씩 나누면 몇 묶음이 되나요? _____ 묶음

   $70 \div 5\frac{5}{6}$의 값은 얼마일까요? 다음 문제에서 확인해 봅시다.

3) 문제를 다시 한번 읽고, 식을 세워 보세요.

금반지 한 개를 만드는 데 ☐ g이 필요합니다.

70g으로 만들 수 있는 금반지의 수는 ☐ ÷ ☐ 을 계산해서 풀면 됩니다.

4) 계산해 보세요.

$$ \boxed{70} \div \boxed{5\frac{5}{6}} = \boxed{70} \div \boxed{\frac{35}{6}} = \boxed{70} \times \boxed{\frac{6}{35}} = \boxed{12} $$

나눗셈을 할 때는 대분수를 가분수로 바꿔야 해요!

답: _____개

5) 다시 한번 풀이 과정을 읽어 보고, 다음 표의 질문에 답을 적어 보세요. 잘못 풀이한 부분이 있다면 선생님 또는 친구들과 이야기를 나눠 보세요.

❶ 문제의 정답과 나의 답이 같습니까?	네	아니요
❷ 내가 세운 식이 올바릅니까?	네	아니요
❸ 문제를 푸는 과정에서 연산부호 실수를 하지 않았습니까?	네	아니요

❹ 문제를 푸는 과정에서 헷갈리거나 어려운 부분이 있었습니까? 있었다면 어느 부분입니까?

❺ 다음에 비슷한 문제를 풀 때에는 어떻게 하면 좋을까요?

활동 2

 활동목표: 스스로 (자연수)÷(진분수) 또는 (자연수)÷(대분수)를 계산할 수 있다.

● 다음을 읽고 문제를 풀어 보세요.

1. 소희는 리본을 잘라 리본 머리띠를 만들고 있습니다. 리본 머리띠 1개를 만 드는 데 리본 $\frac{3}{7}$이 필요하다면 리본 6m로는 몇 개의 머리띠를 만들 수 있습 니까?

1) 문제를 이해해 봅시다.

m는 | 길이를 세는 단위 |이고, | 미터 |라고 읽습니다.
1m는 | 100 | cm와 같습니다. cm는 | 센티미터 |라고 읽습니다.

2) 그림으로 생각해 보세요.

> 직접 수막대를 그려도 되고, 머릿속으로 그려 봐도 됩니다.

3) 다음 중 문제와 맞는 식에 동그라미하세요.

| $6 + \frac{3}{7}$ | $6 - \frac{3}{7}$ | $6 \times \frac{3}{7}$ | $6 \div \frac{3}{7}$ |

4) 고른 식을 계산해 보세요.

6 [   ] $\frac{3}{7}$ = 6 [   ] [   ] = [   ]

답: _____ 개

5) 올바르게 풀었는지 확인해 보고, 잘못된 부분이 있으면 이야기해 보세요.

2. 과일 가게에서 9kg의 사과를 $\frac{3}{4}$kg씩 어린이들에게 나누어주려고 합니다. 몇 명의 어린이에게 사과를 나누어줄 수 있습니까?

1) 그림으로 생각해 보세요.

2) 다음 중 문제에 맞는 식에 ○표 하세요.

$$9 + \frac{3}{4} \qquad 9 - \frac{3}{4} \qquad 9 \times \frac{3}{4} \qquad 9 \div \frac{3}{4}$$

3) 고른 식을 계산해 보세요.

$$9 \boxed{} \frac{3}{4} = 9 \boxed{} \boxed{} = \boxed{}$$

답: ＿＿＿＿＿＿＿＿＿명

4) 올바르게 풀었는지 확인해 보고, 잘못된 부분이 있으면 이야기해 보세요.

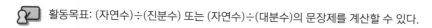

문장제 풀어 보기

스스로 하기

활동목표: (자연수)÷(진분수) 또는 (자연수)÷(대분수)의 문장제를 계산할 수 있다.

● 다음 문자 메시지를 읽고 문제를 풀어 봅시다.

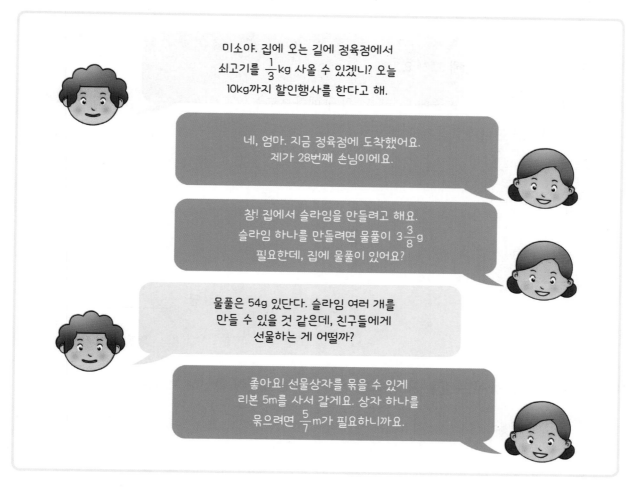

미소야. 집에 오는 길에 정육점에서 쇠고기를 $\frac{1}{3}$kg 사올 수 있겠니? 오늘 10kg까지 할인행사를 한다고 해.

네, 엄마. 지금 정육점에 도착했어요. 제가 28번째 손님이에요.

참! 집에서 슬라임을 만들려고 해요. 슬라임 하나를 만들려면 물풀이 $3\frac{3}{8}$g 필요한데, 집에 물풀이 있어요?

물풀은 54g 있단다. 슬라임 여러 개를 만들 수 있을 것 같은데, 친구들에게 선물하는 게 어떨까?

좋아요! 선물상자를 묶을 수 있게 리본 5m를 사서 갈게요. 상자 하나를 묶으려면 $\frac{5}{7}$m가 필요하니까요.

1. 모든 손님이 $\frac{1}{3}$kg의 쇠고기를 산다면, 정육점에서는 몇 명에게 할인한 쇠고기를 판매할 수 있을까요?

1) 문제를 이해해 봅시다.

미소는 엄마의 심부름으로 고기를 파는 상점인   에서 쇠고기를 사려고 합니다. 할인하는 쇠고기의 양은   kg이고, 미소가 사야 하는 쇠고기의 양은   kg입니다.

2) 그림으로 생각해 봅시다.

3) 식을 세우고 계산해 보세요.

올바른 연산부호를 골라 동그라미하세요.

쇠고기 ⬚ kg 중에 ⬚ kg씩 구매하므로 ⬚ (+ / − / × / ÷) ⬚ 을 계산하면 됩니다.

식:

답: _____ 명

4) 다시 한번 풀이 과정을 읽어 보고, 올바르게 풀었는지 확인해 보세요.

2. 미소는 할인된 쇠고기를 살 수 있습니까?

정육점에서 할인된 쇠고기를 구매할 수 있는 사람은 ⬚ 명입니다.

미소는 ⬚ 번째 손님이므로, 할인된 쇠고기를 살 수 (있습니다 / 없습니다).

3. 미소는 몇 개의 슬라임을 만들 수 있을까요?

1) 문제를 이해해 봅시다.

미소의 집에는 [   ]g의 물풀이 있습니다.

슬라임 한 개를 만드는 데 필요한 물풀의 양은 [   ]g입니다.

2) 그림으로 생각해 봅시다.

3) 식을 세우고 계산해 보세요.

슬라임 1개를 만드는 데 물풀 [   ]g이 필요합니다. 필요한 물풀 [   ]g을 가분수로

나타내면 [   ]g과 같습니다. 집에 있는 물풀로 만들 수 있는 슬라임의 개수를 구하기 위

해서는 [   ] (+ / − / × / ÷) [   ] 을 계산하면 됩니다.

식:

답: _____ 개

4) 다시 한번 풀이 과정을 읽어 보고, 올바르게 풀었는지 확인해 보세요.

4. 미소가 산 리본으로 몇 개의 선물상자를 만들 수 있습니까?

1) 문제를 이해해 봅시다.

미소는 친구들에게 슬라임을 선물하기 위해서 선물상자를 묶을 [   ]을 구매하려

고 합니다. 선물상자 한 개를 포장하는 데 필요한 리본의 길이는 [   ] m입니다. 미소가

산 [   ] m의 리본으로 묶을 수 있는 선물상자의 개수를 구하려고 합니다.

2) 그림으로 생각해 봅시다.

3) 식을 세우고 계산해 보세요.

선물상자 1개를 포장하는 데 리본 [   ] m가 필요합니다. 미소가 산 리본으로 포장할

수 있는 선물상자의 개수를 구하기 위해서는 [   ] (+ / − / × / ÷) [   ] 을 계산하면

됩니다.

식:

답: _____ 개

4) 다시 한번 풀이 과정을 읽어 보고, 올바르게 풀었는지 확인해 보세요.

활동목표: 분수의 나눗셈을 올바르게 계산하고, 식을 보고 문제를 만들 수 있다.

● 친구들과 함께 '동서남북 분수 나눗셈 게임'을 해 봅시다.

준비물 '동서남북 분수 나눗셈 게임' 도안([부록 4-1] 참조), 가위

1) [부록 4-1]의 도안을 다음과 같은 순서로 만들어 줍니다.

1. 도형의 이름을 읽어 봅시다.

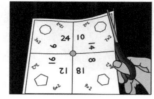

2. 가장자리를 따라 종이를 오립니다.

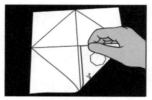 →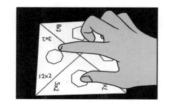

3. 자른 종이를 뒤집은 후, 그림과 같이 접습니다.

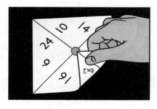 →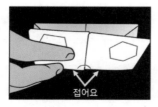

4. 종이를 다시 뒤집은 후, 그림과 같이 접습니다.

접어요

5. 반으로 접고, 손가락을 도형 그림 아래로 집어넣습니다.

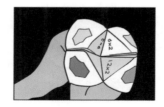

6. 그림처럼 잡습니다.

2) 친구와 두 명씩 짝을 지은 뒤, 다음처럼 게임을 시작합니다.

<게임 방법>

1. 친구에게 도형을 보여 주며 하나를 고르도록 합니다.
2. 친구가 고른 도형의 밑변 수만큼 손가락으로 종이를 위, 아래, 왼쪽, 오른쪽으로 움직입니다.
   예) 친구가 '칠각형'을 골랐다면, 종이를 7번 움직입니다.
3. 종이를 다 움직였으면, 친구가 고른 도형 방향에 적혀 있는 문제를 함께 풀어 봅니다.
4. 문제를 다 푼 뒤, 종이를 다시 펴서, 아래에 적혀 있는 정답과 비교합니다.
5. 다음 표에 고른 도형, 문제, 직접 계산한 답, 정답, 올바르게 푼 문제 수를 적습니다.

이름	도형	문제	계산한 답	정답	올바르게 푼 문제 수

3) '동서남북 분수 나눗셈 게임'에서 풀어 본 문제를 활용하여 직접 문장제를 만들고 계산해 봅시다.

잠깐! 문제 만들기가 너무 어렵다면 활동 1, 2의 문제에서 단어나 숫자만 바꿔서 만들어도 됩니다.

문제	문장제 만들어 보기	정답
<예> $8 \div \dfrac{2}{5}$	하은이는 8kg의 귤을 $\dfrac{2}{5}$ kg씩 친구들에게 나누어주려고 합니다. 몇 명의 친구들에게 귤을 나누어줄 수 있습니까?	20명

4) 3번에서 만든 문제를 다른 친구들과 교환해서 풀어 봅니다. 내가 계산한 식과 답이 친구가 만든 식, 답과 같습니까? 맞았다면 서로 칭찬 스티커를 붙여 줍시다.

준비물 칭찬 스티커([부록 4-2] 참조)

친구 이름	친구가 만든 문장제	식	답	칭찬 스티커

02차시 분수의 나눗셈(2)

📖 **학습목표** • 문장제에서 식을 세워 (분수)÷(분수)를 할 수 있다.

도입 1

교사와 함께하기

🗨 활동목표: 나눗셈을 계산할 수 있는 곱셈식을 찾아 연결할 수 있다.

● (자연수)÷(분수) 복습하기

이전 단계에서 학습한 (자연수)÷(분수) 나눗셈을 복습해 봅시다. 나눗셈을 계산할 수 있는 곱셈식을 찾아 선으로 이어 보고, 식의 답을 오른쪽 빈칸에 적어 봅시다.

왼쪽	가운데	오른쪽
$6 \div \dfrac{1}{7}$ •	• 8×3	
$8 \div \dfrac{1}{3}$ •	• $20 \times \dfrac{5}{4}$	
$2 \div \dfrac{1}{6}$ •	• $30 \times \dfrac{7}{30}$	
$20 \div \dfrac{4}{5}$ •	• 6×7	
$15 \div \dfrac{5}{3}$ •	• $5 \times \dfrac{2}{5}$	
$36 \div \dfrac{36}{2}$ •	• $15 \times \dfrac{3}{5}$	
$5 \div 2\dfrac{1}{2}$ •	• $36 \times \dfrac{2}{36}$	
$30 \div 4\dfrac{2}{7}$ •	• $75 \times \dfrac{4}{15}$	
$75 \div 3\dfrac{3}{4}$ •	• 2×6	

🚩 활동목표: 나누어지는 수와 나누는 수가 모두 분수인 나눗셈 계산 방법을 이해할 수 있다.

● 분수와 분수의 나눗셈을 어떻게 하는지 알아봅시다.

> 소금 $5\frac{1}{7}$ kg을 한 봉지에 $\frac{9}{14}$ kg씩 담으면 몇 봉지가 됩니까?

1) 문제를 이해해 봅시다.

$5\frac{1}{7}$ kg을 가분수로 바꾸면 $\boxed{\frac{36}{7}}$ kg입니다.

$5\frac{1}{7}$ 에 해당하는 수 막대를 $\frac{9}{14}$씩 묶으면 몇 묶음을 만들 수 있습니까? $\frac{1}{7}$ ↑

| 0 | 1 | 2 | 3 | 4 | 5 |

$\frac{9}{14}$ $\frac{9}{14}$ $\frac{9}{14}$ $\frac{9}{14}$ $\frac{9}{14}$ $\frac{9}{14}$ $\frac{9}{14}$ $\frac{9}{14}$

$\frac{9}{14}$가 총 8묶음 나오기 때문에 답은 8입니다.

2) (분수)÷(분수)는 나누는 분수의 분모와 분자를 바꾸어 곱해요.

$5\frac{1}{7} \div \frac{9}{14}$를 계산해 볼까요?

잠깐! 대분수는 가분수로 바꾸어야 계산할 수 있어요!

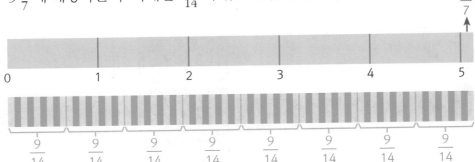

÷를 ×로 바꾸어 주고,
물구나무를 서면 돼요!

활동 1

교사와 함께하기

활동목표: (대분수)÷(진분수) 또는 (대분수)÷(대분수)를 계산할 수 있다.

● 다음을 읽고 문제를 풀어 보세요.

1. 설탕 $3\frac{6}{7}$kg을 한 그릇에 $\frac{9}{14}$kg씩 담으면 몇 그릇이 됩니까?

1) 문제를 이해해 볼까요?

설탕 $\boxed{3\frac{6}{7}\text{kg}}$ 을 한 그릇에 $\boxed{\frac{9}{14}\text{kg}}$ 씩 나누어 담으려고 합니다.

$3\frac{6}{7}$을 가분수로 나타내면 $\boxed{\frac{27}{7}\text{kg}}$ 입니다.

2) 그림으로 생각해 보세요.

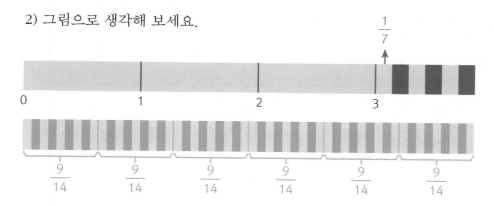

$3\frac{6}{7}$kg을 $\frac{9}{14}$kg씩 나누면 몇 묶음이 되나요? _____ 묶음

$3\frac{6}{7} \div \frac{9}{14}$의 값은 얼마일까요? 다음 문제에서 확인해 봅시다.

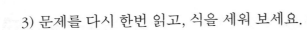

3) 문제를 다시 한번 읽고, 식을 세워 보세요.

설탕 $3\frac{6}{7}$ kg을 $\frac{9}{14}$ kg 씩 나누어 담으므로 $3\frac{6}{7}$ ÷ $\frac{9}{14}$ 를 계산하면 됩니다.

4) 계산해 보세요.

$3\frac{6}{7}$ ÷ $\frac{9}{14}$ = $\frac{27}{7}$ × $\frac{14}{9}$ = 6

답: _____그릇

5) 다시 한번 풀이과정을 읽어보고, 아래 표의 질문에 답을 적어보세요. 잘못 풀이한 부분이 있다면 선생님, 또는 친구들과 이야기를 나눠보세요.

❶ 문제의 정답과 나의 답이 같습니까?	네	아니요
❷ 내가 세운 식이 올바릅니까?	네	아니요
❸ 문제를 푸는 과정에서 연산부호 실수를 하지 않았습니까?	네	아니요

❹ 문제를 푸는 과정에서 헷갈리거나 어려운 부분이 있었습니까? 있었다면 어느 부분입니까?

❺ 다음에 비슷한 문제를 풀 때에는 어떻게 하면 좋을까요?

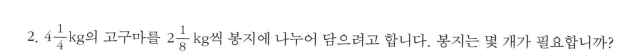

2. $4\frac{1}{4}$ kg의 고구마를 $2\frac{1}{8}$ kg씩 봉지에 나누어 담으려고 합니다. 봉지는 몇 개가 필요합니까?

   1) 문제를 이해해 볼까요? 빈칸에 단위를 꼭 적어 주세요.

      고구마가 모두 ☐ 있습니다. 한 봉지에 담으려고 하는 양은 ☐ 입니다.

      $4\frac{1}{4}$ kg을 가분수로 나타내면 ☐ 이고, $2\frac{1}{8}$ kg을 가분수로 나타내면 ☐ 입니다.

   2) 그림으로 생각해 보세요.

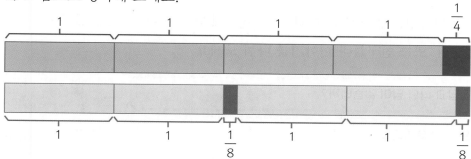

   $4\frac{1}{4}$ kg을 $2\frac{1}{8}$ kg씩 나누면 몇 묶음이 되나요? _____ 묶음

   $4\frac{1}{4} \div 2\frac{1}{8}$ 의 값은 얼마일까요? 다음 문제에서 확인해 봅시다.

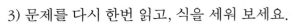

3) 문제를 다시 한번 읽고, 식을 세워 보세요.

고구마 ☐ kg을 ☐ kg씩 나누어 담으므로 ☐ ÷ ☐ 을 계산하면 됩니다.

4) 계산해 보세요.

☐ ÷ ☐ = ☐ × ☐ = ☐

답: _____ 개

5) 다시 한번 풀이과정을 읽어보고, 아래 표의 질문에 답을 적어 보세요. 잘못 풀이한 부분이 있다면 선생님, 또는 친구들과 이야기를 나눠 보세요.

		네	아니요
❶	문제의 정답과 나의 답이 같습니까?	네	아니요
❷	내가 세운 식이 올바릅니까?	네	아니요
❸	문제를 푸는 과정에서 연산부호 실수를 하지 않았습니까?	네	아니요

❹ 문제를 푸는 과정에서 헷갈리거나 어려운 부분이 있었습니까? 있었다면 어느 부분입니까?

❺ 다음에 비슷한 문제를 풀 때에는 어떻게 하면 좋을까요?

활동 2

활동목표: 스스로 (대분수)÷(진분수) 또는 (대분수)÷(대분수)를 계산할 수 있다.

● 다음 문제를 스스로 풀어 보세요.

1. $3\frac{2}{5}$ kg의 사과를 $1\frac{7}{10}$ kg씩 봉지에 나누어 담으려고 합니다. 봉지는 몇 개가 필요합니까?

   1) 문제를 이해해 봅시다.

   봉지에 　나누어　 담는다는 표현은 　나눗셈　 과 관련이 있습니다.

   $3\frac{2}{5}$ kg을 가분수로 나타내면 $\boxed{\dfrac{17}{5}}$ 이고, $1\frac{7}{10}$ kg을 가분수로 나타내면 $\boxed{\dfrac{17}{10}}$ 입니다.

   2) 그림으로 생각해 보세요.

사과 $3\frac{2}{5}$ kg

사과 $1\frac{7}{10}$ kg

   3) 다음 중 문제에 맞는 식에 ○표 하세요.

   $3\frac{2}{5} + 1\frac{7}{10}$ $3\frac{2}{5} - 1\frac{7}{10}$ $3\frac{2}{5} \times 1\frac{7}{10}$ $3\frac{2}{5} \div 1\frac{7}{10}$

   4) 고른 식을 계산해 보세요.

   $3\frac{2}{5}$ $\boxed{}$ $1\frac{7}{10}$ = $\boxed{}$ $\boxed{}$ $\boxed{}$ = $\boxed{}$

   답: ＿＿＿＿＿＿＿개

   5) 올바르게 풀었는지 확인해 보고, 잘못된 부분이 있으면 이야기해 보세요.

2. 밭에 고추를 $4\frac{1}{6}$m²만큼 심었고, 대추를 $\frac{5}{7}$m²만큼 심었습니다. 고추를 심은 밭의 넓이는 대추를 심은 밭 넓이의 몇 배인지 가분수로 나타내세요.

1) 문제를 이해해 봅시다.

m²은 │ 넓이를 나타내는 단위 │ 입니다. 가로와 세로가 │ m │ 단위를 사용하는

사각형의 넓이를 │ m² │ 로 표현하고, │ 제곱미터 │ 라고 읽습니다.

예를 들어, 가로가 3m이고 세로가 2m인 사각형의 넓이는 │ 6m² │ 입니다.

● 오른쪽 밭의 넓이를 구해 봅시다.

오른쪽 밭은 가로 길이가 │ 3m │ 이고,
세로 길이가 │ 2m │ 입니다.
밭의 넓이를 구하려면 가로와 세로 길이를 곱합니다.

밭의 넓이: │ 3m │ × │ 2m │ = │ 6m² │

2m

3m

오른쪽 밭은 가로 길이가 │   │ 이고,
세로 길이가 │   │ 입니다.
밭의 넓이를 구하려면 가로와 세로 길이를 곱합니다.

밭의 넓이: │   │ × │   │ = │   │

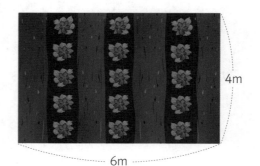

4m

6m

2) 문제를 그림으로 생각해 보세요.

고추밭의 넓이와 대추밭의 넓이를 통분하면 각각 $4\frac{7}{42}$ 와 $\frac{30}{42}$ 입니다.

다음의 밭은 각각 42개의 칸으로 나뉘어 있습니다.

고추밭은 빨간색, 대추밭은 파란색으로 색칠해 보세요.

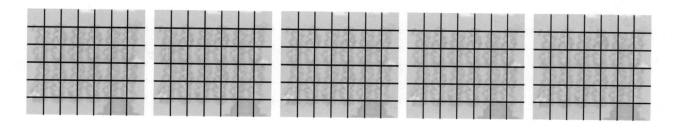

3) 다음 중 문제에 맞는 식에 ○표 하세요.

$4\frac{1}{6} + \frac{5}{7}$ $4\frac{1}{6} - \frac{5}{7}$ $4\frac{1}{6} \times \frac{5}{7}$ $4\frac{1}{6} \div \frac{5}{7}$

4) 고른 식을 계산해 보세요.

$4\frac{1}{6}$ ☐ $\frac{5}{7}$ = ☐ ☐ ☐ = ☐

답: _____ 배

5) 올바르게 풀었는지 확인해 보고, 잘못된 부분이 있으면 이야기해 보세요.

문장제 풀어 보기

 활동목표: (대분수)÷(진분수) 또는 (대분수)÷(대분수)의 문장제를 계산할 수 있다.

● 다음은 민주가 쓴 일기입니다. 일기 내용을 읽고 문제를 풀어 보세요.

2000년 8월 15일 0요일

오늘은 할머니와 함께 봄에 심은 고구마와 감자를 수확했다.

수확은 다 자란 고구마와 감자를 뽑아 먹을 수 있게 준비하는 것이라고 할머니가 알려주셨다.

고구마밭의 넓이는 $4\frac{1}{5}$ m²였고, 감자밭의 넓이는 $1\frac{1}{2}$ m²였다. 고구마는 $1\frac{3}{4}$ kg을 수확했고,

감자는 $4\frac{1}{2}$ kg을 수확했다. 힘들었지만 즐거운 하루였다.

◆ 고구마밭과 감자밭의 넓이는 각각 몇 m²입니까? 다음 빈칸을 채워 보세요.

고구마밭

감자밭

넓이:

넓이:

◆ 고구마와 감자는 각각 얼마나 수확했습니까? 다음 빈칸을 채워 보세요.

고구마

감자

무게:

무게:

1. 민주가 고구마를 수확한 밭의 넓이는 감자를 수확한 밭의 넓이의 몇 배입니까?

   답을 가분수로 나타내세요.

   1) 문제를 이해해 봅시다.

   민주가 고구마를 심은 밭의 넓이는 [   ] 이고, 감자를 심은 밭의 넓이는 [   ]

   입니다. m²은 가로와 세로의 길이 단위가 [   ] 인 사각형의 [   ] 를 나타내는 단위

   입니다. [   ] 는 분자가 분모보다 큰 분수를 말합니다.

   2) 그림으로 생각해 봅시다.

   고구마밭의 넓이와 감자밭의 넓이를 통분하면 각각 [   ] 와 [   ] 입니다.

   다음의 밭은 각각 10개의 칸으로 나뉘어 있습니다.

   고구마밭은 빨간색, 감자밭은 파란색으로 색칠해 주세요.

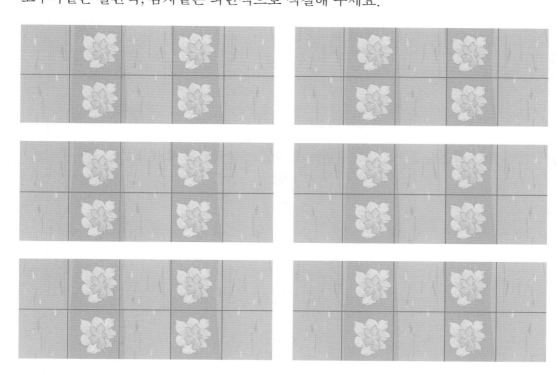

3) 식을 세우고 계산해 보세요.

고구마밭 [ ] m²가 감자밭 [ ] m²보다 몇 배인지 알아야 하므로,

[ ] (+ / − / × / ÷) [ ] 을 계산하면 됩니다.

> 올바른 연산부호를
> 골라 동그라미하세요.

식:

답: _____ 배

4) 다시 한번 풀이 과정을 읽어 보고, 올바르게 풀었는지 확인해 보세요.

2. 민주가 수확한 고구마 $1\frac{3}{4}$kg을 한 봉지에 $\frac{7}{8}$kg씩 담으면 몇 봉지가 됩니까?

　　1) 문제를 이해해 봅시다.

　　　수확한 고구마의 무게는 [　　　　] 이고, 한 봉지에 담는 고구마의 무게는 [　　　　] 입니다.

　　2) 그림으로 생각해 봅시다.

고구마 $1\frac{3}{4}$kg　　　　　　　고구마 $\frac{7}{8}$kg

　　3) 식을 세우고 계산해 보세요.

　　　[　　　] $(+\ /\ -\ /\ \times\ /\ \div)$ [　　] 을 계산하면 됩니다.

　　　直接 풀어 보세요.

　　　　　　　　　　　　　　　답: ＿＿＿＿＿＿＿＿＿ 봉지

　　4) 다시 한번 풀이 과정을 읽어 보고, 올바르게 풀었는지 확인해 보세요.

3. 감자 $4\frac{1}{2}$kg을 이웃들에게 $\frac{3}{4}$kg씩 나누어주면 몇 명에게 나누어줄 수 있습니까?

1) 문제를 이해해 봅시다.

수확한 감자의 무게는 [ ] 이고, 한 사람에게 나누어주는 감자의 무게는 [ ] 입니다.

2) 그림으로 생각해 봅시다.

감자 $4\frac{1}{2}$kg   감자 $\frac{3}{4}$kg

3) 식을 세우고 계산해 보세요.

[ ] (+ / − / × / ÷) [ ] 을 계산하면 됩니다.

직접 풀어 보세요.

답: _____ 명

4) 다시 한번 풀이 과정을 읽어 보고, 올바르게 풀었는지 확인해 보세요.

활동목표: 모양 조각을 사용하여 작품을 만들고, 넓이를 비교할 수 있다.

● 다양한 조각으로 작품을 만들어 봅시다.

준비물 가위, 풀, 모양 조각 그림([부록 4-3] 참조)

1) 다음 모양 조각의 넓이 사이의 관계를 분수로 나타내어 보세요.

모양 조각	넓이
	1

2) [부록 4-3]의 모양 조각 그림을 활용하여 다양한 작품을 만들어 보고, 다음 노트에 붙여 봅시다.

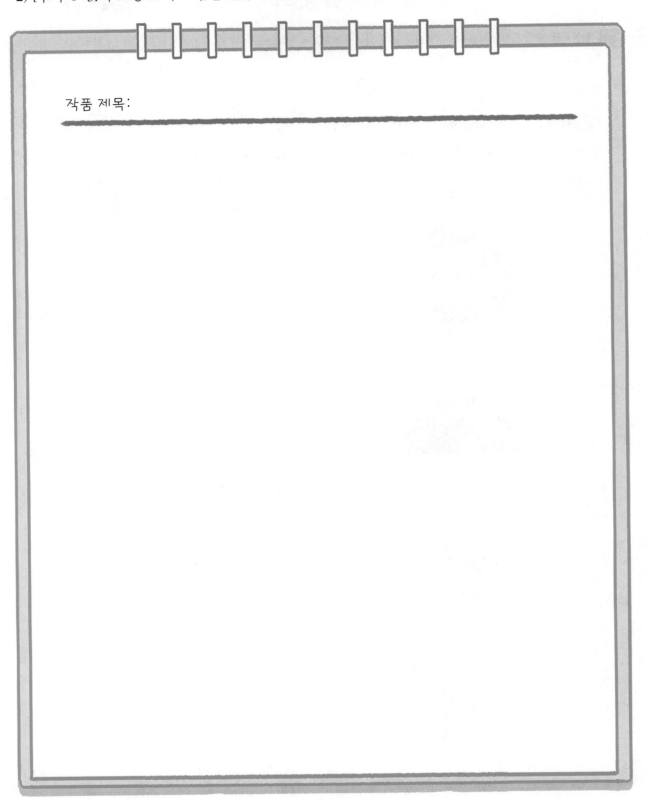

작품 제목:

3) 내 작품의 넓이를 구해 보세요.

4) 친구들이 만든 작품의 넓이는 내가 만든 작품의 넓이의 몇 배인지 분수로 나타내어 보세요.

친구 이름	친구 작품 제목	친구 작품의 넓이	내 작품의 넓이	몇 배

5) 친구들에게 내 작품에 대해 설명해 보세요. 설명 중에는 반드시 내 작품의 넓이와 친구 작품의 넓이를 비교하는 표현을 사용하세요.

예시) 내 작품의 넓이는 $2\frac{1}{4}$이고,
친구 작품의 넓이는 $3\frac{3}{8}$입니다.
친구 작품이 내 작품보다 $\frac{2}{3}$배 더 넓습니다.

03 차시 분수의 나눗셈(3)

📖 **학습목표** • 문장제에서 식을 세워 자리 수가 같은 소수의 나눗셈을 할 수 있다.

도입 1

🔖 활동목표: 3, 4차시에 활용할 전략을 읽고 이해할 수 있다.

● **그림 그리기 전략**

그림 그리기 전략은 글로 표현된 문제를 그림으로 표현하는 과정을 통해 문제를 이해하고 해결하기 쉽게 도와주는 전략입니다.

1) 문제를 소리 내어 읽어 봅시다.
2) 문제에서 설명하고 있는 내용을 그림으로 그려 봅시다.
3) 직접 그림 그림을 보고, 식을 세워 봅시다.
4) 세운 식을 계산해 봅시다.
5) 정답을 확인합니다. 틀렸다면 어느 부분에서 틀렸는지 확인하고 이야기해 봅시다.

● **조건 변경하여 문제 만들기 전략**

조건 변경하여 문제 만들기 전략은 문제 상황에서 주어진 조건을 정확하게 이해하고 문제의 일부나 모든 조건을 변경하여 새로운 문제를 만드는 것입니다. 이 전략을 활용하면 나중에 비슷한 문제가 나왔을 때 식을 세우기 쉬워집니다.

1) 주어진 문제에서 어떤 부분을 바꾸어 새로운 문제를 만들고 싶은지 생각합니다.
   바꿀 수 있는 조건의 예: 문제에 제시된 단어 하나 혹은 여러 개
   　　　　　　　　　　　　문제에 제시된 숫자 하나 혹은 여러 개
   　　　　　　　　　　　　문제에서 설명하고 있는 상황
2) 바꾼 문제를 직접 또는 친구와 바꾸어 풀어 봅니다.
3) 문제를 어떻게 바꾸었는지 친구들과 이야기 나눕니다.

활동목표: 소수를 분수로 나타낼 수 있다.

● 소수를 분수로 나타내기-복습하기

준비물 색연필 또는 사인펜

◆ 소수를 분수로 바꾸는 법을 기억하고 있나요? 다음 퍼즐에서 검정색 상자 안에 적힌 소수를 분수로 바꾸려고 합니다. 올바르게 바꾼 칸을 색칠하면서 길을 찾아가 봅시다.

〈힌트〉		
$0.1 = \dfrac{1}{10}$	$0.01 = \dfrac{1}{100}$	$1.11 = \dfrac{111}{100}$

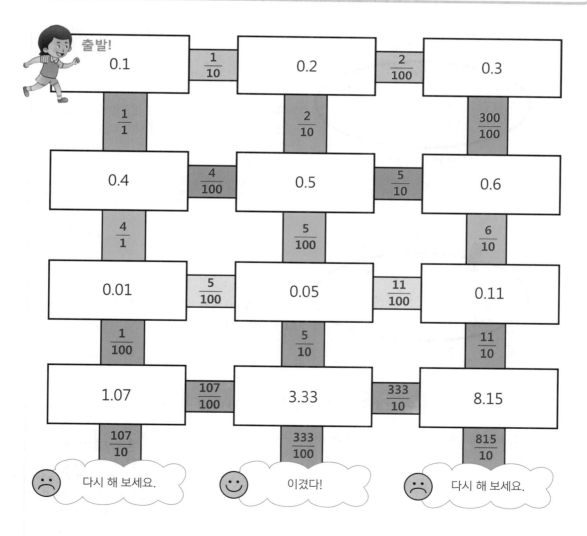

활동목표: 자릿수가 같은 소수의 나눗셈 계산 방법을 이해할 수 있다.

● 자릿수가 같은 소수의 나눗셈을 어떻게 하는지 알아봅시다.

◆ 다음 문제를 풀어 볼까요?

> 둘레의 길이가 12.4m인 울타리에 3.1m마다 기둥을 세우려고 합니다. 기둥을 몇 개 세울 수 있는지 구하시오.

1) 문제를 이해해 봅시다.

　둘레　는 사물이나 도형의 가장자리나 테두리를 따라 한 바퀴 돈 길을 말합니다.

둘레의 길이가　12.4m　인 울타리를 그림으로 그리면 다음과 같습니다.

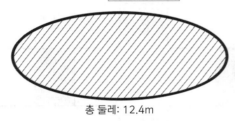

총 둘레: 12.4m

울타리가 사각형인지, 원형인지, 삼각형인지는 알 수 없습니다. 우선 동그란 모양의 울타리가 있다고 생각해 봅시다.

울타리에　3.1m　마다 기둥을 세우려고 하므로, 그림으로 나타내면 다음과 같습니다.

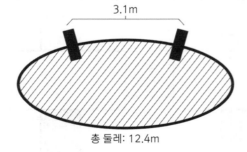

3.1m

총 둘레: 12.4m

총 둘레 12.4m에서 3.1m를 나누면 몇 개의 기둥을 세울 수 있는지 알 수 있습니다.

2) 자릿수가 같은 (소수)÷(소수)는 소수를 분수로 나타낸 후 계산합니다.

$$12.4 \div 3.1 = \frac{124}{10} \div \frac{31}{10} = 124 \div 31 = 4$$

> 분모가 같은 분수 나눗셈은 분자끼리만 나눕니다. 따라서 자릿수가 같은 (소수)÷(소수)를 계산할 때는 자연수로 생각해서 계산하면 됩니다.

활동 1

활동목표: 소수점 이하의 자릿수가 같은 소수의 나눗셈을 계산할 수 있다.

● 다음을 읽고 문제를 풀어 보세요.

1. 둘레의 길이가 16.2m인 울타리에 2.7m마다 기둥을 세우려고 합니다.
   기둥을 몇 개 세울 수 있는지 구하시오.

   1) 문제를 이해해 볼까요?

      둘레 는 사물이나 도형의 가장자리 나 테두리 를 따라 한 바퀴 돈 길을 말합니다. 둘레의 길이가 16.2m 인 울타리에 2.7m 마다 기둥을 세우려고 합니다.

   2) 그림으로 생각해 보세요.

   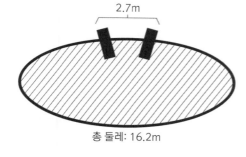

   총 둘레: 16.2m

   몇 개의 기둥을 세울 수 있는지 알고 싶다면, 어떻게 계산해야 할까요?

   3) 문제를 다시 한번 읽고, 식을 세워 보세요.

      총 둘레 16.2 m에 2.7 m마다 기둥을 세우므로 16.2 ÷ 2.7 을 계산하면 됩니다.

   4) 계산해 보세요.

      $$16.2 \div 2.7 = \frac{162}{10} \div \frac{27}{10} = 162 \div 27 = 6$$

      답: _____ 개

5) 다시 한번 풀이과정을 읽어보고, 아래 표의 질문에 답을 적어보세요.
잘못 풀이한 부분이 있다면 선생님, 또는 친구들과 이야기를 나눠보세요.

❶ 문제의 정답과 나의 답이 같습니까?　　　　　　　　　　네　　아니요

❷ 내가 세운 식이 올바릅니까?　　　　　　　　　　　　　네　　아니요

❸ 문제를 푸는 과정에서 연산부호 실수를 하지 않았습니까?　네　　아니요

❹ 문제를 푸는 과정에서 헷갈리거나 어려운 부분이 있었습니까? 있었다면 어느 부분입니까?

❺ 다음에 비슷한 문제를 풀 때에는 어떻게 하면 좋을까요?

2. 우유 4.75L를 한 사람에게 0.18L씩 나누어주려고 합니다. 몇 명에게 우유를 나누어줄 수 있습니까? 그리고 남은 우유는 몇 L입니까? 남은 우유는 소수로 나타내세요.

1) 문제를 이해해 볼까요?

우유가 총 ☐ L 있습니다. 한 사람에게 나누어주려고 하는 우유의 양은 ☐ L 입니다. L는 들이를 재는 단위 이고, 리터 라고 읽습니다. 몇 명에게 나누어 줄 수 있는지 구하기 위해서는 몫 을 알아야 하고, 남은 우유의 양을 알기 위해서는 나머지 를 알아야 합니다.

2) 그림으로 생각해 보세요.

총 4.75L

한 사람에게 나누어주는 우유의 양 = 0.18L
나누어줄 수 있는 사람의 수 = ?

남은 우유의 양 = ?

여 기 서 잠 깐

슈퍼마켓이나 마트에 파는 우유는 몇 L일까요?

작은 우유는
200mL입니다.
200mL는
0.2 L입니다.

큰 우유는
1000mL입니다.
1000mL는
1 L입니다.

3) 문제를 다시 한번 읽고, 식을 세워 보세요.

총 우유 4.75 L를 0.18 kg 씩 나누어주므로 4.75 ÷ 0.18 을 계산하면 됩니다.

4) 계산해 보세요.

☐ ÷ ☐ = ☐ ÷ ☐ = ☐ ÷ ☐

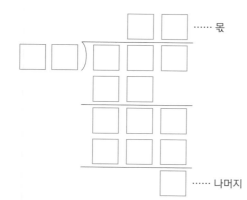

…… 몫

…… 나머지

나누어줄 수 있는 사람의 수

= 몫 = ☐ 명

나누어주고 남은 우유의 양

= 나머지 = ☐ L

나머지를 표시할 때는 소수점을
표시해 주어야 해요.

5) 다시 한번 풀이 과정을 읽어 보고, 올바르게 풀었는지 확인해 보세요.
  잘못 풀이한 부분이 있다면 선생님 또는 친구들과 이야기를 나눠 보세요.

① 문제의 정답과 나의 답이 같습니까?　　　　　　　네　　아니요

② 내가 세운 식이 올바릅니까?　　　　　　　　　　네　　아니요

③ 문제를 푸는 과정에서 연산부호 실수를 하지 않았습니까?　네　　아니요

④ 문제를 푸는 과정에서 헷갈리거나 어려운 부분이 있었습니까? 있었다면 어느 부분입니까?

⑤ 다음에 비슷한 문제를 풀 때에는 어떻게 하면 좋을까요?

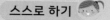

활동목표: 스스로 자릿수가 같은 소수의 나눗셈을 계산할 수 있다.

● 다음 문제를 스스로 풀어 보세요.

1. 둘레의 길이가 13.3m인 울타리에 1.9m마다 기둥을 세우려고 합니다. 기둥을 몇 개 세울 수 있는지 구하시오.

1) 문제를 이해해 봅시다.

총 둘레에서 어느 정도 마다 기둥을 세운다는 표현은 나눗셈 과 관련이 있습니다.
따라서 ÷ 연산기호를 선택하여 문제를 풀어야 합니다.

2) 그림으로 생각해 보세요.

3) 식을 만들어 보세요.

4) 계산해 보세요.

13.3 □ 1.9 = □ □ □ = □ □ □ = □

답: _____ 개

5) 올바르게 풀었는지 확인해 보고, 잘못된 부분이 있으면 이야기해 보세요.

2. 우유 3.24L를 한 사람에게 0.14L씩 나누어주려고 합니다. 몇 명에게 우유를 나누어줄 수 있습니까? 그리고 남은 우유는 몇 L입니까? 남은 우유는 소수로 나타내세요.

1) 문제를 이해해 봅시다.

총 우유 [   ]L를 한 사람에게 [   ]L씩 나누어주려고 합니다.

L는 [   ] 단위로, [   ]라고 읽습니다.

2) 그림으로 생각해 보세요.

3) 식을 만들어 보세요.

4) 계산해 보세요.

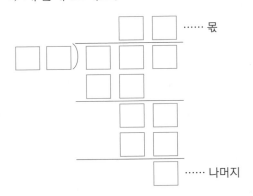

나누어줄 수 있는 사람의 수

= [   ] = [   ]명

나누어주고 남은 우유의 양

= [   ] = [   ]L

5) 올바르게 풀었는지 확인해 보고, 잘못된 부분이 있으면 이야기해 보세요.

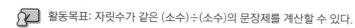

문장제 풀어 보기

활동목표: 자릿수가 같은 (소수)÷(소수)의 문장제를 계산할 수 있다.

1. 지호는 어머니의 생신을 축하하기 위해 케이크를 장식하려고 합니다. 지호가 예쁜 케이크를 만들 수 있도록 질문에 답을 구해 보세요.

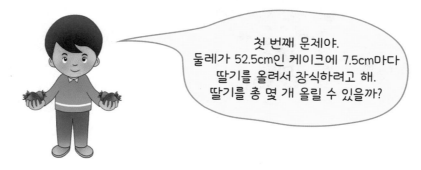

첫 번째 문제야.
둘레가 52.5cm인 케이크에 7.5cm마다 딸기를 올려서 장식하려고 해.
딸기를 총 몇 개 올릴 수 있을까?

1) 문제를 이해해 봅시다.

케이크의 둘레는 [ ] 이고, [ ] 마다 딸기를 올려서 장식하려고 합니다.

cm는 [길이를 재는 단위] 로, [센티미터] 라고 읽으며, [0.01m] 와 같습니다.

2) 그림으로 생각해 보세요.

총 둘레 52.5cm

간격 7.5cm

3) 식을 세우고 계산해 보세요.

52.5 [ ] 7.5 = [ ] [ ] [ ] = [ ] [ ] [ ] = [ ]

답: _____ 개

4) 올바르게 풀었는지 확인해 보고, 잘못된 부분이 있으면 이야기해 보세요.

2. 정답을 구해 준 덕분에 지호는 케이크를 예쁘게 장식했습니다. 이번에는 케이크와 함께 먹을 포도주스를 컵에 나누어 담으려고 합니다.

두 번째 문제야.
2.33L의 포도주스를 한 컵에 0.53L씩 나누어 담으려고 해. 몇 컵으로 나누어 담을 수 있을까?

1) 문제를 이해해 봅시다.

지호는 케이크와 함께 먹을 포도주스를 컵에 나누어 담으려고 합니다.

총 포도주스의 양은 [   ]이고, 한 컵에 담는 양은 [   ]입니다.

몇 컵으로 나누어 담을 수 있는지 알기 위해서는 (몫 , 나머지)을/를 구해야 합니다.

2) 그림으로 생각해 보세요.

총 2.33L

한 사람에게 나누어 주는 주스의 양 = 0.53L
나누어줄 수 있는 사람의 수 = ?

남은 주스의 양 = ?

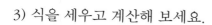

3) 식을 세우고 계산해 보세요.

┌─────────┐ (+ / − / × / ÷) ┌─────────┐ 을 계산하면 됩니다.

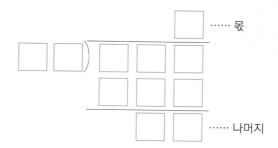

몫

나머지

나누어 담을 수 있는 컵의 수 = (몫 , 나머지) = □ 컵

나누어 주고 남은 포도주스의 양 = (몫 , 나머지) = □ L

지호는 몇 컵으로 나누어 담을 수 있는지 물어보았습니다.

따라서 □ 컵이 정답에 해당합니다.

답: _____ 컵

4) 다시 한번 풀이 과정을 읽어 보고, 올바르게 풀었는지 확인해 보세요.

3. 지호가 감사의 의미로 케이크를 나누어주려고 합니다.

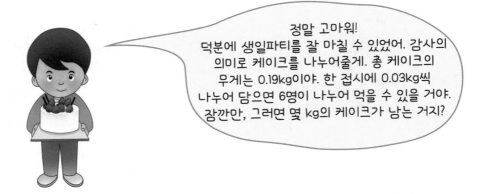

정말 고마워!
덕분에 생일파티를 잘 마칠 수 있었어. 감사의
의미로 케이크를 나누어줄게. 총 케이크의
무게는 0.19kg이야. 한 접시에 0.03kg씩
나누어 담으면 6명이 나누어 먹을 수 있을 거야.
잠깐만, 그러면 몇 kg의 케이크가 남는 거지?

1) 문제를 이해해 봅시다.

지호가 감사의 의미로 케이크를 나누어주려고 합니다.

총 케이크의 무게는 [   ]입니다.

한 접시에 나누어 담으려고 하는 케이크의 무게는 [   ]입니다.

지호는 6명이 케이크를 나누어 먹을 수 있다고 했습니다.

따라서 (몫 , 나머지)이/가 6일 것입니다.

2) 그림으로 생각해 보세요.

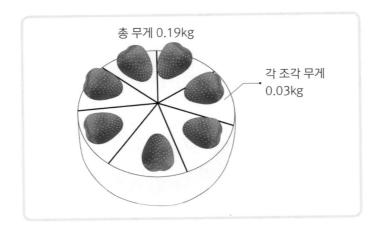

총 무게 0.19kg

각 조각 무게
0.03kg

3) 식을 세우고 계산해 보세요.

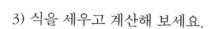 (+ / − / × / ÷) [　　　] 을 계산하면 됩니다.

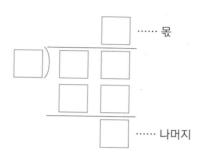

나누어 담을 수 있는 접시의 수 = (몫 , 나머지) = [　　　] 접시

나누어주고 남은 케이크의 무게 = (몫 , 나머지) = [　　　] kg

지호는 몇 kg의 케이크가 남을지 물었습니다.

따라서 [　　　] kg이 정답에 해당합니다.

답: _____ kg

4) 다시 한번 풀이 과정을 읽어 보고, 올바르게 풀었는지 확인해 보세요.

활용하기

활동목표: 조건을 변경하여 새로운 문제를 만들어 보고, 직접 계산할 수 있다.

● 다음 문제를 읽고, 조건을 변경하여 새로운 문제를 만들고 계산해 봅시다.

1. 둘레의 길이가 13.3m인 울타리에 1.9m마다 기둥을 세우려고 합니다. 기둥을 몇 개 세울 수 있는지 구하시오.

1) 문제의 단어를 하나 또는 여러 개 바꾸어서 새로운 문제를 만들어 봅시다.

문제	정답
둘레의 길이가 13.3m인 책상에 1.9m마다 스티커를 붙이려고 합니다. 스티커를 몇 개 붙일 수 있는지 구하시오.	

2) 문제의 숫자를 하나 또는 여러 개 바꾸어서 새로운 문제를 만들어 봅시다.

문제	정답
둘레의 길이가 18.9m인 울타리에 6.3m마다 기둥을 세우려고 합니다. 기둥을 몇 개 세울 수 있는지 구하시오.	

3) 문제의 단어와 숫자를 모두 바꾸어 새로운 문제를 만들어 봅시다. (단위를 바꾸어도 됩니다.)

문제	정답
둘레의 길이가 42.5cm인 피자에 8.5cm마다 햄을 올리려고 합니다. 햄을 몇 개 올릴 수 있는지 구하시오.	

2. 1번에서 만든 문제를 다른 친구들과 교환해서 풀어 봅시다.

1) 친구가 만든 문장제를 풀어 보고 답을 구해 봅시다. 그리고 친구의 문제에서 어떤 점이 좋았는지 적어 보고 칭찬해 줍시다.

친구 이름	친구가 만든 문장제	식	답

2) 문제를 만들면서 느꼈던 점을 친구들 또는 선생님과 이야기해 봅시다.

04 차시
4단계

소수의 나눗셈 (1)

📖 **학습목표** • 문장제에서 식을 세워 (자연수)÷(소수)를 할 수 있다.

도입 1
교사와 함께하기

 활동목표: (소수)÷(자연수)를 계산할 수 있다.

● (소수)÷(자연수) 복습하기

◆ 몬스터 카드 게임

🔧 **준비물** 몬스터 카드([부록 4-4] 참조), 가위

1) [부록 4-4]의 몬스터 카드에 적힌 식을 계산하여, 몬스터의 능력치를 알아봅시다.

　　몬스터의 능력치를 계산하여 빈칸에 적어 봅시다.

2) 짝과 몬스터 카드를 똑같이 나누어 가진 후, 각자 카드 한 장씩 책상 위에 올려놓습니다.
　　능력치가 더 높은 카드를 가진 사람이 능력치가 낮은 사람의 카드를 가져갑니다. 카드를
　　다 가져간 사람이 이깁니다.

💬 활동목표: (자연수)÷(소수)의 계산 방법을 이해할 수 있다.

● (자연수)÷(소수)를 어떻게 계산하는지 알아봅시다.

◆ 다음 문제를 풀어 볼까요?

> 가로가 6m인 벽에 너비가 1.5m인 책장을 놓으려고 합니다. 책장을 몇 개 놓을 수 있습니까?

1) 문제를 이해해 봅시다.

가로가 6m인 벽에 너비가 1.5m인 책장을 놓으려고 합니다.

아래의 벽에 1.5m의 책장이 몇 개 들어갈 수 있는지 그려 봅시다.

책장을 총 4개 그릴 수 있으므로 답은 4개입니다.

2) (자연수)÷(소수)는 두 가지 방법으로 계산할 수 있어요.

① 방법 1. 분수로 바꾸어서 계산할 수 있어요.

6과 1.5를 분수로 바꾸면 각각 $\boxed{\dfrac{60}{10}}$ 과 $\boxed{\dfrac{15}{10}}$ 가 됩니다.

따라서 $\dfrac{60}{10} \div \dfrac{15}{10} = 60 \div 15 = 4$ 처럼 계산할 수 있습니다.

② 방법 2. 세로로 계산할 수 있습니다.

$$1.5\overline{)6} \rightarrow 1.5\overline{)6.0} \rightarrow \begin{array}{r} 4 \\ 15\overline{)6\,0} \\ \underline{6\,0} \\ 0 \end{array}$$

두 가지 방법 중 하나를 선택해서 (자연수)÷(소수) 문제를 풀어 보세요.

🔖 활동목표: (자연수)÷(소수)를 계산할 수 있다.

● 다음을 읽고 문제를 풀어 보세요.

1. 길이가 27cm인 연필은 길이가 5.4cm인 지우개의 몇 배입니까?

　　1) 문제를 이해해 볼까요?

　　　길이가 [27cm]인 연필이 길이가 [5.4cm]인 지우개의 몇 배인지 알고 싶습니다. 연필의 길이인 [27cm]에서 지우개의 길이인 [5.4cm]를 몇 번 덜어낼 수 있는지 계산하면 됩니다.

　　2) 그림으로 생각해 보세요.

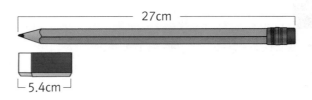

　　3) 문제를 다시 한번 읽고, 식을 세워 보세요.

　　　연필 길이 [27]cm가 지우개 길이인 [5.4]cm의 몇 배인지 알고 싶습니다. 따라서 [27] ÷ [5.4]를 계산하면 됩니다.

4) 분수로 바꾸어 계산해 보세요.

$$\boxed{27} \div \boxed{5.4} = \boxed{\dfrac{270}{10}} \div \boxed{\dfrac{54}{10}} = \boxed{270} \div \boxed{54} = \boxed{5}$$

답: _____ 배

5) 세로로 계산해 보세요.

$$\boxed{27} \div \boxed{5.4} =$$

$$5.4\,\overline{)\,2\ 7\,} \quad\Rightarrow\quad 5.4\,\overline{)\,2\ 7.0\,} \quad\Rightarrow\quad 54\,\overline{)\,\begin{array}{r} 5 \\ 2\ 7\ 0 \\ 2\ 7\ 0 \\ \hline 0 \end{array}}$$

6) 다시 한 번 풀이 과정을 읽어 보고, 아래 표의 질문에 답을 적어 보세요.
   잘못 풀이한 부분이 있다면 선생님 또는 친구들과 이야기를 나눠 보세요.

❶	문제의 정답과 나의 답이 같습니까?	네	아니요
❷	내가 세운 식이 올바릅니까?	네	아니요
❸	문제를 푸는 과정에서 연산부호 실수를 하지 않았습니까?	네	아니요

❹ 문제를 푸는 과정에서 헷갈리거나 어려운 부분이 있었습니까? 있었다면 어느 부분입니까?

❺ 다음에 비슷한 문제를 풀 때에는 어떻게 하면 좋을까요?

2. 태규는 어머니께 드릴 목걸이를 만들려고 합니다. 길이가 124cm인 목걸이 끈에 길이가 3.1cm인 비즈를 끼워 목걸이를 완성하려고 할 때, 비즈를 몇 개 끼울 수 있을까요?

1) 문제를 이해해 볼까요?

길이가 [ ] 인 목걸이 끈에 길이가 [ ] 인 비즈를 끼워 목걸이를 완성하려고 합니다. 목걸이 끈의 길이인 [ ] 에서 비즈의 길이인 [ ] 를 몇 번 덜어 낼 수 있는지 계산하면 됩니다.

2) 그림으로 생각해 보세요.

3) 문제를 다시 한번 읽고, 식을 세워 보세요.

길이가 [ ] cm인 목걸이 끈에 길이가 [ ] cm인 비즈를 몇 개 끼울 수 있는지 알고 싶습니다. 따라서 [ ] ÷ [ ] 을 계산하면 됩니다.

4) 분수로 바꾸어 계산해 보세요.

$$\boxed{} \div \boxed{} = \dfrac{1240}{10} \div \dfrac{31}{10} = \boxed{1240} \div \boxed{31} = \boxed{}$$

답: _____ 개

5) 세로로 계산해 보세요.

$$\boxed{} \div \boxed{} =$$

$$3.1\,\overline{)1\ 2\ 4} \quad \rightarrow \quad 3.1\,\overline{)1\ 2\ 4.0} \quad \rightarrow \quad \begin{array}{r} 4\ 0 \\ 31\,\overline{)1\ 2\ 4\ 0} \\ \underline{1\ 2\ 4} \\ 0 \\ 0 \\ \underline{} \\ 0 \end{array}$$

6) 다시 한번 풀이과정을 읽어보고, 아래 표의 질문에 답을 적어보세요.

   잘못 풀이한 부분이 있다면 선생님, 또는 친구들과 이야기를 나눠보세요.

❶	문제의 정답과 나의 답이 같습니까?	네	아니요
❷	내가 세운 식이 올바릅니까?	네	아니요
❸	문제를 푸는 과정에서 연산부호 실수를 하지 않았습니까?	네	아니요
❹	문제를 푸는 과정에서 헷갈리거나 어려운 부분이 있었습니까? 있었다면 어느 부분입니까?		
❺	다음에 비슷한 문제를 풀 때에는 어떻게 하면 좋을까요?		

활동 2

🔖 활동목표: (자연수)÷(소수)를 스스로 계산할 수 있다.

● 다음 문제를 스스로 풀어 보세요.

1. 가로가 144m인 벽에 너비가 2.4m인 책장을 놓으려고 합니다. 책장을 몇 개 놓을 수 있습니까?

1) 문제를 이해해 봅시다.

가로가 144m 인 벽에 너비가 2.4m 인 책장을 놓으려고 합니다. 벽의 가로 길이인 144m 에서 책장의 너비인 2.4m 를 몇 번 덜어 낼 수 있는지 계산하면 됩니다. 따라서 ÷ 연산기호를 선택하여 문제를 풀어야 합니다.

2) 그림으로 생각해 보세요.

3) 식을 세워 보세요.

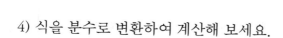

4) 식을 분수로 변환하여 계산해 보세요.

144 ☐ 2.4 = ☐ ☐ ☐ = ☐ ☐ ☐ = ☐

답: _____ 개

5) 이번에는 세로로 풀어 보세요.

144 ☐ 2.4 =

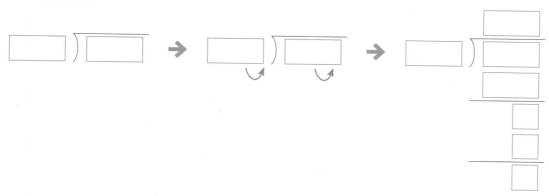

6) 올바르게 풀었는지 확인해 보고, 잘못된 부분이 있으면 이야기해 보세요.

7) 분수로 바꿔서 계산하는 방법과 세로로 계산하는 방법 중에 어떤 것이 더 좋았나요? 그 이유는 무엇인가요?

2. 집에서 학교까지의 거리는 114m입니다. 은혜가 1분에 9.5m를 걷는다고 할 때, 집에서 학교까지 몇 분 걸려 도착할까요?

1) 문제를 이해해 봅시다.

집에서 학교까지의 거리가 [   ] 이고, 은혜는 1분에 [   ] 를 걷습니다.

총 거리인 [   ] 에서 은혜가 1분에 걷는 거리인 [   ] 를 몇 번 덜어 낼 수 있는지

계산하면 됩니다. 따라서 [   ] 연산기호를 선택하여 문제를 풀어야 합니다.

2) 그림으로 생각해 보세요.

3) 식을 만들어 보세요.

4) 식을 분수로 변환하여 계산해 보세요.

114 ☐ 9.5 = ☐ ☐ ☐ = ☐ ☐ ☐ = ☐

답: _____ 분

5) 이번에는 세로로 풀어 보세요.

114 ☐ 9.5 =

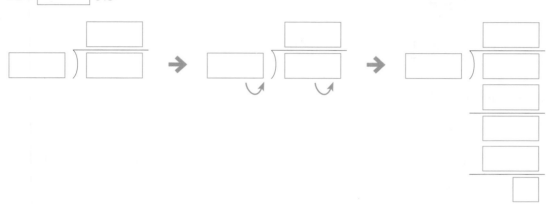

6) 올바르게 풀었는지 확인해 보고, 잘못된 부분이 있으면 이야기해 보세요.

7) 분수로 바꿔서 계산하는 방법과 세로로 계산하는 방법 중에 어떤 것이 더 좋았나요? 그 이유는 무엇인가요?

문장제 풀어 보기

스스로 하기

활동목표: 자릿수가 같은 (소수)÷(소수)의 문장제를 계산할 수 있다.

1. 강릉에 사는 지유는 가족들과 함께 전주 여행을 가게 되었습니다. 다음 문제를 풀면서 지유의 여행을 도와주세요.

강릉에서 전주까지의 거리는 356km이고, 우리 가족은 아침 9시에 강릉에서 출발하려고 해. 아버지가 한 시간에 44.5km로 자동차를 운전하시면, 전주에 몇 시에 도착할 수 있을까?

1) 문제를 이해해 봅시다.

강릉에서 전주까지의 거리는 ☐ 이고, 한 시간에 ☐ 를

운전하려고 합니다. 강릉에서 전주까지 걸리는 시간을 계산하기 위해서는 (총 거리)

(+ / − / × / ÷) (한 시간 동안 운전하는 거리)를 계산하면 됩니다.

2) 그림으로 생각해 보세요.

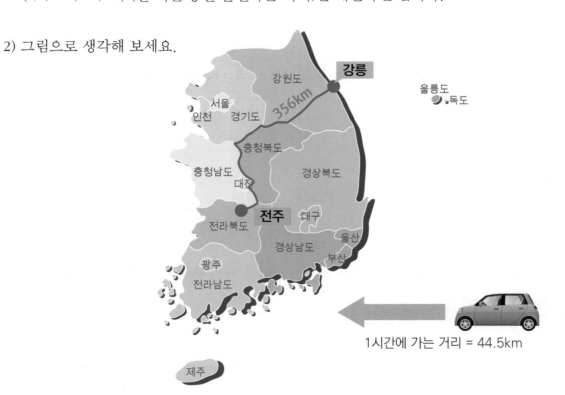

1시간에 가는 거리 = 44.5km

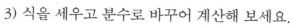

3) 식을 세우고 분수로 바꾸어 계산해 보세요.

식:

답:

_____ 시간

4) 이번에는 세로로 계산해 보세요.

식:

답:

_____ 시간

5) 지유네 가족이 오전 9시에 강릉에서 출발하였다면, 전주에 도착한 시간은 몇 시일까요? 그림으로 생각해 보세요.

답: _____

6) 다시 한번 풀이 과정을 읽어 보고, 올바르게 풀었는지 확인해 보세요. 분수로 바꾸어 계산하였을 때와 세로로 계산하였을 때의 답이 같습니까?

7) 분수로 바꿔서 계산하는 방법과 세로로 계산하는 방법 중에 어떤 것이 더 좋았나요? 그 이유는 무엇인가요?

2. 정답을 알려 준 덕분에 지유네 가족은 무사히 전주에 도착할 수 있었습니다. 이번에는 지유가 한복 체험을 하려고 합니다.

전주에는 한복을
대여해 주는 상점이
많이 있어. 우리 가족이
찾아간 한복 대여점에서는 한복을 1.3분
빌리는 데 100원이라고 해.
한복 한 벌을 65분 동안
빌리면 얼마를 내야 할까?

1) 문제를 이해해 봅시다.

[   ] 동안 한복을 대여하는 데 100원이고, 지유는 한 벌을 [   ] 동안

빌리고 싶습니다. 얼마를 내야 하는지 알기 위해서는 (총 대여 시간) (+ / − / × / ÷)

(100원을 내야 하는 시간)을 계산한 후, 그 값에 [   ]을 곱하면 됩니다.

2) 그림으로 생각해 보세요.

3) 식을 세우고 분수로 바꾸어 계산해 보세요.

식:	답:
	_____

4) 이번에는 세로로 계산해 보세요.

식:	
	답:
	_____

5) 지유가 65분을 빌렸다면 총 얼마를 내야 하나요?

[   ] × [   ] = [   ]

답: _____ 원

6) 다시 한번 풀이 과정을 읽어 보고, 올바르게 풀었는지 확인해 보세요. 분수로 바꾸어 계산하였을 때와 세로로 계산하였을 때의 답이 같습니까?

7) 분수로 바꿔서 계산하는 방법과 세로로 계산하는 방법 중에 어떤 것이 더 좋았나요? 그 이유는 무엇인가요?

3. 지유가 전주에서 유명한 과자를 사러 갔습니다. 이번에는 과자를 사는 것을 도와줍시다.

전주에서 굉장히 유명하다는 과자야!
강릉에 돌아가면 친구들에게 나누어 주고
싶어. 6.4kg의 과자를 사서 0.32kg씩 친구들에게
나누어 주면 총 몇 명의 친구들에게
줄 수 나누어 있을까?

1) 문제를 이해해 봅시다.

　　지유가 친구들에게 과자를 나누어주려고 합니다. 총 [　　　　　]의 과자를 [　　　　　]씩

　　친구들에게 나누어주고 싶습니다. 몇 명의 친구들에게 나누어줄 수 있는지 알기 위해서는

　　(총 과자의 무게) (+ / − / × / ÷) (1명의 친구에게 나누어 줄 과자의 무게)를 계산하면 됩니다.

2) 그림으로 생각해 보세요.

총 6.4kg

한 사람에게 나누어주는 과자 무게 = 0.32kg
나누어 줄 수 있는 친구의 수 = ?

3) 식을 세우고 분수로 바꾸어 계산해 보세요.

식:	
	답: _____ 명

4) 이번에는 세로로 계산해 보세요.

식:	
	답: _____ 명

5) 다시 한번 풀이 과정을 읽어 보고, 올바르게 풀었는지 확인해 보세요. 분수로 바꾸어 계산하였을 때와 세로로 계산하였을 때의 답이 같습니까?

활동 3

 활용하기

🗨 활동목표: 조건을 변경하여 새로운 문제를 만들어 보고, 직접 계산할 수 있다.

● 다음 문제를 보고 조건을 변경하여 새로운 문제를 만들고 계산해 봅시다.

1. 승협이는 오렌지주스 15L를 0.25L씩 친구들에게 나누어주려고 합니다. 몇 명의 친구들에게 오렌지주스를 나누어줄 수 있습니까?

1) 문제의 단어를 하나 또는 여러 개 바꾸어서 새로운 문제를 만들어 봅시다.

문제	정답
해민이는 레몬에이드 15L를 0.25L씩 친구들에게 나누어주려고 합니다. 몇 명의 친구들에게 레몬에이드를 나누어줄 수 있습니까?	

2) 문제의 숫자를 하나 또는 여러 개 바꾸어서 새로운 문제를 만들어 봅시다.

문제	정답
승협이는 오렌지주스 17L를 0.5L씩 가족들에게 나누어주려고 합니다. 몇 명의 가족들에게 오렌지주스를 나누어줄 수 있습니까?	

3) 문제의 단어와 숫자를 모두 바꾸어 새로운 문제를 만들어 봅시다. (단위를 바꾸어도 됩니다.)

문제	정답
행복이는 귤 16kg을 0.64kg씩 이웃들에게 나누어주려고 합니다. 몇 명의 이웃들에게 귤을 나누어줄 수 있습니까?	

2. 1번에서 만든 문제를 다른 친구들과 교환해서 풀어 봅니다.

1) 친구가 만든 문장제를 풀어 보고 답을 구해 봅시다. 그리고 친구의 문제에서 어떤 점이 좋았는지 적어 보고 칭찬해 줍시다.

친구 이름	친구가 만든 문장제	식	답	좋았던 점

05 차시 4단계 소수의 나눗셈(2)

도입 1

 교사와 함께하기

활동목표: 5, 6차시에 활용할 전략을 읽고 이해할 수 있다.

● **핵심어 전략**

핵심어 전략에서는 문제에서 중요한 단어나 숫자를 알아보기 쉽도록 표시합니다. 핵심어 전략을 잘 활용하면 문제를 풀 수 있는 식을 정확하게 세울 수 있습니다.

1) 문제를 소리 내어 읽어 봅시다.
2) 문제에 나와 있는 숫자에 ○ 표시를 합니다.
3) 식을 세우는 데 중요한 단서가 되는 단어에 △ 표시를 합니다.
4) 길이, 무게, 부피 등을 표시하는 단위가 있다면 ♡ 표시를 합니다.
5) 식을 세우고 계산한 후, 정답을 확인합니다. 틀렸다면 어느 부분에서 틀렸는지 확인하고 이야기해 봅시다.

● **시각적 도식을 활용한 식 세우기 전략**

시각적 도식을 활용한 식 세우기 전략은 시각적 도식에 적절한 숫자나 연산부호 등을 적어 넣음으로써 정확한 식을 세우는 전략입니다. 문제를 읽었지만 어떤 식을 세워야 할지 잘 모를 때 사용하면 도움이 됩니다.

1) 문제를 풀기 위해 필요한 숫자나 연산부호를 다음의 시각적 도식 안에 적어 봅니다. ○ 안에는 숫자를, △ 안에는 연산부호를 적습니다.

2) ○ 안에 적은 숫자들의 단위가 있다면, 단위가 같은지 확인합니다. 만약 단위가 다르다면 같은 단위로 통일합니다.
3) 세운 식을 풀어 보고, 정답을 확인합니다. 틀렸다면 어느 부분에서 틀렸는지 확인하고 이야기해 봅시다.

📖 활동목표: 단위가 변환되는 (소수)÷(소수)를 계산할 수 있다.

● **자릿수가 같은 (소수)÷(소수) 복습하기**

🔵 **준비물** 주사위, 게임용 말

◆ 자릿수가 같은 (소수)÷(소수) 보드게임을 해 봅시다.

1) 주사위를 사용하여 보드게임을 해 봅시다. '도착' 칸에 먼저 도착해야 합니다. 칸에 도착하면 10초 안에 식을 계산합니다. 10초 안에 정답을 말하지 못하면 원래 있던 자리로 되돌아갑니다.

출발 ↓		47.6÷6.8	1칸 앞으로	13.4÷6.7

출발 ↓			
1.4÷0.7		2.26÷1.13	4칸 뒤로
1칸 앞으로		23.7÷7.9	20.8÷5.2
0.35÷0.05		6.9÷2.3	75.6÷8.4
8.92÷2.23	2칸 뒤로	16.5÷3.3	도착 ↓

2) 누가 먼저 도착했나요?

> 혹시 푸는 방법을 잊어버렸다면
> 4단계 3차시로 돌아가세요.

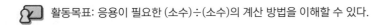

활동목표: 응용이 필요한 (소수)÷(소수)의 계산 방법을 이해할 수 있다.

● 응용이 필요한 (소수)÷(소수)를 어떻게 계산하는지 알아봅시다.

◆ 다음 문제를 풀어 볼까요?

> 기차의 길이는 17.5m이고, 장난감 기차의 길이는 0.25cm입니다. 기차의 길이는 장난감 기차 길이의 몇 배입니까?

1) 핵심어를 찾아봅시다.

문제에 나와 있는 숫자에 ○ 표시를, 식을 세우는 데 중요한 단서가 되는 단어에 △ 표시를, 길이, 무게, 부피 등을 표시하는 단위가 있다면 ♡ 표시를 합니다.

> 기차의 길이는 17.5 m 이고 장난감 기차의 길이는 0.25 cm 입니다.
> 기차의 길이는 장난감 기차 길이의 몇 배입니까?

문제에 나와 있는 핵심어를 통해 무엇을 알 수 있나요?

17.5 와 0.25 라는 숫자를 찾을 수 있었고, 단위가 각각 m 와 cm 로 다르기 때문에 하나의 단위로 통일해야 한다는 것을 알 수 있었어요!

1m는 100 cm와 같습니다. 17.5m 를 cm로 바꾸면 1,750cm 가 됩니다.

또, 몇 배 라는 단어를 통해 곱셈 또는 나눗셈 을 해야 한다는 것을 알 수 있어요. 이 문제에서는 기차의 길이 가 장난감 기차 길이 의 몇 배 인지 물었기 때문에 나눗셈 을 해야 합니다.

2) 시각적 도식을 활용해 식을 세워 봅시다.

○ 안에는 숫자를, △ 안에는 연산부호를 적습니다.
이때, 두 숫자의 단위를 꼭 통일해 주세요!

계산을 해 봅시다.

$$1750 \div 0.25 = 1750 \div \frac{25}{100} = 1750 \times \frac{100}{25} = 1750 \times \frac{\overset{4}{\cancel{100}}}{\underset{1}{\cancel{25}}} = 1750 \times 4 = 7000$$

기차의 길이는 장난감 기차 길이의 7,000배 입니다.

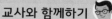

활동 1

활동목표: 응용이 필요한 (소수)÷(소수)를 계산할 수 있다.

● 다음을 읽고 문제를 계산해 보세요.

1. 지게차의 높이는 4.8m이고, 장난감 지게차의 높이는 0.16cm입니다. 지게차의 높이는 장난감 지게차 높이의 몇 배입니까?

◆ 핵심어를 찾아 표시해 보세요.

문제에 나와 있는 숫자에 ○ 표시를, 식을 세우는 데 중요한 단서가 되는 단어에 △ 표시를, 길이, 무게, 부피 등을 표시하는 단위가 있다면 ♡ 표시를 합니다.

> 지게차의 높이는 (4.8) m이고 장난감 지게차의 높이는 (0.16) cm입니다.
> 지게차의 높이는 장난감 지게차 높이의 몇 배입니까?

◆ 문제에 나와 있는 핵심어를 통해 무엇을 알 수 있나요?

$\boxed{4.8}$ 과 $\boxed{0.16}$ 이라는 숫자를 찾을 수 있었고, 단위가 각각 $\boxed{m}$ 와 $\boxed{cm}$ 로 다르기 때문에 $\boxed{\text{하나의 단위로 통일해야}}$ 한다는 것을 알 수 있었어요! $\boxed{4.8m}$ 를 cm로 바꾸면 $\boxed{480cm}$ 가 됩니다. 또, $\boxed{\text{몇 배}}$ 라는 단어를 통해 $\boxed{\text{곱셈}}$ 또는 $\boxed{\text{나눗셈}}$ 을 해야 한다는 것을 알 수 있어요. 이 문제에서는 $\boxed{\text{지게차의 길이}}$ 가 $\boxed{\text{장난감 지게차 길이}}$ 의 $\boxed{\text{몇 배}}$ 인지 물었기 때문에 $\boxed{\text{나눗셈}}$ 을 해야 합니다.

◆ 이번에는 시각적 도식을 사용해서 식을 세워 봅시다.

○ 안에는 숫자를, △ 안에는 연산부호를 적습니다.
이때, 두 숫자의 단위를 꼭 통일해 주세요!

◆ 핵심어와 시각적 도식을 사용하여 세운 식을 계산해 봅시다.

$$480 \div 0.16 = 480 \div \frac{16}{100} = 480 \times \frac{100}{16} = \overset{30}{480} \times \frac{100}{16}_{1} = 3000$$

답: _____ 배

2. 넓이가 2.4m²인 직사각형 모양의 나무판자가 있습니다. 판자의 세로 길이가 16cm라고 할 때, 가로의 길이는 몇 m입니까?

◆ 핵심어를 찾아 표시해 보세요.

문제에 나와 있는 숫자에 ○ 표시를, 식을 세우는 데 중요한 단서가 되는 단어에 △ 표시를, 길이, 무게, 부피 등을 표시하는 단위가 있다면 ♡ 표시를 합니다.

> 넓이 가 2.4 m²인 직사각형 모양의 나무판자가 있습니다.
> 판자의 세로 길이 가 16 cm라고 할 때, 가로의 길이는 몇 m입니까?

◆ 문제에 나와 있는 핵심어를 통해 무엇을 알 수 있나요?

직사각형 넓이 = 세로 길이 × 가로 길이

우리가 알고 있는 것은 세로 길이인 16cm 와 넓이인 2.4m² 입니다.

식에 넣어 보면, ' 2.4m² = 16cm × 가로 길이' 입니다.

가로 길이를 알고 싶으면, '가로 길이 = 2.4m² ÷ 16cm '를 구하면 됩니다.

잠깐! 세로 길이의 단위는 cm 인데, 넓이의 단위는 m² 네요. 하나로 통일해야 합니다.

문제에서 '가로의 길이가 몇 m'인지 물었기 때문에 m 로 통일해 줍니다.

16cm를 m로 바꾸면 0.16m 가 됩니다.

식에 넣어 보면, ' 2.4m² = 0.16m × 가로 길이' 입니다.

따라서, '가로 길이 = 2.4m² ÷ 0.16m '을 구하면 된다는 것을 알 수 있습니다.

◆ 이번에는 시각적 도식을 사용해서 식을 세워 봅시다.

○ 안에는 숫자를, △ 안에는 연산부호를 적습니다.
이때, 두 숫자의 단위를 꼭 통일해 주세요!

◆ 핵심어와 시각적 도식을 사용하여 세운 식을 계산해 봅시다.

$2.4 ÷ 0.16 = 2.4 ÷ \boxed{} = \boxed{} \boxed{} \boxed{} = \frac{24}{10}^3 \times \frac{100}{16}^{5} = \boxed{}$

답: _____ m

활동 1

활동목표: 스스로 응용이 필요한 (소수)÷(소수)를 계산할 수 있다.

● 다음 문제를 스스로 풀어 보세요.

1. 학교에서 공원까지의 실제 거리는 30.4m이고, 지도에서의 거리는 0.38cm입니다. 집에서 학교까지의 실제 거리는 지도에서의 거리의 몇 배입니까?

   1) 핵심어를 찾아 표시해 보세요.

      문제에 나와 있는 숫자에 ○ 표시를, 식을 세우는 데 중요한 단서가 되는 단어에 △ 표시를, 길이, 무게, 부피 등을 표시하는 단위가 있다면 ♡ 표시를 합니다.

      > 학교에서 공원까지의 실제 거리는 30.4m이고, 지도에서의 거리는 0.38cm입니다.
      > 집에서 학교까지의 실제 거리는 지도에서의 거리의 몇 배입니까?

   2) 문제에 나와 있는 핵심어를 통해 무엇을 알 수 있나요?

      ☐ 와 ☐ 이라는 숫자를 찾을 수 있었고, 단위가 각각 ☐ 와 ☐ 로 다르기 때문에 ☐ 된다는 것을 알 수 있었어요! 30.4m를 cm로 바꾸면 ☐ 가 됩니다. 또, ☐ 라는 단어를 통해 ☐ 또는 ☐ 을 해야 한다는 것을 알 수 있어요. 이 문제에서는 ☐ 가 ☐ 의 ☐ 인지 물었기 때문에 ☐ 을 해야 합니다.

   3) 이번에는 시각적 도식을 사용해서 식을 세워 봅시다.

      ○ 안에는 숫자를, △ 안에는 연산부호를 적습니다.
      이때, 두 숫자의 단위를 꼭 통일해 주세요!

   4) 핵심어와 시각적 도식을 사용하여 세운 식을 계산해 봅시다.

식:	답:
	_____ 배

2. 넓이가 5.4m²인 직사각형 모양의 탁자가 있습니다. 탁자의 세로가 45cm라고 할 때, 가로의 길이는 몇 m입니까?

1) 핵심어를 찾아 표시해 보세요.

문제에 나와 있는 숫자에 ○ 표시를, 식을 세우는 데 중요한 단서가 되는 단어에 △ 표시를, 길이, 무게, 부피 등을 표시하는 단위가 있다면 ♡ 표시를 합니다.

> 넓이가 5.4m²인 직사각형 모양의 탁자가 있습니다.
> 탁자의 세로가 45cm라고 할 때, 가로의 길이는 몇 m입니까?

2) 문제를 풀기 위해 필요한 정보를 알아볼까요?

직사각형 넓이 = ⬚

우리가 알고 있는 것은 세로 길이인 ⬚ 와 넓이인 ⬚ 입니다.

식에 넣어 보면, '⬚ = ⬚ × 가로 길이'입니다.

가로 길이를 알고 싶으면, '가로길이 = ⬚ ÷ ⬚ '를 구하면 됩니다.

잠깐! 세로 길이의 단위는 ⬚ 인데, 넓이의 단위는 ⬚ 네요. 하나로 통일해야 합니다.

문제에서 '가로의 길이가 몇 m'인지 물었기 때문에 ⬚ 로 통일해 줍니다.

45cm를 m로 바꾸면 ⬚ 가 됩니다.

따라서 '가로 길이 = ⬚ ÷ ⬚ '을 구하면 된다는 것을 알 수 있습니다.

3) 이번에는 시각적 도식을 사용해서 식을 세워 봅시다.

○ 안에는 숫자를, △ 안에는 연산부호를 적습니다.

이때, 두 숫자의 단위를 꼭 통일해 주세요!

4) 핵심어와 시각적 도식을 사용하여 세운 식을 계산해 봅시다.

식:	답:
	_____ m

문장제 풀어 보기

활동목표: 응용이 필요한 (소수)÷(소수)의 문장제를 계산할 수 있다.

1. 하나와 승우는 영원이의 생일파티에 대해 문자 메시지를 주고받고 있습니다. 잘 읽고 빈칸에 들어갈 답을 찾아보세요.

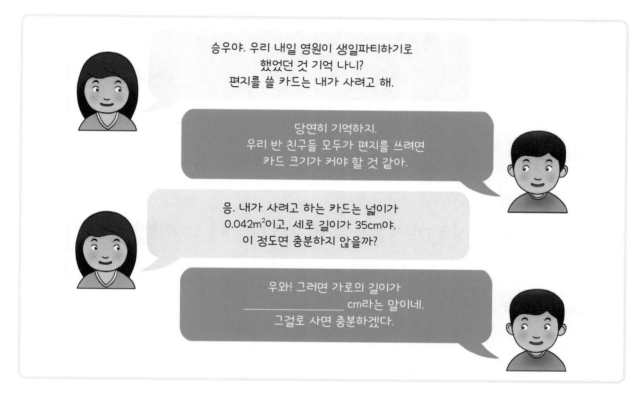

1) 핵심어를 찾아 표시해 보세요.

문제에 나와 있는 숫자에 ○ 표시를, 식을 세우는 데 중요한 단서가 되는 단어에 △ 표시를, 길이, 무게, 부피 등을 표시하는 단위가 있다면 ♡ 표시를 합니다.

2) 문제를 풀기 위해 필요한 정보를 알아볼까요?

☐ 와 ☐ 라는 숫자를 찾을 수 있었고, 단위가 각각 ☐ 와 ☐ 로 달랐어요. 직사각형 넓이 공식은 ☐ 이므로, 우리가 알고 있는 숫자를 공식에 넣으면 '☐ = ☐ × 가로 길이'입니다. 가로 길이를 알고 싶으면, '가로 길이 = ☐ ÷ ☐ '를 구하면 됩니다.

잠깐! 단위를 통일해야 함을 잊지 마세요!

3) 이번에는 시각적 도식을 사용해서 식을 세워 봅시다. ○ 안에는 숫자를, △ 안에는 연산부호를
   적습니다. 이 때, 꼭 두 숫자의 단위를 통일해 주세요!

$$\bigcirc \triangle \bigcirc = ?$$

4) 핵심어와 시각적 도식을 사용하여 세운 식을 계산해 봅시다.

답: _____ m

5) 친구들의 답과 나의 답을 비교해 보고, 문제를 풀며 느낀 점을 이야기해 봅시다.

6) 이 문제를 풀기 위해 사용한 방법을 실생활에서 어떻게 적용할 수 있을지에 대해 친구들, 선
   생님과 토론해 봅시다. 또 실생활에서 활용할 수 있는 문제를 직접 만들어 봅시다.

2. 하나와 승우의 문자 메시지를 계속 읽고, 빈칸에 들어갈 답을 찾아보세요.

그래.
선물은 어떤 것으로 살지 생각해 봤니?

응. 영원이가 기차를 좋아하니까
미니어처 기차 장난감을 사주는 게 좋을 것 같아.

좋은 생각이야! 인터넷에 찾아보니까
한 칸의 길이가 0.63cm인 미니어처 장난감 기차가
있는데, 이건 어떨까?

글쎄.
실제 기차 한 칸의 길이가 18.9m 정도 된다고 하니까
장난감 기차가 _____배 더 작겠구나.

1) 핵심어를 찾아 표시해 보세요.

문제에 나와 있는 숫자에 ○ 표시를, 식을 세우는 데 중요한 단서가 되는 단어에 △ 표시를,
길이, 무게, 부피 등을 표시하는 단위가 있다면 ♡ 표시를 합니다.

2) 문제에 나와 있는 핵심어를 통해 무엇을 알 수 있나요?

[   ]과 [   ]라는 숫자를 찾을 수 있었고, 단위가 각각 [   ]와 [   ]로 다르기
때문에 [   ]한다는 것을 알 수 있었어요! 18.9m를 cm로 바꾸
면 [   ]가 됩니다. 또, [   ]라는 단어를 통해 [   ]또는 [   ]을 해야
한다는 것을 알 수 있어요. 이 문제에서는 [   ]가 [   ]의
[   ]더 작은지 물었기 때문에 [   ]을 해야 합니다.

3) 이번에는 시각적 도식을 사용해서 식을 세워 봅시다.

○ 안에는 숫자를, △ 안에는 연산부호를 적습니다. 이때, 두 숫자의 단위를 꼭 통일해 주세요!

4) 핵심어와 시각적 도식을 사용하여 세운 식을 계산해 봅시다.

답: _____ 배

5) 친구들의 답과 나의 답을 비교해 보고, 문제를 풀며 느낀 점을 이야기해 봅시다.

6) 이 문제를 풀기 위해 사용한 방법을 실생활에서 어떻게 적용할 수 있을지에 대해 친구들, 선생님과 토론해 봅시다. 또 실생활에서 활용할 수 있는 문제를 직접 만들어 봅시다.

3. 하나와 승우의 문자 메시지를 계속 읽고, 빈칸에 들어갈 답을 찾아보세요.

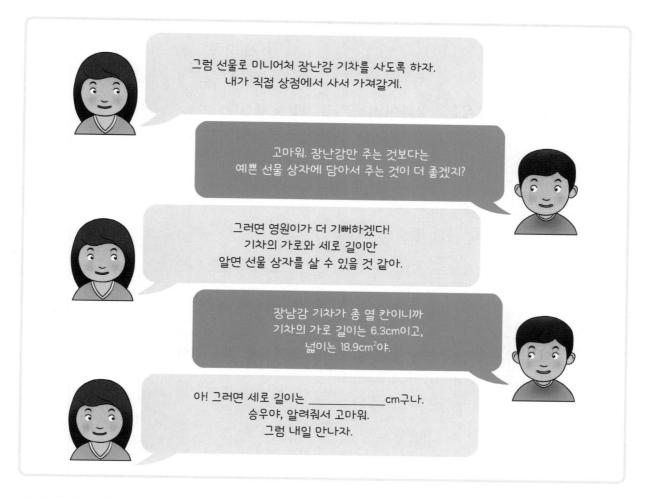

1) 핵심어를 찾아 표시해 보세요.

문제에 나와 있는 숫자에 ○ 표시를, 식을 세우는 데 중요한 단서가 되는 단어에 △ 표시를, 길이, 무게, 부피 등을 표시하는 단위가 있다면 ♡ 표시를 합니다.

2) 문제를 풀기 위해 필요한 정보를 알아볼까요?

[　　　]과 [　　　]라는 숫자를 찾을 수 있었고, 단위가 각각 [　　]와 [　　]으로 달랐어요. 직사각형 넓이 공식은 [　　　　　　　　　　　　]이므로, 우리가 알고 있는 숫자를 공식에 넣으면 '[　　　　] = [　　　　] × 세로 길이' 입니다. 세로 길이를 알고 싶으면, '세로 길이 = [　　　　] ÷ [　　　　]'를 구하면 됩니다.

잠깐! 단위를 그대로 두어야 할지, 바꾸어야 할지 생각해 보세요.

3) 이번에는 시각적 도식을 사용해서 식을 세워 봅시다.

○ 안에는 숫자를, △ 안에는 연산부호를 적습니다. 이때, 두 숫자의 단위를 꼭 통일해 주세요!

4) 핵심어와 시각적 도식을 사용하여 세운 식을 계산해 봅시다.

답: _____ cm

5) 친구들의 답과 나의 답을 비교해 보고, 문제를 풀며 느낀 점을 이야기해 봅시다.

6) 이 문제를 풀기 위해 사용한 방법을 실생활에서 어떻게 적용할 수 있을지에 대해 친구들, 선생님과 토론해 봅시다. 또 실생활에서 활용할 수 있는 문제를 직접 만들어 봅시다.

활동 3

활동목표: 조건을 변경하여 새로운 문제를 만들어 보고, 직접 계산할 수 있다.

● 다음을 읽고 문제를 풀어 보세요.

1. 승현이의 가족은 공원에서 연을 날리려고 합니다. 각자 생각하는 식의 정답과 연에 적힌 숫자가 똑같을 때, 승현이와 가족들이 생각하고 있는 식과 연을 연결해 주세요.

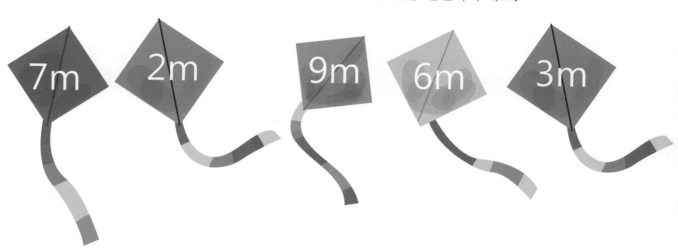

19.71m ÷ 219cm   1.68m ÷ 28cm   15.42m ÷ 514cm   5740cm ÷ 8.2m   1.114cm ÷ 0.557cm

2. 1번 문제를 활용하여 문장제를 직접 만들어 보고, 친구와 바꾸어 풀어 봅시다.

1) 1번 문제의 5개의 식과 정답을 이용하여 문장제를 만들어 봅시다.

주어진 식	문제를 만들어 보세요	정답
19.71m÷219cm	아름이 방의 가로 길이는 19.71m이고, 인형의 집의 가로 길이는 219cm입니다. 아름이 방의 가로 길이는 인형의 집의 가로 길이의 몇 배입니까?	9
1.68m÷28cm		
15.42m÷514cm		
5740cm÷8.2m		
1.114cm÷0.557cm		

2) 친구가 만든 문장제를 풀어 보고 답을 구해 봅시다. 이때, 식은 가리고 문제만 보여 주세요. 그리고 친구의 문제에서 어떤 점이 좋았는지 적어 보고 칭찬해 줍시다.

친구 이름	친구가 만든 문장제	식	답

06 차시 혼합 나눗셈(1)

📖 **학습목표** • 문장제에서 식을 세워 분수와 소수의 혼합 나눗셈을 할 수 있다.

도입 1
교사와 함께하기

 활동목표: 지난 차시에서 학습한 나눗셈을 계산할 수 있다.

> 문제의 답이 같을 수도 있습니다.
> 답이 같더라도 정답을 들고 있는
> 친구에게 연결해 주세요.

● **지난 학습 복습하기**

◆ 10명의 친구들이 스파이를 찾는 게임을 하고 있습니다. 5명의 친구들이 수학 문제를 들고 있고, 5명의 친구들은 각 문제에 대한 답을 들고 있습니다. 스파이는 문제에 없는 답을 가지고 있는 친구입니다. 문제에 맞는 답을 선으로 연결하고, 누가 스파이일지 찾아 동그라미해 봅시다.

〈문제〉

$15 \div \dfrac{3}{4}$

$3\dfrac{4}{7} \div \dfrac{5}{14}$

$11.2 \div 1.4$

$56 \div 2.8$

$50.4 \div 3.36$

〈답〉

8

15

20

10

25

활동목표: 분수와 소수의 혼합 나눗셈의 계산 방법을 이해할 수 있다.

● (분수)÷(소수)를 어떻게 계산하는지 알아봅시다.

◆ 다음 문제를 풀어 볼까요?

> 은영이는 색테이프를 $1\frac{3}{5}$m, 동생은 3.2m 가지고 있습니다. 은영이가 가진 색테이프의 길이는 동생이 가진 색테이프 길이의 몇 배인지 진분수로 나타내세요.

1) 핵심어를 찾아봅시다.

문제에 나와 있는 숫자에 ○ 표시를, 식을 세우는 데 중요한 단서가 되는 단어에 △ 표시를, 길이, 무게, 부피 등을 표시하는 단위가 있다면 ♡ 표시를 합니다.

> 은영이는 색테이프를 $1\frac{3}{5}$ m, 동생은 3.2 m 가지고 있습니다. 은영이가 가진 색테이프의 길이는 동생이 가진 색테이프 길이의 몇 배인지 진분수로 나타내세요.

문제에 나와 있는 핵심어를 통해 무엇을 알 수 있나요?

$1\frac{3}{5}$ 과 3.2 라는 숫자를 찾을 수 있었고, 단위가 모두 m 로 같았어요.

몇 배 라는 단어를 통해 곱셈 또는 나눗셈 을 해야 한다는 것을 알 수 있어요. 이 문제에서는 은영이의 색테이프 길이 가 동생의 색테이프 길이 의 몇 배 인지 물었기 때문에 나눗셈 을 해야 합니다. 또, 진분수 로 답을 나타내야 하기 때문에 분수 로 계산하는 것이 좋습니다.

2) 시각적 도식을 활용해 식을 세워 봅시다.

○ 안에는 숫자를, △ 안에는 연산부호를 적습니다.

이때, 두 숫자의 단위를 꼭 통일해 주세요!

$$\left(1\frac{3}{5}\right) \triangle \left(3.2\right) = ?$$

모두 분수로 변환하여 계산을 해 봅시다.

$$1\frac{3}{5} \div 3.2 = \frac{8}{5} \div \frac{32}{10} = \frac{8}{5} \times \frac{10}{32} = \frac{\overset{1}{\cancel{8}}}{\cancel{5}_1} \times \frac{\overset{2}{\cancel{10}}}{\cancel{32}_4} = \frac{1}{2}$$

진분수란 분자가 분모보다 작은 분수 이므로, 정답은 $\frac{1}{2}$ 배 입니다.

활동목표: 나누는 수가 분수인 나눗셈의 계산 방법을 이해할 수 있다.

● (소수)÷(분수)를 어떻게 계산하는지 알아봅시다.

◆ 다음 문제를 풀어 볼까요?

> 주연이는 체험학습에서 땅콩을 4.5kg 캤습니다. 땅콩을 $1\frac{1}{2}$kg씩 봉지에 나누어 담으려고 합니다. 봉지는 몇 개 필요합니까?

1) 핵심어를 찾아 표시해 보세요.

문제에 나와 있는 숫자에 ○ 표시를, 식을 세우는 데 중요한 단서가 되는 단어에 △ 표시를, 길이, 무게, 부피 등을 표시하는 단위가 있다면 ♡ 표시를 합니다.

> 주연이는 체험학습에서 땅콩을 4.5 kg 캤습니다.
> 땅콩을 $1\frac{1}{2}$ kg씩 봉지에 나누어 담으려고 합니다. 봉지는 몇 개 필요합니까?

문제에 나와 있는 핵심어를 통해 무엇을 알 수 있나요?

4.5 와 $1\frac{1}{2}$ 이라는 숫자를 찾을 수 있었고, 단위가 모두 kg 으로 같았어요.

나누어 라는 단어를 통해 나눗셈 을 해야 한다는 것을 알 수 있어요.

잠깐! 이 문제는 정답을 어떻게 나타내어야 할지 알려 주지 않았기 때문에, 모두 분수로 또는 모두 소수로 변환해서 계산할 수 있습니다.

2) 시각적 도식을 활용해 식을 세워 봅시다.

○ 안에는 숫자를, △ 안에는 연산부호를 적습니다.

$$\left(4.5 \right) \triangle\!\!\!{\div} \left(1\frac{1}{2} \right) = ?$$

3) 모두 분수로 변환하여 계산을 해 봅시다.

$$4.5 \div 1\frac{1}{2} = \frac{45}{10} \div \frac{3}{2} = \frac{45}{10} \times \frac{2}{3} = \frac{\overset{3}{\cancel{45}}}{\cancel{10}} \times \frac{\cancel{2}}{\cancel{3}} = 3$$

정답은 [3] 입니다.

4) 모두 소수로 변환하여 계산을 해 봅시다.

$$4.5 \div 1\frac{1}{2} = 4.5 \div 1.5 = 4.5 \div 1.5 = 45 \div 15 = 3$$

정답은 [3] 입니다.

5) 모두 분수로 바꾸어 계산하였을 때와 모두 소수로 바꾸어 계산하였을 때의 답은 같습니까?

6) 두 가지 방법 중 어떤 방법이 더 계산하기 쉬웠나요? 친구들, 선생님과 함께 이야기를 나눠 봅시다. 어떤 경우에 분수로, 또는 소수로 계산하는 것이 좋을지에 대해서도 이야기해 봅시다.

활동목표: 분수와 소수 혼합 나눗셈을 계산할 수 있다.

● 다음을 읽고 문제를 풀어 보세요.

1. 앞마당에 넓이가 $2\frac{2}{5}$ m²인 직사각형 모양의 텃밭을 만들려고 합니다. 텃밭의 세로가 0.8m라면 가로는 몇 m로 해야 합니까?

1) 핵심어를 찾아 표시해 보세요.

문제에 나와 있는 숫자에 ○ 표시를, 식을 세우는 데 중요한 단서가 되는 단어에 △ 표시를, 길이, 무게, 부피 등을 표시하는 단위가 있다면 ♡ 표시를 합니다.

앞마당에 넓이가 $2\frac{2}{5}$ m²인 직사각형 모양의 텃밭을 만들려고 합니다.
텃밭의 세로가 0.8 m라면 가로는 몇 m로 해야 합니까?

2) 문제를 풀기 위해 필요한 정보를 알아볼까요?

직사각형 넓이 = 세로 길이 × 가로 길이

우리가 알고 있는 것은 세로길이인 0.8m 와 넓이인 $2\frac{2}{5}$ m² 입니다.

식에 넣어 보면, '$2\frac{2}{5}$ m² = 0.8m × 가로 길이' 입니다.

가로길이를 알고 싶으면, '가로 길이 = $2\frac{2}{5}$ m² ÷ 0.8m '를 구하면 됩니다.

3) 이번에는 시각적 도식을 사용해서 식을 세워 봅시다.

○ 안에는 숫자를, △ 안에는 연산부호를 적습니다.

$2\frac{2}{5}$ ÷ 0.8 = ?

4) 핵심어와 시각적 도식을 사용하여 세운 식을 모두 분수로, 또는 소수로 변환하여 계산해 봅시다.

◆ 모두 분수로 바꾸어 계산해 봅시다.

$$2\frac{2}{5} \div 0.8 = \boxed{\frac{12}{5}} \div \boxed{\frac{8}{10}} = \boxed{\frac{12}{5}} \boxed{\times} \boxed{\frac{10}{8}} = \frac{\cancel{12}^{3}}{\cancel{5}_{1}} \times \frac{\cancel{10}^{2}}{\cancel{8}_{1}}{}_{2}^{1} = \boxed{3}$$

◆ 모두 소수로 바꾸어 계산해 봅시다.

$$2\frac{2}{5} \div 0.8 = \boxed{\frac{12}{5}} \div \boxed{0.8} = \boxed{2.4} \div \boxed{0.8} = 2.4 \div 0.8 = \boxed{3}$$

◆ 모두 분수로 바꾸어 계산하였을 때와 모두 소수로 바꾸어 계산하였을 때의 답은 같습니까?

◆ 두 가지 방법 중 어떤 방법이 더 계산하기 쉬웠나요? 친구들, 선생님과 함께 이야기를 나눠 봅시다. 또, 어떤 경우에 분수로, 또는 소수로 계산하는 것이 좋을지에 대해서도 이야기해 봅시다.

2. 넓이가 7.25m²인 직사각형 모양의 공원이 있습니다. 공원의 가로가 $1\frac{1}{4}$m라면 세로는 몇 m 인지 대분수로 나타내세요.

1) 핵심어를 찾아 표시해 보세요.

문제에 나와 있는 숫자에 ○ 표시를, 식을 세우는 데 중요한 단서가 되는 단어에 △ 표시를, 길이, 무게, 부피 등을 표시하는 단위가 있다면 ♡ 표시를 합니다.

> 넓이가 7.25 m 인 직사각형 모양의 공원이 있습니다.
> 공원의 가로가 $1\frac{1}{4}$ m라면 세로는 몇 m인지 대분수로 나타내세요.

2) 문제를 풀기 위해 필요한 정보를 알아볼까요?

우리가 알고 있는 것은 가로 길이인 $\boxed{1\frac{1}{4} \text{ m}}$ 와 넓이인 $\boxed{7.25\text{m}^2}$ 입니다.

식에 넣어 보면, '$\boxed{7.25\text{m}^2}$ = $\boxed{1\frac{1}{4}\text{ m}}$ × 세로 길이' 입니다.

세로 길이를 알고 싶으면, '세로 길이 = $\boxed{7.25\text{m}^2}$ ÷ $\boxed{1\frac{1}{4}\text{ m}}$ '를 구하면 됩니다.

잠깐! 답을 $\boxed{\text{대분수}}$ 로 나타내어야 하므로, 모두 분수로 바꾸어 계산하는 것이 좋습니다. 대분수란 $\boxed{\text{분자가 분모보다 큰 분수}}$ 를 의미합니다.

3) 이번에는 시각적 도식을 사용해서 식을 세워 봅시다.

○ 안에는 숫자를, △ 안에는 연산부호를 적습니다.

$$\boxed{7.25} \;\div\; \boxed{1\frac{1}{4}} = ?$$

4) 핵심어와 시각적 도식을 사용하여 세운 식을 모두 분수로 변환하여 계산해 봅시다.

$$7.25 \div 1\frac{1}{4} = \boxed{\frac{725}{100}} \div \boxed{\frac{5}{4}} = \boxed{\frac{725}{100}} \boxed{\times} \boxed{\frac{4}{5}} = \frac{725}{100} \times \frac{4}{5} = \boxed{}$$

답: _____ m

활동 2

 활동목표: 스스로 분수와 소수의 혼합 나눗셈을 계산할 수 있다.

● 다음 문제를 스스로 풀어 보세요.

1. 성은이는 사과를 $\frac{7}{10}$kg, 푸름이는 1.4kg 가지고 있습니다. 성은이가 가진 사과의 무게는 푸름이가 가진 사과 무게의 몇 배인지 진분수로 나타내세요.

   1) 핵심어를 찾아 표시해 보세요.

   문제에 나와 있는 숫자에 ○ 표시를, 식을 세우는 데 중요한 단서가 되는 단어에 △ 표시를, 길이, 무게, 부피 등을 표시하는 단위가 있다면 ♡ 표시를 합니다.

   > 성은이는 사과를 $\frac{7}{10}$kg, 푸름이는 1.4kg 가지고 있습니다. 성은이가 가진 사과의 무게는 푸름이가 가진 사과 무게의 몇 배인지 진분수로 나타내세요.

   2) 문제에 나와 있는 핵심어를 통해 무엇을 알 수 있나요?

   ☐ 과 ☐ 라는 숫자를 찾을 수 있었고, 단위가 ☐ 으로 같습니다. 또, ☐ 라는 단어를 통해 ☐ 또는 ☐ 을 해야 한다는 것을 알 수 있어요. 답을 ☐ 로 나타내어야 하므로, 모두 ☐ 로 바꾸어 계산하는 것이 좋습니다.

   3) 이번에는 시각적 도식을 사용해서 식을 세워 봅시다.

   ○ 안에는 숫자를, △ 안에는 연산부호를 적습니다.

    = ?

   4) 핵심어와 시각적 도식을 사용하여 세운 식을 모두 분수로 변환하여 계산해 봅시다.

   답: _____ 배

2. 형민이는 할머니 댁에서 귤을 3.9kg 땄습니다. 이 귤을 $1\frac{3}{10}$ kg씩 상자에 나누어 담으려고 합니다. 상자는 몇 개 필요합니까?

1) 핵심어를 찾아 표시해 보세요.

문제에 나와 있는 숫자에 ○ 표시를, 식을 세우는 데 중요한 단서가 되는 단어에 △ 표시를, 길이, 무게, 부피 등을 표시하는 단위가 있다면 ♡ 표시를 합니다.

> 형민이는 할머니 댁에서 귤을 3.9kg 땄습니다. 이 귤을 $1\frac{3}{10}$ kg씩
> 상자에 나누어 담으려고 합니다. 상자는 몇 개 필요합니까?

잠깐! 이 문제에서는 답을 어떻게 나타내라고 지시하지 않았기 때문에 모두 분수로 또는 모두 소수로 변환하여 계산할 수 있습니다.

2) 시각적 도식을 사용해서 식을 세워 봅시다.

○ 안에는 숫자를, △ 안에는 연산부호를 적습니다.

3) 핵심어와 시각적 도식을 사용하여 세운 식을 모두 분수로 또는 모두 소수로 변환하여 계산해 봅시다.

답: _____ 개

3. 넓이가 1.69m²인 직사각형 모양의 돗자리가 있습니다. 이 돗자리의 가로가 $\frac{13}{20}$m라면 세로는 몇 m인지 대분수로 나타내세요.

   1) 핵심어를 찾아 표시해 보세요.

      문제에 나와 있는 숫자에 ○ 표시를, 식을 세우는 데 중요한 단서가 되는 단어에 △ 표시를, 길이, 무게, 부피 등을 표시하는 단위가 있다면 ♡ 표시를 합니다.

      > 넓이가 1.69m²인 직사각형 모양의 돗자리가 있습니다.
      > 이 돗자리의 가로가 $\frac{13}{20}$m라면 세로는 몇 m인지 대분수로 나타내세요.

   2) 문제를 풀기 위해 필요한 정보를 알아볼까요?

      우리가 알고 있는 것은 가로 길이인 [ ]와 넓이인 [ ]입니다.

      식에 넣어 보면, '[ ] = [ ] × 세로 길이'입니다.

      세로 길이를 알고 싶으면, '세로 길이 = [ ] ÷ [ ]'를 구하면 됩니다.

      잠깐! 이 문제에서는 답을 [ ]로 나타내라고 하였습니다.

      따라서 모두 [ ]로 변환하여 계산할 수 있습니다.

   3) 이번에는 시각적 도식을 사용해서 식을 세워 봅시다.

      ○ 안에는 숫자를, △ 안에는 연산부호를 적습니다.

       = ?

   4) 핵심어와 시각적 도식을 사용하여 세운 식을 계산해 봅시다.

      답: _____ m

활동목표: 응용이 필요한 분수와 소수의 혼합 나눗셈 문제를 계산할 수 있다.

● 응용이 필요한 분수와 소수의 혼합 나눗셈 문제를 계산해 봅시다.

> 넓이가 4.55cm²인 삼각형이 있습니다. 삼각형의 밑변이 1.3cm일 때, 높이는 몇 cm입니까?

1) 핵심어를 찾아 표시해 보세요.

문제에 나와 있는 숫자에 ○ 표시를, 식을 세우는 데 중요한 단서가 되는 단어에 △ 표시를,
길이, 무게, 부피 등을 표시하는 단위가 있다면 ♡ 표시를 합니다.

> 넓이가 4.55cm²인 삼각형이 있습니다. 삼각형의 밑변이 1.3cm일 때, 높이는 몇 cm입니까?

2) 문제를 풀기 위해 필요한 정보를 알아볼까요?

우리가 알고 있는 것은 넓이인 [ ] 와 밑변 길이인 [ ] 입니다.

'삼각형 넓이 $= \frac{1}{2} ×$ 밑변 × 높이'입니다.

삼각형 넓이 공식에 숫자를 넣으면,

'[ ] $= \frac{1}{2} ×$ [ ] × 높이'입니다.

따라서 높이를 알기 위해서는

'[넓이] ÷ 2 ÷ [밑변]'을 계산하면 됩니다.

힌트 삼각형 넓이 공식을 알아야
문제를 풀 수 있어요.

삼각형 넓이
$= \frac{1}{2} ×$밑변×높이

높이
밑변

3) 삼각형 넓이 공식을 활용하여 시각적 도식을 만들어 보세요.

○ 안에는 숫자를, △ 안에는 연산부호를 적습니다.

 $= ?$

4) 핵심어와 시각적 도식을 사용하여 세운 식을 계산해 봅시다.

답: _____ cm

문장제 풀어 보기

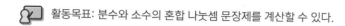 활동목표: 분수와 소수의 혼합 나눗셈 문장제를 계산할 수 있다.

● 아리가 쓴 일기를 읽고, 문제를 풀어 보세요.

2000년 9월 9일 0요일

학교에는 넓이 $3\frac{1}{5}$ m², 세로 0.8m인 작은 텃밭이 있다.

오늘 수업 시간에는 텃밭에서 방울토마토를 3.6kg이나 땄다.

같은 반 주민이는 시끄럽게 떠들면서 $21\frac{3}{5}$ kg을 땄다고 자랑하다가 선생님께 꾸중을 들었다.

집에 돌아와서는 내가 딴 방울토마토 3.6kg을 $\frac{3}{5}$ kg씩 포장해서 냉장고에 넣어두었다.

정말 즐거운 하루였다.

1. 학교 텃밭의 가로 길이를 계산해 봅시다.

 1) 핵심어를 찾아 표시해 보세요.

 문제에 나와 있는 숫자에 ○ 표시를, 식을 세우는 데 중요한 단서가 되는 단어에 △ 표시를,
 길이, 무게, 부피 등을 표시하는 단위가 있다면 ♡ 표시를 합니다.

> 학교에는 넓이 $3\frac{1}{5}$ m², 세로 0.8m인 작은 텃밭이 있다.

 2) 문제에 나와 있는 핵심어를 통해 무엇을 알 수 있나요?

 ☐ 과 ☐ 이라는 숫자를 찾을 수 있었고, 단위가 ☐ 와 ☐ 임을
 알 수 있었어요! 직사각형 넓이 공식은 ☐ 이므로, 우리가 알고 있는
 숫자를 공식에 넣으면 '☐ = ☐ × 가로 길이'입니다. 가로 길이를 알고 싶으
 면, '가로 길이 = ☐ ÷ ☐ '를 구하면 됩니다.

3) 이번에는 시각적 도식을 사용해서 식을 세워 봅시다. ○ 안에는 숫자를, △ 안에는 연산부호 를 적습니다. 이때, 두 숫자의 단위를 꼭 통일해 주세요!

4) 핵심어와 시각적 도식을 사용하여 세운 식을 계산해 봅시다.

답: _____ m

5) 친구들의 답과 나의 답을 비교해 보고, 문제를 풀며 느낀 점을 이야기해 봅시다.

2. 주민이가 딴 방울토마토의 무게는 아리가 딴 방울토마토의 무게의 몇 배입니까?

1) 핵심어를 찾아 표시해 보세요.

문제에 나와 있는 숫자에 ○ 표시를, 식을 세우는 데 중요한 단서가 되는 단어에 △ 표시를, 길이, 무게, 부피 등을 표시하는 단위가 있다면 ♡ 표시를 합니다.

오늘 수업 시간에는 텃밭에서 방울토마토를 3.6kg이나 땄다.
같은 반 주민이는 시끄럽게 떠들면서 $21\frac{3}{5}$kg을 땄다고 자랑하다가 선생님께 꾸중을 들었다.

2) 문제에 나와 있는 핵심어를 통해 무엇을 알 수 있나요?

[ ] 과 [ ] 이라는 숫자를 찾을 수 있었고, 단위가 [ ] 으로 같음을 알 수 있었어요!

3) 이번에는 시각적 도식을 사용해서 식을 세워 봅시다.

○ 안에는 숫자를, △ 안에는 연산부호를 적습니다. 이때, 두 숫자의 단위를 꼭 통일해 주세요!

$$\bigcirc \triangle \bigcirc = ?$$

4) 핵심어와 시각적 도식을 사용하여 세운 식을 계산해 봅시다.

답: _____ 배

5) 친구들의 답과 나의 답을 비교해 보고, 문제를 풀며 느낀 점을 이야기해 봅시다.

6) 이 문제를 풀기 위해 사용한 방법을 실생활에서 어떻게 사용할 수 있을지에 대해 친구들, 선생님과 토론해 봅시다. 또 실생활에서 활용할 수 있는 문제를 직접 만들어 봅시다.

3. 아리는 오늘 딴 방울토마토를 몇 묶음으로 포장하였을까요? 계산해 봅시다.

1) 핵심어를 찾아 표시해 보세요.

문제에 나와 있는 숫자에 ○ 표시를, 식을 세우는 데 중요한 단서가 되는 단어에 △ 표시를, 길이, 무게, 부피 등을 표시하는 단위가 있다면 ♡ 표시를 합니다.

> 집에 돌아와서는 내가 딴 방울토마토 3.6kg을 $\frac{3}{5}$kg씩 포장해서 냉장고에 넣어두었다.

2) 문제에 나와 있는 핵심어를 통해 무엇을 알 수 있었나요?

[   ]과 [   ]이라는 숫자를 찾을 수 있었고, 단위가 모두 [   ]으로 같았어요.

3) 이번에는 시각적 도식을 사용해서 식을 세워 봅시다.

○ 안에는 숫자를, △ 안에는 연산부호를 적습니다. 이때, 두 숫자의 단위를 꼭 통일해 주세요!

$$\bigcirc \, \triangle \, \bigcirc \; = ?$$

4) 핵심어와 시각적 도식을 사용하여 세운 식을 계산해 봅시다.

답: _____묶음

5) 친구들의 답과 나의 답을 비교해 보고, 문제를 풀며 느낀 점을 이야기해 봅시다.

6) 이 문제를 풀기 위해 사용한 방법을 실생활에서 어떻게 사용할 수 있을지에 대해 친구들, 선생님과 토론해 봅시다. 또 실생활에서 활용할 수 있는 문제를 직접 만들어 봅시다.

07 차시 혼합 나눗셈(2)

📖 **학습목표** • 문장제에서 식을 세워 응용이 필요한 분수와 소수의 혼합 나눗셈을 할 수 있다.

도입 1

교사와 함께하기

 활동목표: 학습한 전략을 설명에 바르게 연결할 수 있다

혹시 기억이 잘 나지 않는다면 해당 차시로 돌아가 다시 한 번 문제를 풀어 보세요!

● 지금까지 학습한 전략과 그 방법을 연결해 보세요.

 시각적 표상도식 전략 ● ● 문제에서 중요한 단어나 숫자를 알아보기 쉽도록 표시하는 전략

 자기질문 전략 ● ● 시각적 도식에 적절한 숫자나 연산부호 등을 적어 넣음으로써 정확한 식을 세우는 전략

 그림 그리기 전략 ● ● 문제를 이해하기 쉽게 그림이나 표 등으로 나타낸 후, 어떻게 풀어야 할지 생각해 보는 전략

 조건 변경하여 문제 만들기 전략 ● ● 과제를 수행하면서 수행이 얼마나 정확한지를 확인하기 위해 스스로 끊임없이 질문을 하는 전략

 핵심어 전략 ● ● 글로 표현된 문제를 그림으로 표현하는 과정을 통해 문제를 이해하고 해결하기 쉽게 도와주는 전략

 시각적 도식을 활용한 식 세우기 전략 ● ● 문제 상황에서 주어진 조건을 정확하게 이해하고 문제의 일부나 모든 조건을 변경하여 새로운 문제를 만드는 전략

● 선생님 또는 친구들과 함께 어떤 전략을 사용하는 것이 좋은지에 대한 의견을 나누어 보세요.

도입 2

🔖 활동목표: 분수와 소수의 혼합 나눗셈을 계산할 수 있다.

● 분수와 소수의 혼합 나눗셈 복습하기: 빙고게임

이전 단계에서 학습한 여러 가지 나눗셈을 활용하여 빙고게임을 해 봅시다. 다음 식을 풀고 답을 빙고판에 적은 후, 빙고게임을 시작합니다. (단, 답은 자연수, 진분수, 대분수로 적으세요.)

1) 1   2) 3   3) 5

4) $7.2 \div 1\frac{4}{5}$ 5) $\frac{5}{6} \div 2.5$ 6) $1\frac{5}{6} \div 2.2$

7) $3\frac{1}{4} \div 1.625$ 8) $1.21 \div \frac{11}{20}$ 9) $1.69 \div \frac{13}{20}$

빙고게임을 해 봅시다!

활동목표: 응용이 필요한 혼합 나눗셈의 계산 방법을 이해할 수 있다.

● 응용이 필요한 혼합 나눗셈을 어떻게 계산하는지 알아봅시다.

준비물 음료수 스티커([부록 4–5] 참조)

◆ 다음 문제를 풀어 볼까요?

> 똑같은 음료수 40개를 담은 상자의 무게를 달아 보니 8.55kg이었습니다. 음료수 15개가 팔린 후 남은 음료수와 상자의 무게를 달아 보니 3.33kg이었습니다. 음료수 한 개의 무게는 약 몇 kg인지 소수 셋째 자리에서 반올림하여 소수 둘째 자리까지 나타내세요.

1) 핵심어를 찾아봅시다.

문제에 나와 있는 숫자에 ○ 표시를, 식을 세우는 데 중요한 단서가 되는 단어에 △ 표시를, 길이, 무게, 부피 등을 표시하는 단위가 있다면 ♡ 표시를 합니다.

> 똑같은 음료수 40 개를 담은 상자의 무게를 달아보니 8.55 kg 이었습니다. 음료수 15 개가 팔린 후 남은 음료수와 상자의 무게를 달아 보니 3.33 kg 이었습니다. 음료수 한 개의 무게는 약 몇 kg인지 소수 셋째 자리에서 반올림 하여 소수 둘째 자리 까지 나타내세요.

핵심어를 통해 무엇을 알 수 있었는지 선생님, 친구들과 이야기해 봅시다.

2) 스티커를 붙여 봅시다.

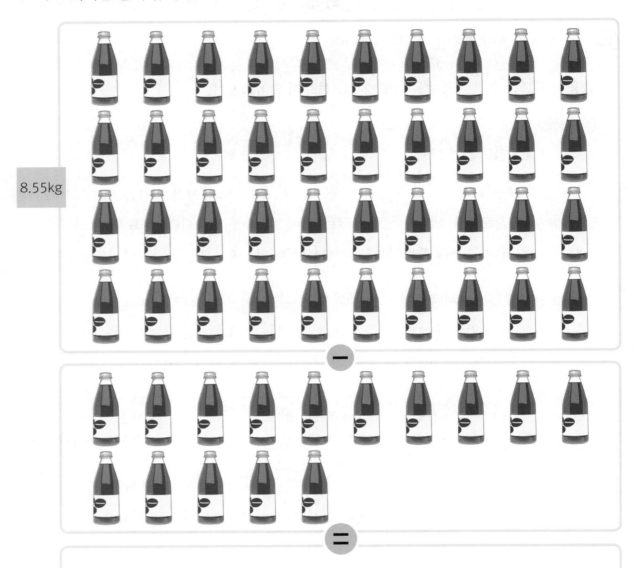

남은 음료수는 몇 개인가요? 음료수 스티커를 붙여 봅시다.

8.55kg

3.33kg

스티커를 붙여 보니 음료수가 총 $\boxed{\text{25개}}$ 남아 있다는 것을 알 수 있어요. 즉, 음료수 40개의 무게는 $\boxed{\text{8.55kg}}$ 이고, 25개의 무게는 $\boxed{\text{3.33kg}}$ 입니다. 음료수 한 개의 무게를 알기 위해서는 어떻게 계산해야 할까요?

3) 다음의 그림을 참고해서 식을 세워 봅시다.

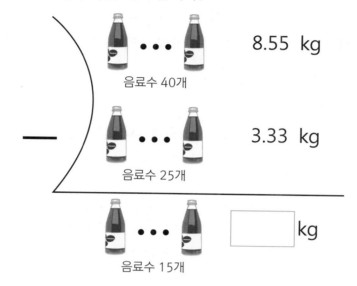

음료수 40개   8.55 kg

음료수 25개   3.33 kg

음료수 15개 $\boxed{}$ kg

8.55 − 3.33을 계산하면 $\boxed{\text{5.22}}$ 이므로, 빈칸에 들어갈 숫자는 $\boxed{\text{5.22}}$ 입니다. 즉, 음료수 $\boxed{\text{15}}$ 개의 무게는 $\boxed{\text{5.22}}$ 입니다.

4) 시각적 도식을 활용하여 음료수 1개의 무게를 계산해 봅시다.

$$\boxed{5.22} \,\triangle\, \boxed{15} = ?$$

(여기서 △ 안에는 ÷ 기호가 있음)

$\boxed{}$

※ 문제를 푸는 데 어려움이 있다면 3단계로 돌아가세요.

5) 소수 셋째 자리에서 반올림하여 소수 둘째 자리까지 나타내어 봅시다.

답: _____ kg

활동목표: (대분수)÷(진분수) 또는 (대분수)÷(대분수)를 계산할 수 있다.

● 다음을 읽고 문제를 풀어 보세요.

1. 태연이는 7.75kg의 고구마를 캤고, 재훈이는 $4\frac{1}{4}$kg의 고구마를 캤습니다. 태연이와 재훈이가 캔 고구마를 바구니 7개에 똑같이 나누어 담으려고 합니다. 한 바구니에 몇 kg씩 나누어 담아야 하는지 소수 셋째 자리에서 반올림하여 소수 둘째 자리까지 나타내세요.

1) 핵심어를 찾아 표시해 보세요.

문제에 나와 있는 숫자에 ○ 표시를, 식을 세우는 데 중요한 단서가 되는 단어에 △ 표시를, 길이, 무게, 부피 등을 표시하는 단위가 있다면 ♡ 표시를 합니다.

> 태연이는 7.75kg의 고구마를 캤고 재훈이는 $4\frac{1}{4}$kg의 고구마를 캤습니다. 태연이와 재훈이가 캔 고구마를 바구니 7개에 똑같이 나누어 담으려고 합니다. 한 바구니에 몇 kg씩 나누어 담아야 하는지 소수 셋째 자리에서 반올림하여 소수 둘째 자리까지 나타내세요.

2) 그림을 그려 문제를 풀기 위해 필요한 정보를 알아볼까요? 태연이와 재훈이가 캔 고구마를 바구니에 나누어 담아야 하는 상황을 그림으로 그려 보세요.

태연이와 재훈이가 캔 고구마의 총 무게는 $\boxed{7.75 + 4\frac{1}{4}}$ kg입니다.

$\boxed{7.75 + 4\frac{1}{4}}$ 을 계산해 봅시다. 정답을 소수로 나타내어야 하므로, 소수로 변환시켜요.

$\boxed{7.75 + 4\frac{1}{4}} = \boxed{7.75 + 4.25} = \boxed{12}$

한 바구니에 몇 kg씩 나누어 담아야 하는지 알고 싶으면, $\boxed{12} ÷ \boxed{7}$ 을 구하면 됩니다.

잠깐! 소수 몇째 자리까지 나타내야 하는지 잊지 마세요!

답: _____kg

3) 또 어떤 전략을 사용하여 문제를 풀 수 있을지 이야기를 나눠 봅시다.

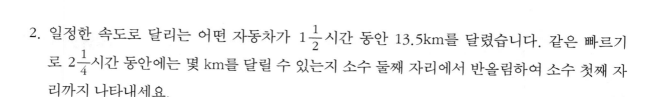

2. 일정한 속도로 달리는 어떤 자동차가 $1\frac{1}{2}$ 시간 동안 13.5km를 달렸습니다. 같은 빠르기로 $2\frac{1}{4}$ 시간 동안에는 몇 km를 달릴 수 있는지 소수 둘째 자리에서 반올림하여 소수 첫째 자리까지 나타내세요.

1) 핵심어를 찾아 표시해 보세요.

문제에 나와 있는 숫자에 ◯ 표시를, 식을 세우는 데 중요한 단서가 되는 단어에 △ 표시를, 길이, 무게, 부피 등을 표시하는 단위가 있다면 ♡ 표시를 합니다.

> 일정한 속도로 달리는 어떤 자동차가 $1\frac{1}{2}$ 시간 동안 13.5km를 달렸습니다. 같은 빠르기로 $2\frac{1}{4}$ 시간 동안에는 몇 km를 달릴 수 있는지 소수 둘째 자리에서 반올림하여 소수 첫째 자리까지 나타내세요.

2) 문제를 풀기 위해 필요한 정보를 그림 또는 표상도식으로 나타내어 보세요.

3) 식을 세워 봅시다.

$$1\frac{1}{2} : 13.5 = 2\frac{1}{4} : \heartsuit$$

♥를 구하려면 비와 비율을 이용해야 합니다.
오른쪽 힌트를 참고해 보세요.

$$13.5 \times 2\frac{1}{4} = 1\frac{1}{2} \times \heartsuit \text{ 이므로}$$

$$\heartsuit = (13.5 \times 2\frac{1}{4}) \div 1\frac{1}{2} \text{ 입니다.}$$

힌트 비와 비율에 대해 알고 있나요?
● : ■ = ▲ : ♥ 일 때,
■ × ▲ = ● × ♥
입니다.

4) 식을 계산한 후, 소수 둘째 자리에서 반올림하여 소수 첫째 자리까지 나타내세요.

답: _____ km

5) 또 어떤 전략을 사용하여 문제를 풀 수 있을지 이야기를 나눠 봅시다.

활동 2

활동목표: 응용이 필요한 혼합 나눗셈을 스스로 계산할 수 있다.

● 다음 문제를 스스로 풀어 보세요.

1. 똑같은 음료수 40개를 담은 상자의 무게를 달아 보니 12.63kg이었습니다. 음료수 20개가 팔린 후 남은 음료수와 상자의 무게를 달아 보니 7.32kg이었습니다. 음료수 한 개의 무게는 약 몇 kg인지 소수 셋째 자리에서 반올림하여 소수 둘째 자리까지 나타내세요.

1) 어떤 전략을 사용하고 싶은지 자유롭게 골라 ○표 하세요. 여러 가지를 사용해도 좋습니다.

 시각적 표상도식 전략

 조건 변경하여 문제 만들기 전략

 시각적 도식을 활용한 식 세우기 전략

 자기질문 전략

 핵심어 전략

 그림 그리기 전략

2) 고른 전략을 활용하여 문제를 풀어 봅시다. 어려운 점이 있다면 선생님 또는 친구들에게 조언을 구해 봅시다.

답: _____ kg

3) 친구들은 어떤 전략을 사용하였는지 이야기를 나눠 봅시다.

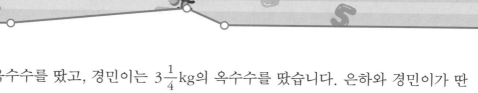

2. 은하는 2.6kg의 옥수수를 땄고, 경민이는 $3\frac{1}{4}$kg의 옥수수를 땄습니다. 은하와 경민이가 딴 옥수수를 바구니 6개에 똑같이 나누어 담으려면 한 바구니에 몇 kg씩 나누어 담아야 하는지 소수 셋째 자리에서 반올림하여 소수 둘째 자리까지 나타내세요.

1) 어떤 전략을 사용하고 싶은지 자유롭게 골라 ○표 하세요. 여러 가지를 사용해도 좋습니다.

 시각적 표상도식 전략

 조건 변경하여 문제 만들기 전략

 시각적 도식을 활용한 식 세우기 전략

 자기질문 전략

 핵심어 전략

 그림 그리기 전략

2) 고른 전략을 활용하여 문제를 풀어 봅시다. 어려운 점이 있다면 선생님 또는 친구들에게 조언을 구해 봅시다.

답: _____kg

3) 친구들은 어떤 전략을 사용하였는지 이야기를 나눠 봅시다.

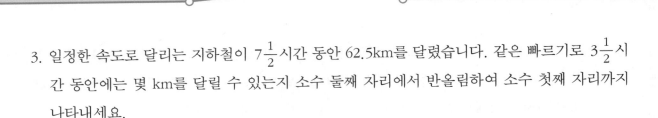

3. 일정한 속도로 달리는 지하철이 $7\frac{1}{2}$시간 동안 62.5km를 달렸습니다. 같은 빠르기로 $3\frac{1}{2}$시간 동안에는 몇 km를 달릴 수 있는지 소수 둘째 자리에서 반올림하여 소수 첫째 자리까지 나타내세요.

1) 어떤 전략을 사용하고 싶은지 자유롭게 골라 ○표 하세요. 여러 가지를 사용해도 좋습니다.

 시각적 표상도식 전략

 조건 변경하여 문제 만들기 전략

 시각적 도식을 활용한 식 세우기 전략

 자기질문 전략

 핵심어 전략

 그림 그리기 전략

2) 고른 전략을 활용하여 문제를 풀어 봅시다. 어려운 점이 있다면 선생님 또는 친구들에게 조언을 구해 봅시다.

답: _____ km

3) 친구들은 어떤 전략을 사용하였는지 이야기를 나눠 봅시다.

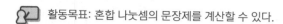

문장제 풀어 보기

스스로 하기

📋 활동목표: 혼합 나눗셈의 문장제를 계산할 수 있다.

● 다음 문제를 스스로 풀어 보세요.

1. 보미는 아버지와 여행 준비에 대해 이야기하고 있습니다. 잘 읽고 아버지의 질문에 답해 보세요.

보미야. 여행 준비물은 다 챙겼니?
내일 아침 7시에 출발하려면
이제 자는 게 좋겠구나.

네. 아빠. 가방은 다 챙겼어요.
그런데 책을 이것저것 넣다 보니
너무 무거운 것 같아서 걱정이 돼요.

그래? 마침 체중계가 옆에 있으니
무게를 한 번 재어 볼까?
책을 5권 넣었을 때는 2.87kg이구나.

그러면 2권을 빼고 다시 측정해 볼게요.
2권을 빼니까 1.148kg이네요.

그 정도면 들고 갈 수 있겠구나.
잠깐, 책 무게가 다 같다고 보았을 때
책 1권의 무게는 몇 kg인거지?

1) 어떤 전략을 사용하고 싶은지 자유롭게 골라 ○표 하세요. 여러 가지를 사용해도 좋습니다.

 시각적 표상도식 전략

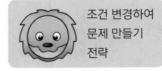 조건 변경하여 문제 만들기 전략

 시각적 도식을 활용한 식 세우기 전략

 자기질문 전략

 핵심어 전략

 그림 그리기 전략

2) 고른 전략을 활용하여 문제를 풀어 봅시다. 이때, 답은 소수 셋째 자리에서 반올림하여 소수 둘째 자리까지 적어 주세요. 어려운 점이 있다면 선생님 또는 친구들에게 조언을 구해 봅시다.

답: _____ kg

3) 친구들은 어떤 전략을 사용하였는지 이야기를 나눠 봅시다.

2. 보미와 아버지의 대화를 계속 읽고, 보미의 질문에 대한 답을 계산해 보세요.

아빠, 내일 화성에 있는 할머니댁에 먼저 갔다가, 안면도로 이동하는 것 맞죠?

그렇단다. 집에서 화성 할머니댁까지는 $5\frac{3}{10}$ km이고, 할머니댁에서 안면도까지는 136.22km구나.

아빠 혼자 운전하려면 엄청 피곤하시겠어요.

아빠와 엄마, 삼촌이 정확히 3등분으로 나누어서 운전할 계획이라서 괜찮단다.

그렇군요! 그러면 한 사람이 몇 km씩 운전하게 되는 것인가요?

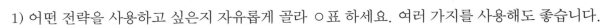

1) 어떤 전략을 사용하고 싶은지 자유롭게 골라 ○표 하세요. 여러 가지를 사용해도 좋습니다.

 시각적 표상도식 전략

 조건 변경하여 문제 만들기 전략

 시각적 도식을 활용한 식 세우기 전략

 자기질문 전략

 핵심어 전략

 그림 그리기 전략

2) 고른 전략을 활용하여 문제를 풀어 봅시다. 이때, 답은 소수 셋째 자리에서 반올림하여 소수 둘째 자리까지 적어 주세요. 어려운 점이 있다면 선생님 또는 친구들에게 조언을 구해 봅시다.

답: _____ km

3) 친구들은 어떤 전략을 사용하였는지 이야기를 나눠 봅시다.

3. 보미와 아버지의 문자 메시지를 계속 읽고, 빈칸에 들어갈 답을 계산해 보세요.

안면도는 조개가 굉장히 유명해. 지난번에는 아빠 혼자서 $2\frac{4}{5}$시간 동안 2.13kg의 조개를 캤단다.

우와. 대단해요. 이번에는 $1\frac{1}{2}$시간 동안 캘 수 있으니까 아빠 혼자 몇 kg을 캘 수 있는 건가요?

그때와 똑같은 속도로 캘 수 있다면 _____kg을 캘 수 있겠구나.

만약 삼촌, 할머니, 아빠, 엄마, 언니, 저 5명이 다 같은 속도로 캔다면 몇 kg인가요?

글쎄. 그건 보미가 한번 계산해 보고 아빠에게 알려주지 않겠니? 혼자 캐는 양에 5를 곱하면 되겠구나.

1) 먼저 빈칸에 들어갈 조개의 양을 구해 봅시다. 소수 셋째 자리에서 반올림해서 소수 둘째 자리까지 표시하세요.

◆ 어떤 전략을 사용하고 싶은지 자유롭게 골라 ○표 하세요. 여러 가지를 사용해도 좋습니다.

 시각적 표상도식 전략

 조건 변경하여 문제 만들기 전략

 시각적 도식을 활용한 식 세우기 전략

 자기질문 전략

 핵심어 전략

 그림 그리기 전략

◆ 고른 전략을 활용하여 문제를 풀어 봅시다. 어려운 점이 있다면 선생님 또는 친구들에게 조언을 구해 봅시다.

답: _____ kg

◆ 친구들은 어떤 전략을 사용하였는지 이야기를 나눠 봅시다.

2) 앞에서 구한 답을 이용하여 5명이 조개를 캤을 때, 몇 kg을 캘 수 있는지 구해 보세요. 답을 소수로 적으세요.

답: _____ kg

활동목표: 응용이 필요한 혼합 나눗셈을 올바르게 계산하고, 식을 보고 문제를 만들 수 있다.

● 친구들과 함께 '동서남북 분수 나눗셈 게임'을 해 봅시다.

◎ 준비물 '동서남북 분수 나눗셈 게임' 도안([부록 4-6] 참조), 가위

1. [부록 4-6]의 도안에 이번 차시에서 배운 식을 활용하여 문제와 답을 적어 넣은 뒤, 다음과 같은 순서로 만들어 줍니다.

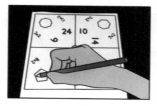
1. 도형의 이름을 읽어 봅시다.

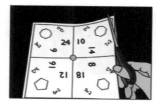
2. 가장자리를 따라 종이를 오립니다.

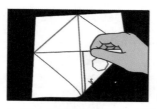
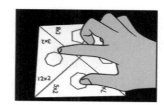
3. 자른 종이를 뒤집은 후, 그림과 같이 접습니다.

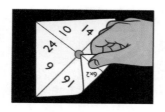

4. 종이를 다시 뒤집은 후, 그림과 같이 접습니다.

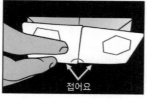
5. 반으로 접고, 손가락을 도형 그림 아래로 집어넣습니다.

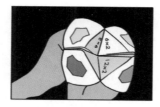
6. 그림처럼 잡습니다.

2. 친구와 두 명씩 짝을 지은 뒤, 다음처럼 게임을 시작합니다.

<게임 방법>

1. 친구에게 도형을 보여 주며 하나를 고르도록 합니다.
2. 친구가 고른 도형의 변의 수만큼 손가락으로 종이를 위, 아래, 왼쪽, 오른쪽으로 움직입니다.
   예) 친구가 '칠각형'을 골랐다면, 종이를 7번 움직입니다.
3. 종이를 다 움직였으면, 친구가 고른 도형 방향에 적혀 있는 문제를 함께 풀어 봅니다.
4. 문제를 다 푼 뒤, 종이를 다시 펴서, 아래에 적혀 있는 정답과 비교합니다.
5. 다음 표에 고른 도형, 문제, 직접 계산한 답, 정답, 올바르게 푼 문제 수를 적습니다.

이름	도형	문제	계산한 답	정답	올바르게 푼 문제 수

3. '동서남북 분수 나눗셈 게임'에서 풀어 본 문제를 활용하여 직접 문장제를 만들고 계산해 봅시다.

문제	문장제 만들어 보기	정답
<예> $(20\frac{1}{4}+11.03)\div 3$	과일가게에서는 귤 $20\frac{1}{4}$ kg과 사과 11.03kg을 어린이병원 3곳에 똑같이 나누어 기부하려고 합니다. 병원 1곳에서 받게 될 과일은 몇 kg입니까? 소수 넷째 자리에서 반올림하여 셋째 자리까지 적으세요.	10.427kg

4. 3번에서 만든 문제를 다른 친구들과 교환해서 풀어 봅시다. 내가 계산한 식과 답이 친구가 만든 식, 답과 같습니까? 맞았다면 서로 칭찬 스티커를 붙여 줍시다.

◉ 준비물 칭찬 스티커([부록 4-2] 참조)

친구 이름	친구가 만든 문장제	식	답	칭찬 스티커

정답지

1차시 p. 18

◈ 교사와 함께하기

● 자릿수 응용해 보기
  1) 1,530원
  2) 2,151원
  3) 1,070원

● 다음의 글을 읽고 숫자로 또는 글자로 바꾸어 써 볼까요?
  1) 347
  2) 762
  3) 920
  4) 3,540
  5) 이백 사십 팔
  6) 오백 오십
  7) 구백 팔십
  8) 천 오백 일

활동 1

함께, 더하면, 총, 합하면, 모두, 총, 더해서, 모두, 둘 다, 합

활동 2

1. 340, 1904, 340＋1904＝2244
2. 119, 317, 119＋317＝436
3. 670, 1593, 670＋1593＝2263
4. 200, 201, 200＋201＝401

◈ 스스로 하기

활동 2

● 덧셈을 나타내는 낱말들을 기억해서 적어 보세요.
  함께, 더하면, 총, 합하면, 모두, 총, 더해서, 모두, 둘 다, 합

● 다음의 글을 읽고 알맞는 단어를 적은 후, 식을 세워 풀어 보세요.
  1. 다양한 답(예: 정수, 사탕, 200개, 주하는, 사탕, 100개, 200＋100＝300개)
  2. 다양한 답(예: 서울, 사람, 200, 350＋200＝550명)

활동 3

1. 삼백 / 사백십오 / 오백팔십 / 칠백십육 / 구백일

2차시 p. 27

◈ 교사와 함께하기

도입

● 자리 수 적용해 보기
  1. 서울에서 453
  2. 250
  3. 453, 250, 453－250＝203, 203

활동 2

1. 400, 100, 400－100＝300, 300
2. 304, 200, 304－200＝104, 지은이가 수아보다 벽돌을 104개 더 옮겼습니다.

◈ 스스로 하기

활동 2

1. 1) 오늘

  2) 1593−670=923, 오늘, 923

2. 1) 연호가

  2) 317−119=198, 연호가, 198

3차시 p. 36

◈ 교사와 함께하기

도입

● 네 자리 수 쓰기를 다시 연습해 보세요.

  1) 5,986

  2) 7,412

  3) 3,010

  4) 1,514

활동 1

1. 3,500 + ____2,500____ (얼마나 더?) = 6,000

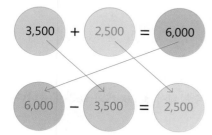

2.

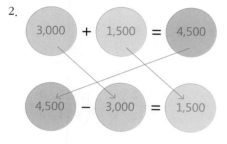

활동 2

1. 1) 7,000

  2) 6,800

  ⇒ 7,000 , 6,800 , 200

  식: 7,000 − 6,800 = 200

  답: 200

2. 1) 7,000

  2) 6,800

  3) 90

  ⇒ 7,000 , 6,800 , 90 , 110

  식: 7,000 − 6,800 − 90 = 110

  답: 110

◈ 스스로 하기

활동 2

1. 1) 1,010

  2) 2,000

  1,010 + 2,000 = 3,010

  3,010

  "혜성이와 민준이의 카드는 총 3,010 장입니다."

2. 1) 1,003

  2) 1,500

  1,003 + ? = 1,500

  1,500 − 1,003 = 497

  답: 497

  "박물관에 497 마리가 더 있어야 총 1,500 마리의 동물이 됩니다."

3. 1) ○

  2) ×

  식: 2,864 + 112 − 320 = 2,656

  답: 2,656

"현재 우리 학교에는 2,656명의 학생이 남아 있습니다."

곱셈식: 450×9＝4050

답: 4,050

2. 〈예시 답〉

곱셈식: 5×11＝55

답: 55

4차시 p. 44

◈ 교사와 함께하기

도입

2.

덧셈으로 풀 경우

1	0
1	0
+ 1	0
3	0

곱셈으로 풀 경우

	1	0
×		3
	3	0

활동 1

1. 30, 6,

30＋30＋30＋30＋30＋30＝180,

30×6＝180

◈ 스스로 하기

활동 1

1. 1) 20

2) 7, 20＋20＋20＋20＋20＋20＋20＝140

20×7＝140

"오늘 우리 가족은 모두 140 개의 사과를 땄습니다."

2. 1) 100

2) 4, 100＋100＋100＋100＝400

100×4＝400

"나는 하루에 총 400번의 줄넘기를 합니다."

활동 2

1. 3(학년)

5차시 p. 49

◈ 교사와 함께하기

도입

1. 10×20＝200, 답: 200

"나는 하루에 총 200 번 줄넘기를 할 수 있어요."

2. 1) 30

2) 10

30×10＝300

30×10＝300 혹은 10×30＝300

"총 300개의 음료수가 있습니다."

◈ 스스로 하기

활동 1

1) 40

2) 15

3) 40×15＝600, 답: 600

"우리 가족은 과수원에서 총 600개의 귤을 땄습니다."

활동 2

1.

①

		1	9
×		5	1
		1	9
	9	5	
	9	6	9

②

		5	8
×		4	7
	4	0	6
2	3	2	
2 , 7	2	6

③

		6	6
×		5	1
		6	6
	3	3	0
3 , 3	6	6

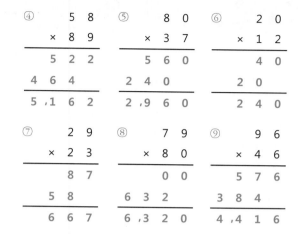

④
```
      5 8
    ×  8 9
    ─────
      5 2 2
    4 6 4
    ─────
    5 ,1 6 2
```

⑤
```
      8 0
    ×  3 7
    ─────
      5 6 0
    2 4 0
    ─────
    2 ,9 6 0
```

⑥
```
      2 0
    ×  1 2
    ─────
        4 0
      2 0
    ─────
      2 4 0
```

⑦
```
      2 9
    ×  2 3
    ─────
        8 7
      5 8
    ─────
      6 6 7
```

⑧
```
      7 9
    ×  8 0
    ─────
        0 0
    6 3 2
    ─────
    6 ,3 2 0
```

⑨
```
      9 6
    ×  4 6
    ─────
      5 7 6
    3 8 4
    ─────
    4 ,4 1 6
```

6차시 p. 54

◈ 교사와 함께하기

도입

2. 1) 18

   2) 도희, 민철

   3) 2

   식: 18÷2=9, 답: 9

   "도희와 민철이는 각각 9개씩 가질 수 있습니다."

활동 1

1. (나누어 먹고 싶은 학생 수),

   (한 명당 마실 수 있는 음료수 개수)

   한 학생당 3개의 음료수를 먹을 수 있습니다.

2. 1) 색종이가 50장 있습니다.

   2) 나누어 주어야 하는 학생 수는 4명입니다.

      50÷4=12, 2

      한 학생당 12장의 색종이를 가질 수 있습니다. 그
      리고 4명에게 똑같이 나누어 주고 남은 색종이는
      총 2장입니다.

◈ 스스로 하기

활동 1

1. 1) 64

   2) 4

      64÷4=16

   3) 16

      64자루 색연필을 4명에게 골고루 나누어 줄 수 있
      습니다.

2. 35÷5=7

   총 35명이 5개의 모둠에 있으니 각 모둠에는 7명씩
   있습니다.

3. 식: 65÷10=6, 답: 6, 5

   총 65개의 과자를 10명이 공평하게 나누어 먹으려면
   한 명당 6개의 과자를 가질 수 있습니다. 남은 과자
   는 5개입니다.

2 단계

1차시 p. 64

◆ 교사와 함께하기

도입

● 피자를 나누어 먹어요 ①

2.

● 피자를 나누어 먹어요 ②

2.

활동 1

1.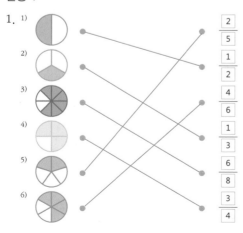

2. (순서대로) 3, 6, 4, 2, 1, 5

활동 2

1. 1) 크기, 모양

2) $\dfrac{3}{7}$

3) $\dfrac{2}{7}$

4) ③

5) '$\dfrac{3}{7}$, $\dfrac{2}{7}$, 모두'에 밑줄 긋기

7)

8) +, '모두 얼마일까요'라고 물었기 때문에

9)

10) $\dfrac{3}{7} + \dfrac{2}{7}$

11) $\dfrac{5}{7}$

12) $\dfrac{3+2}{7}$

13) 분수

2. 1) $\dfrac{3}{6}$

2) $\dfrac{4}{6}$

3) ①   ②   ③

  <u>15</u> 분   <u>10</u> 분   <u>12</u> 분

4) '$\dfrac{3}{6}$, $\dfrac{4}{6}$, 모두'에 밑줄 긋기

6) 어제   오늘

7) +, '모두 몇 시간입니까'라고 물었기 때문에

8) + =

9) $\dfrac{3}{6}+\dfrac{4}{6}$

10) $\dfrac{7}{6}$

11) $\dfrac{3+4}{6}$

12) 가분수

◈ 스스로 하기

활동 3

1. 1) 크기, 모양

   2) $\dfrac{2}{9}$

   3) $\dfrac{5}{9}$

   4) '$\dfrac{2}{9}$, $\dfrac{5}{9}$, 모두'에 밑줄 긋기

   5)
   진솔이   동생

   6) $\dfrac{2}{9}+\dfrac{5}{9}$

   7) $\dfrac{7}{9}$

   8) $\dfrac{2+5}{9}$

   9) 분수

2. 1) $\dfrac{2}{6}$

   2) $\dfrac{5}{6}$

   3) '$\dfrac{2}{6}$, $\dfrac{5}{6}$, 모두'에 밑줄 긋기

   4) + =

   5) $\dfrac{2}{6}+\dfrac{5}{6}$

   6) $\dfrac{7}{6}$

7) $\dfrac{2+5}{6}$

8) 가분수

2차시 **p. 74**

◈ 교사와 함께하기

활동 1

1. 1) $2\dfrac{4}{5}$

   2) $1\dfrac{2}{5}$

   3) 높다

   4)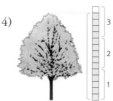

   5) '$2\dfrac{4}{5}$m, $1\dfrac{2}{5}$m, 몇 m 더 높나요'에 밑줄 긋기

   7)

   8) −, '더 높습니까'를 물었기 때문에

   9)

   10) $2\dfrac{4}{5}-1\dfrac{2}{5}=(2-1)+\left(\dfrac{4}{5}-\dfrac{2}{5}\right)$

   11) $1\dfrac{2}{5}$

   12) 대분수

2. 1) $2\dfrac{5}{9}$

   2) 포장

   3) $1\dfrac{1}{9}$

   4) '$2\dfrac{5}{9}$m, $1\dfrac{1}{9}$m, 남은 리본의 길이'에 밑줄 긋기

6)

7) −, 사용하고 남은 리본의 길이를 구하는 것이므로

8)

9) $2\frac{5}{9}-1\frac{1}{9}=(2-1)+(\frac{5}{9}-\frac{1}{9})$

10) $1\frac{4}{9}$

11) 대분수

◆ 스스로 하기

활동 2

1. 1) $2\frac{2}{3}$

   2) $1\frac{1}{3}$

   3) 높다

   4) '$2\frac{2}{3}$m, $1\frac{1}{3}$m, 몇 m 더 높습니까'에 밑줄 긋기

   5)

   6) $2\frac{2}{3}-1\frac{1}{3}=(2-1)+(\frac{2}{3}-\frac{1}{3})$

   7) $1\frac{1}{3}$

   8) 대분수

2. 1) $2\frac{5}{7}$

   2) 포장

   3) $1\frac{1}{7}$

   4) '$2\frac{5}{7}$m, $1\frac{1}{7}$m, 남은 테이프 길이'에 밑줄 긋기

   5)

   6) $2\frac{5}{7}-1\frac{1}{7}=(2-1)+(\frac{5}{7}-\frac{1}{7})$

   7) $1\frac{4}{7}$

   8) 대분수

3차시 **p. 82**

◆ 교사와 함께하기

활동 2

1. 1) 약수터

   2) 약수터, 산 정상

   3) '1.2km, 2.4km, 총 몇 km'에 밑줄 긋기

   5)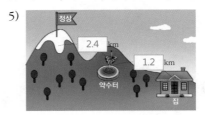

   6) +

   7) 1.2+2.4

   8) 3.6

   10) 소수

2. 1) 자두

   2) 0.35

   3) 0.58

   4) '0.35kg, 0.58kg, 총 몇 kg'에 밑줄 긋기

   6) 0.58, 0.35

   7) +

   8) 0.35+0.58

   9) 0.93

   11) 소수

◆ 스스로 하기

문장제 풀어 보기

1. 1) 학교

   2) 학교, 도서관

   3) '2.1km, 1.4km, 총 몇 km'에 밑줄 긋기

   5) 2.1km   1.4km

   민준이네 집 —— 학교 —— 도서관

   6) +

7) 2.1+1.4

8) 3.5

10) 소수

2. 1) 과자

2) 0.25

3) 0.5

4) '0.25kg, 0.35kg, 총 몇 kg'에 밑줄 긋기

7) +

8) 0.25+0.35

9) 0.5

10) 소수

4차시 p. 91

◈ 교사와 함께하기

도입

● 기호, 점, 선, 도형으로 나타내기

1. 점, 선, 기호

1) 예시: 책 무게, 발 크기, 물의 양 등

2) 예시: (신발장) 안에 든 (신발),
(내 친구들) 중에서 (안경 낀 친구)

활동 1

1. 1) 재현이, 원희

2) 몸무게

4) ㉮ ① 원희, ② 재현이, ③ 더 가볍다고
㉯ ① 원희, 6.2, ② 재현이, 35.7, ③ -

5) 35.7-6.2

	3	5	.	7
-		6	.	2
	2	9	.	5

답: 29.5

2. 1)

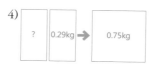

2) 물

3) -

4)

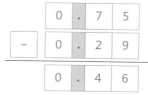

5) 0.75-0.29

	0	.	7	5
-	0	.	2	9
	0	.	4	6

답: 0.46

◈ 스스로 하기

문장제 풀어 보기

2) ③

3) -

5) 12.4-3.573

	1	2	.	4	
-		3	.	5	7	3
		8	.	8	2	7

답: 8.827

5차시 p. 98

◈ 교사와 함께하기

활동 1

1. 1) 4,000원

2) 1,400원

3) 30개

4) 60kg

5) 56바퀴

6) 4,500원

2. 1) 2배, 용돈은 얼마

   2) 민희와 동생 2명, 모두 얼마

   3) 3개씩 10봉지, 모두 몇 개

   4) 준재 몸무게의 2배, 몇 kg

   5) 하루에 8바퀴씩, 일주일 동안

   6) 3명에게, 볼펜 1개, 얼마

활동 2

3) 식: $34 \times 1{,}542$

   풀이: $34 \times 1{,}542 = 52{,}428$

   답: 52,428

◈ 스스로 하기

문장제 풀어 보기

1. 식: 990×32

   풀이: $990 \times 32 = 31{,}680$

   답: 31,680

2. 식: $6{,}743 \times 40$

   풀이: $6{,}743 \times 40 = 269{,}720$

   답: 269,720

3. 식: $25 \times 1{,}250$

   풀이: $25 \times 1{,}250 = 31{,}250$

   답: 31,250

6차시 p. 104

◈ 교사와 함께하기

활동 1

1. 1) 3개

   2) 4자루

---

3) 5개

4) 2분

5) 2분

6) 3명

2. 1) 똑같이 나누어, 한 사람이 몇 개씩

   2) 3명에게 나누어, 몇 자루씩

   3) 철수와 형은 귤을 똑같이 나누어, 한 사람은 몇 개씩

   4) 6정거장, 총 12분, 걸리는 시간

   5) 하루에 운동장을 8바퀴씩, 16분, 걸리는 시간

   6) 한 자루씩 선물, 한 자루는 500원, 몇 명에게 줄 수

활동 2

1. 식: $84 \div 12$

   풀이: $84 \div 12 = 7$

   답: 7

2. 식: $769 \div 30$

   풀이: $769 \div 30 = 25$, 나머지 19

   답: 25, 19

◈ 스스로 하기

문장제 풀어 보기

1. 식: $698 \div 34$

   풀이: $698 \div 34 = 20$, 나머지 18

   답: 20, 18

   검산: $34 \times 20 + 18 = 698$

7차시 p. 111

◈ 교사와 함께하기

도입

● 혼합계산에서 중요한 점 알아보기

  ②

- 혼합계산 순서 알아보기

  ② → ① → ③

활동 1

모두 ×, +

활동 2

1. 1) 6×9−4

    2) (7+3)×4

    3) 6×7+6

    4) 8×4−2

활동 3

1. 1) $2\frac{3}{5}$

    2) 짧아졌다

    3) 식: $15+15-2\frac{3}{5}$

       풀이: $15+15-2\frac{3}{5}=27\frac{2}{5}$

       답: $27\frac{2}{5}$

2. 식: 17+16−31

   풀이: 17+16−31=2

   답: 2

◇ 스스로 하기

문장제 풀어 보기

1. 1) 30×3=90

    2) 90÷2=45

    3) 45−5=40

    4) 식: 30×3

       답: 90

    5) 식: 90÷2

       답: 45

    6) 식: 45−5

       답: 40

    7) 식: (30×3)÷2−5

       답: 40

2. 4) 식: 5×6

      답: 30

    5) 선생님, 선생님, 7개

    6) 더하면

    7) 빼면

    8) 식: 5×6=30+7=50−37

       답: 13

3 단계

1차시 p. 124

◈ 교사와 함께하기

도입 1

● 분수의 모양

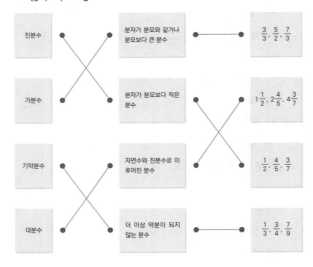

● 분수의 연산

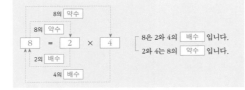

8은 2와 4의 배수 입니다.
2와 4는 8의 약수 입니다.

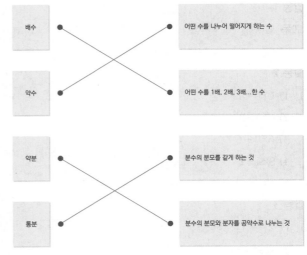

도입 2

● 분수의 연산을 연습해 봅시다.

1. 1, 2, 4
   1, 2, 3, 4, 6, 12
   1, 2, 4
   4

2. 4, 8, 12, 16…
   6, 12, 18, 24…
   12
   12

3. 4
   $\dfrac{1}{3}$

4. 3, 6, 9, 12
   4, 8, 12, 16
   12
   $(\dfrac{8}{12}, \dfrac{9}{12})$

● 다음 표에서 '합하면, 모두'에 해당하는 글자를 찾아
색칠해 봅시다.

1. 더하기 모양

활동 1

2-1. $\dfrac{1}{7} + \dfrac{1}{5}$

2-2. 1번 막대

2번 막대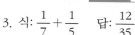

3. 식: $\dfrac{1}{7} + \dfrac{1}{5}$ 답: $\dfrac{12}{35}$

활동 2

2-1. $1\dfrac{1}{9} + 3\dfrac{1}{4}$

2-2.

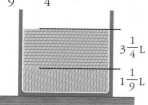

$3\dfrac{1}{4}$ L

$1\dfrac{1}{9}$ L

1번 막대

2번 막대

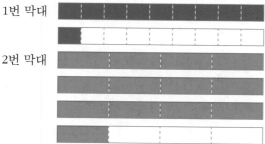

3. 〈방법 1〉 식: $1\dfrac{1}{9} + 3\dfrac{1}{4} = 1 + 3 + \dfrac{1}{9} + \dfrac{1}{4}$

〈방법 2〉 식: $1\dfrac{1}{9} + 3\dfrac{1}{4} = \dfrac{10}{9} + \dfrac{13}{4}$

답: $4\dfrac{13}{36}$

활동 3

2-1. $2\dfrac{1}{2} + 3\dfrac{1}{6}$

2-2.

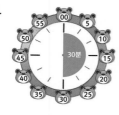 

1번 막대

2번 막대

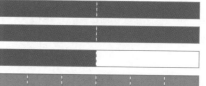

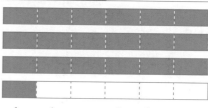

3. 〈방법 1〉 식: $2\dfrac{1}{2} + 3\dfrac{1}{6} = 2 + 3 + \dfrac{1}{2} + \dfrac{1}{6}$

〈방법 2〉 식: $2\dfrac{1}{2} + 3\dfrac{1}{6} = \dfrac{5}{2} + \dfrac{19}{6}$

답: $5\dfrac{2}{3}$

◆ 스스로 하기

문장제 풀어 보기

1. 1) $\dfrac{1}{6} + \dfrac{1}{7}$

   2) $1\dfrac{1}{9} + 3\dfrac{1}{4}$

   3) $2\dfrac{1}{2} + 3\dfrac{1}{3}$

2. 1) $\dfrac{1}{5} + \dfrac{1}{4}$

   2) $2\dfrac{1}{4} + 1\dfrac{1}{5}$

   3) $4\dfrac{1}{2} + 2\dfrac{1}{6}$

계산의 달인

1. 식: $\dfrac{1}{5} + \dfrac{1}{8}$ 답: $\dfrac{13}{40}$

2. 식: $2\dfrac{1}{6} + 4\dfrac{1}{5}$ 답: $6\dfrac{11}{30}$

3. 식: $3\dfrac{1}{6} + 1\dfrac{1}{3}$ 답: $4\dfrac{1}{2}$

4. 식: $\dfrac{1}{4} + \dfrac{1}{9}$ 답: $\dfrac{13}{36}$

5. 식: $4\dfrac{1}{4} + 3\dfrac{1}{6}$ 답: $7\dfrac{5}{12}$

6. 식: $1\dfrac{1}{5} + 2\dfrac{1}{2}$ 답: $3\dfrac{7}{10}$

2차시 p. 141

◆ 교사와 함께하기

도입

1) 식: $\dfrac{1}{2} + \dfrac{1}{3}$ 답: $\dfrac{5}{6}$

2) 식: $\dfrac{1}{3} + \dfrac{1}{4}$ 답: $\dfrac{7}{12}$

   식: $\dfrac{1}{5} + \dfrac{1}{6}$ 답: $\dfrac{11}{30}$

활동 1

1. 1) 빼기 모양

활동 2

2-1. $\dfrac{6}{7} - \dfrac{3}{5}$

2-2.

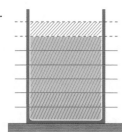

1번 막대	
3번 막대	
2번 막대	

3. 〈방법 1〉 식: $\dfrac{6}{7} - \dfrac{3}{5} = \dfrac{30 - 21}{35}$

   〈방법 2〉 식: $\dfrac{6}{7} - \dfrac{3}{5} = \dfrac{30}{35} - \dfrac{21}{35}$

   답: $\dfrac{9}{35}$

활동 3

2-1. 식: $\dfrac{7}{12} - \dfrac{1}{6} - \dfrac{2}{3}$

2-2. $\dfrac{1}{6}$, $\dfrac{2}{3}$

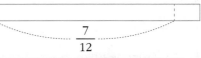

1번 막대 .... $\dfrac{7}{12}$

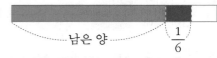

2번 막대 .... 남은 양 .... $\dfrac{1}{6}$

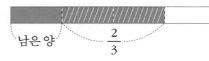

3번 막대 .... 남은 양 .... $\dfrac{2}{3}$

○ 2번 막대 식: $\dfrac{7}{12} - \dfrac{1}{6}$

○ 3번 막대 식: $\dfrac{7}{12} - \dfrac{1}{6} - \dfrac{2}{3}$

3. 식: $\dfrac{7}{12} - \dfrac{1}{6} - \dfrac{2}{3}$

   답: $\dfrac{1}{12}$

활동 4

2-1. $3\dfrac{23}{24} - 1\dfrac{2}{3} - 1\dfrac{1}{4}$

2-2. $1\dfrac{2}{3}$, $1\dfrac{3}{4}$

〈방법 1〉 식: $3\dfrac{23}{24} - 1\dfrac{2}{3} - 1\dfrac{1}{4} =$

   $3 - 1 - 1 + \dfrac{23}{24} - \dfrac{2}{3} - \dfrac{1}{4} = 1 + \dfrac{1}{24}$

〈방법 2〉 식: $3\dfrac{23}{24} - 1\dfrac{2}{3} - 1\dfrac{1}{4} = \dfrac{95}{24} - \dfrac{5}{3} - \dfrac{5}{4}$

   답: $\dfrac{25}{24}$

◆ 스스로 하기

문장제 풀어 보기

1. 1) $\dfrac{6}{7} - \dfrac{2}{5}$

   2) $\dfrac{16}{19} - \dfrac{1}{7} - \dfrac{2}{13}$

   3) $3\dfrac{4}{5} - 1\dfrac{2}{3} - 1\dfrac{3}{4}$

2. 1) $\dfrac{3}{5} - \dfrac{1}{2}$

2) $\dfrac{7}{10} - \dfrac{1}{5} - \dfrac{1}{6}$

3) $4\dfrac{3}{5} - 1\dfrac{3}{4} - 1\dfrac{1}{2}$

계산의 달인

1. 식: $\dfrac{5}{6} - \dfrac{2}{5}$ 답: $\dfrac{13}{30}$

2. 식: $\dfrac{7}{12} - \dfrac{1}{4} - \dfrac{1}{24}$ 답: $\dfrac{7}{24}$

3. 식: $5\dfrac{5}{6} - 2\dfrac{1}{2} - 1\dfrac{11}{12}$ 답: $\dfrac{17}{12}$

4. 식: $\dfrac{7}{8} - \dfrac{2}{3}$ 답: $\dfrac{5}{24}$

5. 식: $\dfrac{13}{14} - \dfrac{2}{7} - \dfrac{1}{2}$ 답: $\dfrac{1}{7}$

6. 식: $4\dfrac{3}{4} - 2\dfrac{1}{2} - 1\dfrac{3}{4}$ 답: $\dfrac{1}{2}$

7. 식: $\dfrac{5}{7} - \dfrac{3}{8}$ 답: $\dfrac{19}{56}$

8. 식: $\dfrac{5}{6} - \dfrac{2}{5} - \dfrac{2}{15}$ 답: $\dfrac{3}{10}$

9. 식: $4\dfrac{2}{3} - 1\dfrac{1}{5} - 2\dfrac{2}{15}$ 답: $1\dfrac{1}{3}$

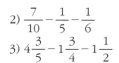

도입

● 규칙 찾기 전략

예 1)

예 2) 12개, 16개, 20개

활동 1

2-2.

$\dfrac{\boxed{15}}{9}$

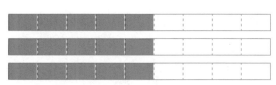

2-3.

접시1	접시2	접시3
$\dfrac{5}{9}$	$\dfrac{5}{9}$	$\dfrac{5}{9}$

식: $\dfrac{5}{9} + \dfrac{5}{9} + \dfrac{5}{9}$

2-4.

접시1	접시1 + 접시2	접시1 + 접시2 + 접시3
$\dfrac{5}{9}$	$\dfrac{5}{9} + \dfrac{5}{9}$	$\dfrac{5}{9} + \dfrac{5}{9} + \dfrac{5}{9}$

식: $\dfrac{5}{9} + \dfrac{5}{9} + \dfrac{5}{9}$

3. 〈방법 1〉 식: $\dfrac{5}{9} + \dfrac{5}{9} + \dfrac{5}{9}$

   〈방법 2〉 식: $\dfrac{5}{9} \times 3$

   답: $\dfrac{15}{9}$

활동 2

2-2. 1) $11\dfrac{1}{4} + 11\dfrac{1}{4} + 11\dfrac{1}{4} + 11\dfrac{1}{4} + 11\dfrac{1}{4} +$

   $11\dfrac{1}{4} + 11\dfrac{1}{4} + 11\dfrac{1}{4} + 11\dfrac{1}{4} + 11\dfrac{1}{4} +$

   $11\dfrac{1}{4} + 11\dfrac{1}{4}$

   2) $11\dfrac{1}{4} \times 12$

   3) 곱셈

3. 식: $11\dfrac{1}{4} \times 12 = \dfrac{45}{4} \times 12 = \dfrac{540}{4}$

   답: 135

활동 3

2-2. 2m, 6m

3. 〈방법 1〉 식: $8 \times \dfrac{3}{4} = \dfrac{8 \times 3}{4} = \dfrac{24}{4}$

   〈방법 2〉 식: $8 \times \dfrac{3}{4} = 2 \times 3$

   답: 6

3차시 p. 156

◈ 교사와 함께하기

활동 4

2-2. $\dfrac{24}{36}$

3. 〈방법 1〉 식: $\dfrac{3}{4} \times \dfrac{8}{9} = \dfrac{24}{36}$

   〈방법 2〉 식: $\dfrac{\overset{1}{\cancel{3}}}{\underset{1}{\cancel{4}}} \times \dfrac{\overset{2}{\cancel{8}}}{\underset{3}{\cancel{9}}}$

   답: $\dfrac{2}{3}$

◈ 스스로 하기

문장제 풀어 보기

1. 1) $\dfrac{5}{8} \times 4$

   2) $9\dfrac{2}{5} \times 10$

2. 1) $12 \times \dfrac{2}{3}$

   2) $\dfrac{5}{8} \times \dfrac{3}{7}$

계산의 달인

1. 식: $\dfrac{5}{8} \times 4$ 답: $\dfrac{5}{2}$

2. 식: $8\dfrac{1}{3} \times 9$ 답: 75

3. 식: $6 \times \dfrac{2}{3}$ 답: 4

4. 식: $\dfrac{5}{6} \times \dfrac{3}{4}$ 답: $\dfrac{5}{8}$

5. 식: $\dfrac{5}{6} \times 6$ 답: 5

6. 식: $4\dfrac{2}{5} \times 10$ 답: 44

7. 식: $18 \times \dfrac{5}{6}$ 답: 15

8. 식: $\dfrac{4}{7} \times \dfrac{5}{6}$ 답: $\dfrac{10}{21}$

4차시 p. 173

◈ 교사와 함께하기

도입

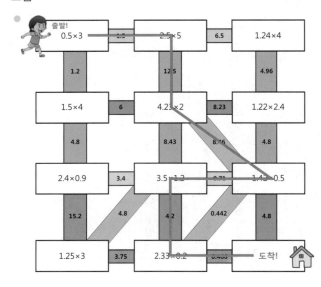

● 표 만들기 전략

예)	1일	2일	3일	4일	5일
	1.5L	1.5L	1.5L	1.5L	1.5L

● 규칙 찾기 전략

예 1)

예 2)	1일	2일	3일	4일	5일
	0.5cm	1.0cm	1.5cm	2.0cm	2.5cm

활동 1

2-2. 2, 3, 4, 9, 10, 11 / 6개

2-3.	1일	2일	3일	4일	5일	6일
	2.4km	2.4km	2.4km	2.4km	2.4km	2.4km

2.4+2.4+2.4+2.4+2.4+2.4

2-4.

2.4+2.4+2.4+2.4+2.4+2.4

3. 〈방법 1〉 식: 2.4+2.4+2.4+2.4+2.4+2.4

〈방법 2〉 식: $\frac{24}{10}$ / $\frac{24}{10}×6=\frac{144}{10}$

〈방법 3〉

	2	.	4
×			6
1	4	.	4

활동 2

2-2.

0.45 / 0.9 / 0.45×5.3

3. 〈방법 1〉 $\frac{45}{100}$, $\frac{53}{10}$ / 식: $\frac{45}{100}×\frac{53}{10}=\frac{2385}{1000}$

〈방법 2〉 식:

	0	.	4	5
	×		5	.	3
		1	3	5
+	2	2	5	
	2	.	3	8	5

답: 2.385

활동 3

2-2. 0.7 / 2.35 / 2.35×0.7

3. 〈방법 1〉 $\frac{235}{100}$ / $\frac{7}{10}$ / 식: $\frac{235}{100}×\frac{7}{10}=\frac{1645}{1000}$

〈방법 2〉 식:

	2	.	3	5
×		0	.	7
1	.	6	4	5

답: 1.645

◆ 스스로 하기

문장제 풀어 보기

1. 0.2×8

2. 1.43×1.1

계산의 달인

1. 식: 3.5×7   답: 24.5

2. 식: 0.32×4.5   답: 1.44

3. 식: 1.54×0.2   답: 0.308

4. 식: 2.3×6   답: 13.8

5. 식: 0.15×6.2   답: 0.93

6. 식: 2.32×0.4   답: 0.928

5차시 p. 185

◆ 교사와 함께하기

활동 1

● 막대로 그려 봅시다.

2-2.

4 ÷ 5

3. 식: 4÷5   답: $\frac{4}{5}$

활동 2

● 막대로 그려 봅시다.

2-2.

$\frac{6}{7}$ ÷ 3

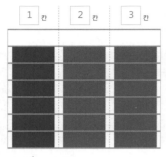

, $\dfrac{6}{21}$

3. 식: $\dfrac{6}{7} \div 3$

　　답: $\dfrac{2}{7}$

활동 3

2-2.

● 막대로 그려 봅시다.

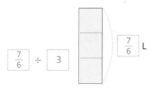

$\dfrac{7}{6}$ ÷ 3 　$\dfrac{7}{6}$ L

● 표로 그려 봅시다.

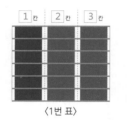

〈1번 표〉　　〈2번 표〉

－1번 표: $\dfrac{6}{18}$, 2번 표: $\dfrac{1}{18}$

－1번 표＋2번 표 ＝ $\dfrac{6}{18} + \dfrac{1}{18} = \dfrac{7}{18}$

3. 〈방법 1〉 식: $\dfrac{6}{18} + \dfrac{1}{18}$

　　〈방법 2〉 식: $\dfrac{7}{6} \div 3 = \dfrac{7}{6} \times \dfrac{1}{3}$

　　　　　답: $\dfrac{7}{18}$

활동 4

2-2. 2

---

3. 식: 1) $2 \div 5 = \dfrac{2}{1} \times \dfrac{1}{5}$

　　　2) $\dfrac{2}{5} = \dfrac{2 \times 2}{5 \times 2} = \dfrac{4}{10}$

　　　3) $\dfrac{4}{10} = 0.4$

　　답: 0.4

활동 5

2-2. $2\dfrac{2}{9}$

3. 식: 1) $\dfrac{20}{9}$

　　　2) $\dfrac{20}{9} \div 7 = \dfrac{20}{9} \times \dfrac{1}{7}$

　　답: $\dfrac{20}{63}$

◆ 스스로 하기

문장제 풀어 보기

1. $5\dfrac{1}{2} \div 5$　　2. $3 \div 6$　　3. $\dfrac{8}{5} \div 4$　　4. $4 \div 5$

계산의 달인

1. 식: $7 \div 9$　　　답: $\dfrac{7}{9}$

2. 식: $\dfrac{5}{7} \div 5$　　답: $\dfrac{1}{7}$

3. 식: $\dfrac{7}{3} \div 5$　　답: $\dfrac{7}{15}$

4. 식: $3 \div 5$　　　답: 0.6

5. 식: $5 \div 6$　　　답: $\dfrac{5}{6}$

6. 식: $\dfrac{3}{8} \div 4$　　답: $\dfrac{3}{32}$

7. 식: $\dfrac{6}{5} \div 4$　　답: $\dfrac{3}{10}$

8. 식: $1 \div 5$　　　답: 0.2

6차시　p. 202

활동 1

2-2. 4.8 / 4

3. 〈방법 1〉 1) $\dfrac{48}{10}$

2) $4.8 \div 4 = \dfrac{48}{10} \div 4 = \dfrac{48}{10} \times \dfrac{1}{4}$

$= \dfrac{12}{10} = 1.2$

〈방법 2〉 식:

$$4 \overline{)\,4\,.\,8\,} \quad \rightarrow \quad 4 \overline{)\,\begin{array}{c}1\\4\,.\,8\\ \hline 4\end{array}} \quad \rightarrow \quad 4 \overline{)\,\begin{array}{c}1\ \ 2\\4\,.\,8\\ \hline 4\ \\ \hline 8\\ 8\\ \hline 0\end{array}}$$

답: 1.2

◈ 스스로 하기

문장제 풀어 보기

1. $4.5 \div 3$ 2. $6.3 \div 9$

계산의 달인

1. 식: $5.5 \div 5$ 답: 1.1

2. 식: $6.9 \div 3$ 답: 2.3

3. 식: $3.2 \div 8$ 답: 0.4

4. 식: $7.2 \div 6$ 답: 1.2

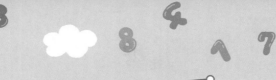

4 단계

1차시 p. 212

◈ 교사와 함께하기

도입 2

1) 5   2) 10   3) 1

4) 2   5) $\frac{1}{3}$ 6) $\frac{1}{12}$

7) $\frac{1}{5}$ 8) $\frac{29}{24}$ 9) $\frac{11}{12}$

활동 1

1. 2) 7묶음

답: 7

2. 1) 5kg, 무게를 세는 단위, 킬로그램, 1,000

    2) 8묶음

    3) 5, $\frac{5}{8}$, 5, $\frac{5}{8}$

    4) 5, $\frac{5}{8}$, 5, $\frac{8}{5}$, 8

     답: 8

3. 1) 70, $5\frac{5}{6}$, $\frac{35}{6}$

    2) 12묶음

    3) $5\frac{5}{6}$, 70, $5\frac{5}{6}$

    4) 답: 12

◈ 교사와 함께하기

활동 2

1. 3) $6 \div \frac{3}{7}$

    4) $\div, \times, \frac{7}{3}, 14$

    답: 14

2. 2) $9 \div \frac{3}{4}$

    3) $\div, \times, \frac{4}{3}, 12$

    답: 12

◈ 스스로 하기

문장제 풀어 보기

1. 1) 정육점, 10, $\frac{1}{3}$

    3) 10, $\frac{1}{3}$, 10, $\div$, $\frac{1}{3}$

    식: $10 \div \frac{1}{3}$

    답: 30

2. 30, 28, 있습니다

3. 1) 54, $3\frac{3}{8}$

    3) $3\frac{3}{8}$, $3\frac{3}{8}$, $\frac{27}{8}$, 54, $\div$, $\frac{27}{8}$

    식: $54 \div \frac{27}{8}$

    답: 16

4. 1) 리본, $\frac{5}{7}$, 5

    3) $\frac{5}{7}$, 5, $\div$, $\frac{5}{7}$

    식: $5 \div \frac{5}{7}$

    답: 7

2차시 p. 231

◈ 교사와 함께하기

도입 1

● (자연수)÷(분수) 복습하기

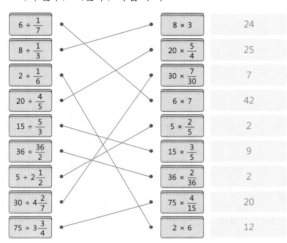

활동 1

2. 1) $4\frac{1}{4}$ kg, $2\frac{1}{8}$ kg, $\frac{17}{4}$ kg, $\frac{17}{8}$ kg

2) 2묶음

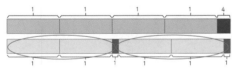

3) $4\frac{1}{4}$, $2\frac{1}{8}$, $4\frac{1}{4}$, $2\frac{1}{8}$

4) $4\frac{1}{4}$, $2\frac{1}{8}$, $\frac{17}{4}$, $\frac{8}{17}$, 2

답: 2

◈ 스스로 하기

활동 2

1. 3) $3\frac{2}{5} \div 1\frac{7}{10}$

4) ÷, $\frac{17}{5}$, ×, $\frac{10}{17}$, 2

답: 2

확인하기) 6m, 4m, 6m, 4m, 24m²

2. 2)

3. 3) $4\frac{1}{6} \div \frac{5}{7}$

4) ÷, $\frac{25}{6}$, ×, $\frac{7}{5}$, $\frac{35}{6}$

답: $\frac{35}{6}$

문장제 풀어 보기

◆ 고구마밭 넓이: $4\frac{1}{5}$ m², 감자밭 넓이: $1\frac{1}{2}$ m²

◆ 고구마 무게: $1\frac{3}{4}$ kg, 감자 무게: $4\frac{1}{2}$ kg

1. 1) $4\frac{1}{5}$ m², $1\frac{1}{2}$ m², m, 넓이, 가분수

2) $4\frac{2}{10}$ m², $1\frac{5}{10}$ m²

3) $4\frac{1}{5}$, $1\frac{1}{2}$, $4\frac{1}{5}$, ÷, $1\frac{1}{2}$

식: $4\frac{1}{5} \div \frac{1}{2}$

답: $\frac{14}{5}$

2. 1) $1\frac{3}{4}$ kg, $\frac{7}{8}$ kg

3) $1\frac{3}{4}$, ÷, $\frac{7}{8}$

식: $1\frac{3}{4} \div \frac{7}{8}$

답: 2

3. 1) $4\frac{1}{2}$ kg, $\frac{3}{4}$ kg

3) $4\frac{1}{2}$, ÷, $\frac{3}{4}$

식: $4\frac{1}{2} \div \frac{3}{4}$

답: 6

◈ 활용하기

활동 3

1)

모양 조각	넓이
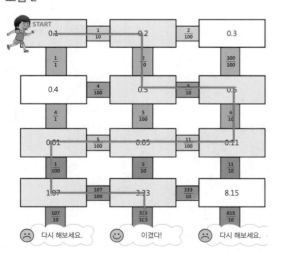	1
	$\dfrac{1}{2}$
	$\dfrac{1}{4}$
	$\dfrac{1}{8}$

3차시   p. 248

◈ 교사와 함께하기

도입 2

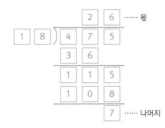

활동 1

1. 4) 답: 6

2. 1) 4.75, 0.18

  4) 4.75, 0.18, $\dfrac{475}{100}$, $\dfrac{18}{100}$, 475, 18

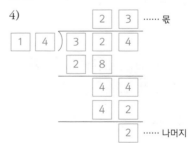

몫 = 26, 나머지 = 0.07

◈ 스스로 하기

활동 2

1. 3) 13.3÷1.9

  4) ÷, $\dfrac{133}{10}$, ÷, $\dfrac{19}{10}$, 133, ÷, 19, 7, 7

2. 1) 3.24, 0.14, 들이를 재는 단위, 리터

  3) 3.24÷0.14

  4)

몫 = 23, 나머지 = 0.02

문장제 풀어 보기

1. 1) 52.5cm, 7.5cm

  3) ÷, $\dfrac{525}{10}$, ÷, $\dfrac{75}{10}$, 525, ÷, 75, 7, 7

2. 1) 2.33L, 0.53L, 몫

  3) 2.33L, ÷, 0.53L

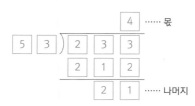

몫 = 4, 나머지 = 0.21, 4

답: 4

3. 1) 0.19kg, 0.03kg, 몫

   3) 0.19kg, ÷, 0.03kg

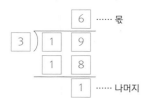

   몫 = 6, 나머지 = 0.1

   답: 0.1

◈ 활용하기

활동 3

1. 1) 7   2) 3   3) 5

4차시 p. 264

◈ 교사와 함께하기

1)

활동 1

2. 1) 124cm, 3.1cm, 124cm, 3.1cm

---

3) 124, 3.1, 124, 3.1

4) 124, 3.1, 40

   답: 40

5) 124, 3.1

◈ 스스로 하기

활동 2

1. 3) 144÷2.4

   4) ÷, $\dfrac{1440}{10}$, ÷, $\dfrac{24}{10}$, 1440, ÷, 24, 60

   답: 60

   5) ÷

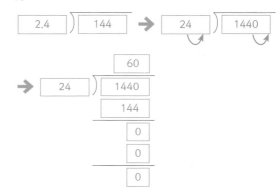

2. 1) 114m, 9.5m, 144m, 9.5m, ÷

   3) 114÷9.5

   4) ÷, $\dfrac{1140}{10}$, ÷, $\dfrac{95}{10}$, 1140, ÷, 95, 12

   답: 12

   5) ÷

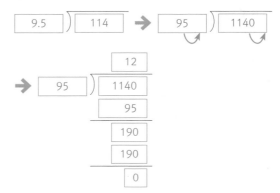

문장제 풀어 보기

1. 1) 356km, 44.5km, ÷

   3) 식: $356 \div 44.5 = \dfrac{3560}{10} \div \dfrac{445}{10} = 3560 \div 445$

   답: 8

   4) 식:

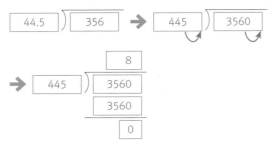

   답: 8

   5) 오후 5시

2. 1) 1.3분, 65분, ÷, 100

   3) 식: $65 \div 1.3 = \dfrac{650}{10} \div \dfrac{13}{10} = 650 \div 13$

   답: 50

   4) 식:

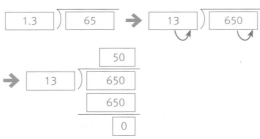

   답: 5,000

   5) $50 \times 100 = 5000$

3. 1) 6.4kg, 0.32kg, ÷

   3) 식: $6.4 \div 0.32 = \dfrac{640}{100} \div \dfrac{32}{100} = 640 \div 32$

   답: 20

   4) 식:

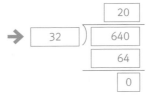

   답: 20

◈ 활용하기

활동 3

1. 1) 60명   2) 34명   3) 25명

5차시 p. 282

◈ 교사와 함께하기

도입 2

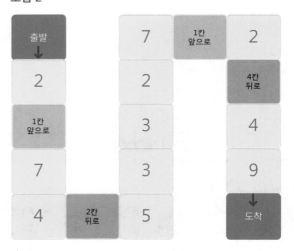

활동 1

2. $\dfrac{16}{100}$, $\dfrac{24}{10}$, ×, $\dfrac{100}{16}$, 15, 15

◈ 스스로 하기

활동 1

1. 1) ⬡ 30.4 m

    ⬡ 0.38 cm

    △ 몇 배

  2) 30.4, 0.38, m, cm,
     하나의 단위로 통일해야, 3040cm,
     몇 배, 곱셈, 나눗셈, 실제 거리,
     지도에서의 거리, 몇 배, 나눗셈

  3) 3040, ÷, 0.38

  4) 식: 3040÷0.38
     답: 8,000

2. 1) ⬡ 5.4 m²

    ⬡ 45 cm

    △ 몇 m

  2) 세로 길이×가로 길이, 45cm, 5.4m²,
     5.4m², 45cm, 5.4m², 45cm, cm, m², m,
     0.45, 5.4m², 0.45m

  3) 5.4÷0.45

  4) 식: 5.4÷0.45
     답: 12

문장제 풀어 보기

1. 1) ⬭ 0.042 m²   ⬭ 35 cm

    △ 가로의 길이

  2) 0.042, 35, m², cm, 세로 길이×가로 길이,
     0.042m², 35cm, 0.042m², 35cm

  3) 0.042÷0.35

  4) 식: 0.042÷0.35
     답: 0.12

2. 1) ⬭ 0.63 cm   ⬭ 18.9 m

    △ 배

  2) 0.63, 18.9, cm, m, 단위를 통일해야,
     1890cm, 배, 곱셈, 나눗셈,
     장난감 기차, 실제 기차, 몇 배, 나눗셈

  3) 1890÷0.63

  4) 식: 1890÷0.63
     답: 3,000

3. 1) ⬭ 6.3 cm   ⬭ 18.9 cm²

    △ 세로 길이

  2) 6.3, 18.9, cm, cm², 세로 길이×가로 길이, 18.9cm²,
     6.3cm, 18.9cm², 6.3cm

  3) 18.9÷6.3

  4) 식: 18.9÷6.3
     답: 3

◈ 활용하기

활동 3

1.

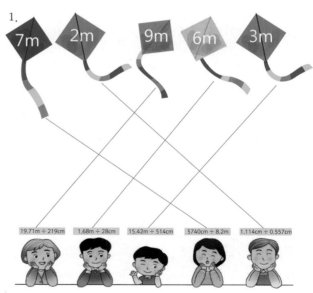

정답지 **357**

6차시 p. 298

◈ 교사와 함께하기

도입 1

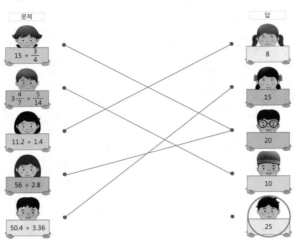

활동 1

2. 4) 5, 답: 5

◈ 스스로 하기

활동 2

1. 1) $\frac{7}{10}$ kg   1.4 kg

   몇 배   진분수

2) $\frac{7}{10}$, 1.4, kg, 몇 배, 곱셈, 나눗셈, 진분수, 분수

3) $\frac{7}{10} \div 1.4$

4) $\frac{7}{10} \div 1.4 = \frac{7}{10} \div \frac{14}{10} = \frac{7}{10} \times \frac{10}{14}$

   답: $\frac{1}{2}$

2. 1) 3.9 kg $1\frac{3}{10}$ kg   나누어

2) $3.9 \div 1\frac{3}{10}$

3) 〈예시 답〉

$3.9 \div 1\frac{3}{10} = \frac{39}{10} \div \frac{13}{10} = 39 \div 13$

답: 3

3. 1) 1.69 $\frac{13}{20}$ m²   m   몇 m

2) $\frac{13}{20}$ m, 1.69m², 1.69m², $\frac{13}{20}$ m, 1.69m², $\frac{13}{20}$ m,

   대분수, 분수

3) $1.69 \div \frac{13}{20}$

4) 답: $2\frac{3}{5}$

활동 3

1) 넓이   4.55   cm²

   밑변   1.3   cm

   높이   몇 cm

2) 4.55cm², 1.3cm, 4.55cm², 1.3cm

3) 4.55 ÷ 2 ÷ 1.3

4) 답: 1.75

문장제 풀어 보기

1. 1) $3\frac{1}{5}$ m²   0.8 m   3.6 kg

   $21\frac{3}{5}$ kg   3.6 kg $\frac{3}{5}$ kg

   씩

2) $3\frac{1}{5}$, 0.8, m², m, 세로 길이×가로 길이,

   $3\frac{1}{5}$ m², 0.8m, $3\frac{1}{5}$ m², 0.8m

3) $3\frac{1}{5} \div 0.8$

4) $3\frac{1}{5} \div 0.8$

   답: 4

358   정답지

2. 2) 3.6, $21\frac{3}{5}$, kg

   3) $21\frac{3}{5} \div 3.6$

   4) $21\frac{3}{5} \div 3.6$

   답: 6

3. 2) 3.6, $\frac{3}{5}$, kg

   3) $3.6 \div \frac{3}{5}$

   4) $3.6 \div \frac{3}{5}$

   답: 6

7차시   p. 313

◈ 교사와 함께하기

도입 1

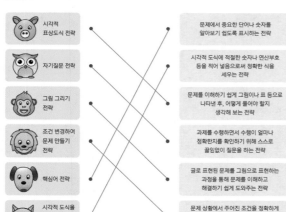

도입 2

4) 4

5) $\frac{1}{3}$

6) $\frac{5}{6}$

7) 2

8) $2\frac{1}{5}$

9) $2\frac{3}{5}$

도입 3

4) $5.22 \div 15 = 0.348$

5) 0.35

활동 1

1. 1)

  7.75 kg $4\frac{1}{4}$ kg   7 개

  소수 셋째 자리에서 반올림   소수 둘째 자리

  2) 1.71

2. 1)

  $1\frac{1}{2}$ 시간   13.5 kg $2\frac{1}{4}$ 시간

  소수 둘째 자리에서 반올림   소수 첫째 자리

  4) 20.25

◈ 스스로 하기

활동 2

1. 2) 0.27

2. 2) 0.98

3. 2) 29.2

문장제 풀어 보기

1. 2) 0.57

2. 2) 47.17

3. 1) 1.14

  2) 5.7

김동일, 허상, 김이내, 이기정(2009). 수학학습장애 위험아동 조기 판별을 위한 수감각 검사의 적용 가능성 고찰. 아시아교육연구, 10(3), 103−122.

김성화, 강병주, 최정미, 변찬석(2006). '가르기−모으기' 놀이가 수학 학습장애 아동의 가감산 능력에 미치는 효과. 정서·행동장애연구, 22(3), 349−369.

김수미(2006). 수학 학습부진아를 위한 계산 전략 지도. 과학교육논총, 19, 101−113.

김양권, 홍진곤(2016). 수 개념 학습에서 수직선의 도입과 활용. 한국초등수학교육학회지, 20(3), 431−456.

박만구, 김성옥, 송상헌(2017). 수와 기수법의 필수 이해. 교우사.

심진경, 최순미, 석주식(2008). 초등수학 개념사전. 서울: 아울북.

안승철(2010). 아이들은 왜 수학을 어려워할까? 서울: 궁리.

이태수, 홍성두(2007). 문장제 문제에 대한 일반아동과 저성취아동 및 수학학습장애아동의 중재반응 특성 비교 분석. 정서·행동장애연구, 23(1), 187−210.

장혜원(2014). 덧셈과 뺄셈의 대안적 계산방법 지도에 대한 연구. 수학교육학연구, 24(4), 623−644.

정재석, 김유원(2017). 계산자신감 1권: 직산과 수량의 인지, 수끼리의 관계. 서울: 북랩.

정재석, 송푸름(2017). 계산자신감 4권: 곱셈과 나눗셈. 서울: 북랩.

최혜진, 조은래, 김선영(2013). 수세기 능력이 유아의 수학능력과 수학학습잠재력에 미치는 영향. Korean J. of Child Studies, 34(1), 123−140.

홍갑주, 강정민(2016). 수 세기 이론 관점에서의 초등학교 교과서 고찰. 학교수학, 18(2), 375−396.

Albert Dean Otto(2016). 곱셈과 나눗셈의 필수 이해. 백석윤, 류현아, 이종영, 도주연 역. 교우사.

Fuson, K. C., & Fuson, A. M. (1992). Instruction supporting children's counting on for addition and counting up for subtraction. *Journal for Research in Mathematics Education, 23*(1), 72−78.

Gelman, R., & Gallistel, C. R. (1978). *The child's understanding of number*. Harvard University Press.

Halberda, J., Mazzocco, M. M., & Feigenson, L. (2008). Individual differences in non-verbal number acuity correlate with maths achievement. *Nature, 455*(7213), 665.

National Council of Teachers of Mathematics(NCTM) (2014). *Principles to actions: Ensuring mathematical success for all*. NCTM.

Pica, P., Lemer, C., Izard, V., & Dehaene, S. (2004). Exact and approximate arithmetic in an Amazonian indigene group. *Science, 306*(5695), 499−503.

Secada, W. G., Fuson, K. C., & Hall, J. W. (1983). The transition from counting-all to counting-on in addition. *Journal for Research in Mathematics Education*, 47−57.

Seron, X., Pesenti, M., Noel, M. P., Deloche, G., & Cornet, J. A. (1992). Images of numbers, or "When 98 is upper left and 6 sky blue". *Cognition, 44*(1−2), 159−196.

Van de Walle, J. A. (1998). Elementary and middle school mathematics: Teaching developmentally. Addison-Wesley Longman, Inc., 1 Jacob Way, Reading, MA 01867; toll-free.

저자 소개

김동일(Kim, Dongil)

서울대학교 사범대학 교육학과 교육상담전공 교수 및 대학원 특수교육
전공 주임교수, 서울대학교 대학생활문화원 원장, 장애학생지원센터 상
담교수, 서울대학교 특수교육연구소 소장으로 재직하고 있다. 서울대학
교 교육학과를 졸업하고, 교육부 국비유학생으로 도미하여 미네소타 대
학교 교육심리학과에서 석사 · 박사학위를 취득하였다.

Developmental Studies Center, Research Associate, 한국청소년상담원
상담교수, 경인교육대학교 교육학과 교수, 한국학습장애학회 회장, 서울
대학교 사범대학 기획실장, 국가 청소년보호위원회 위원, BK21 미래교
육디자인연구사업단 단장 등을 역임하였다. 국가 수준의 인터넷중독 척
도와 개입연구를 진행하여 정보화역기능예방사업에 대한 공로로 행정안
전부 장관표창 및 연구논문 · 저서의 우수성으로 한국상담학회 학술상
(2014/2016)과 학지사 저술상(2012)을 수상하였다.

현재 (사)한국교육심리학회 회장, 한국아동청소년상담학회 회장, 여성가
족부 학교밖청소년지원위원회(2기) 위원, 국무총리실 사행산업통합감독
위원회(중독분과) 민간위원 등으로 봉직하고 있다.

『지능이란 무엇인가?』『학습장애아동의 이해와 교육』『청소년상담학개
론』을 비롯하여 50여 권의 저 · 역서가 있으며, 300여 편의 등재전문 학
술논문(SSCI/KCI)을 발표하였고, 기초학습기능 수행평가체제(BASA)를
포함한 30여 개의 표준화 검사를 개발하였다.

2017년 대한민국 교육부와
한국연구재단의 지원을 받아 수행된 연구임
(NRF-2017S1A3A2066303)

연구책임자 김동일(서울대학교 교육학과)

참여연구원 김희주(서울대학교 특수교육연구소)

안예지(서울대학교 특수교육연구소)

김희은(서울대학교 특수교육연구소)

신혜연 Gladys(서울대학교 특수교육연구소)

김은삼(서울대학교 특수교육연구소)

임희진(서울대학교 특수교육연구소)

황지영(서울대학교 특수교육연구소)

이연재(서울대학교 특수교육연구소)

조은정(서울대학교 특수교육연구소)

안제춘(서울대학교 특수교육연구소)

문성은(서울대학교 특수교육연구소)

송푸름(서울대학교 특수교육연구소)

장혜명(서울대학교 특수교육연구소)

BASA와 함께하는
수학능력 증진 개별화 프로그램

수학 나침반
❸ 수학 문장제편

2020년 9월 25일 1판 1쇄 인쇄
2020년 9월 30일 1판 1쇄 발행

지은이 • 김동일
펴낸이 • 김진환
펴낸곳 • (주) **학지사**

04031 서울특별시 마포구 양화로 15길 20 마인드월드빌딩
대표전화 • 02)330-5114   팩스 • 02)324-2345
등록번호 • 제313-2006-000265호

홈페이지 • http://www.hakjisa.co.kr
페이스북 • https://www.facebook.com/hakjisa

ISBN 978-89-997-2128-1 93370

정가 27,000원

이 도서의 국립중앙도서관 출판시도서목록(CIP)은 서지정보유통지원
시스템 홈페이지(http://seoji.nl.go.kr)와 국가자료공동목록시스템
(http://www.nl.go.kr/kolisnet)에서 이용하실 수 있습니다.
(CIP 제어번호: CIP2020039209)

출판 · 교육 · 미디어기업 학지사

간호보건의학출판 **학지사메디컬** www.hakjisamd.co.kr
심리검사연구소 **인싸이트** www.inpsyt.co.kr
학술논문서비스 **뉴논문** www.newnonmun.com
원격교육연수원 **카운피아** www.counpia.com

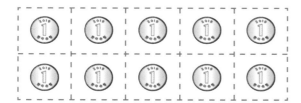

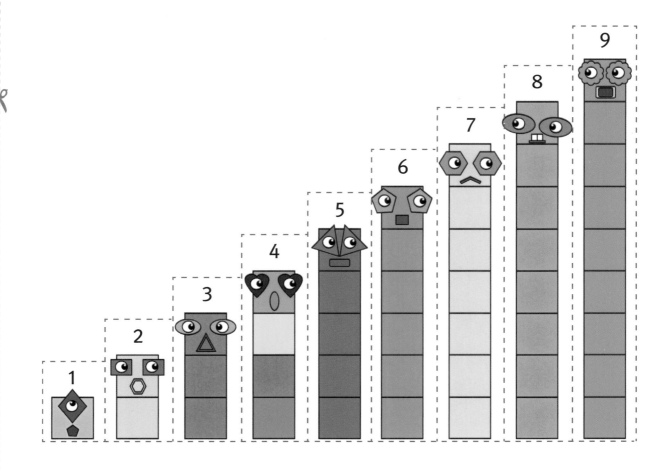

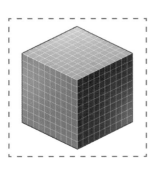
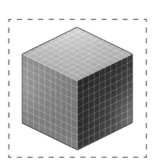
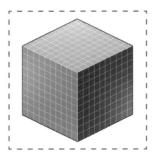

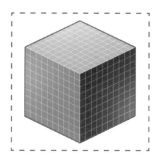
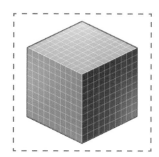
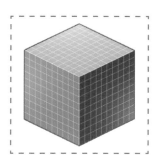

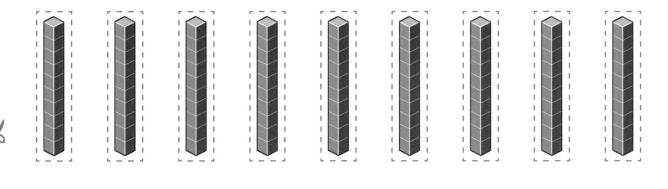

4

* 필요한 만큼만 떼어 내어 교재에 붙이세요.

* 필요한 만큼만 떼어 내어 교재에 붙이세요.

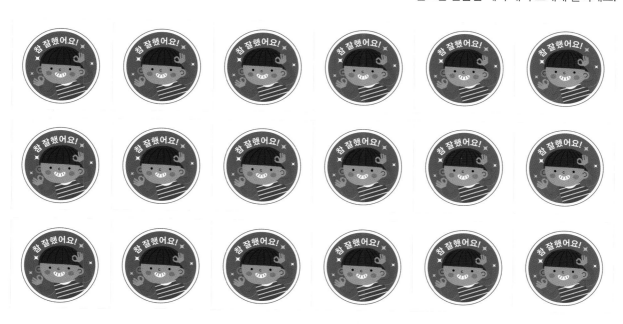

1)

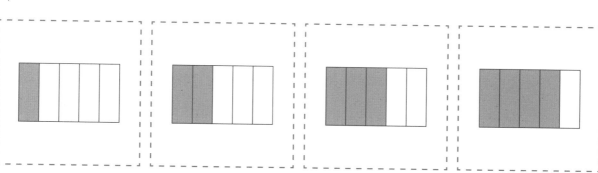

2)

$$\frac{1}{7}$$ $$\frac{2}{7}$$

$$\frac{3}{7}$$ $$\frac{4}{7}$$

$$\frac{5}{7}$$ $$\frac{6}{7}$$

3)

$$\frac{1}{9}$$ $$\frac{2}{9}$$

$$\frac{3}{9}$$ $$\frac{4}{9}$$

$$\frac{5}{9}$$ $$\frac{6}{9}$$

1			

| $\frac{1}{2}$ | | | |

| $\frac{1}{3}$ | $\frac{1}{3}$ | | |

| $\frac{1}{4}$ | $\frac{1}{4}$ | $\frac{1}{4}$ | |

| $\frac{1}{5}$ | $\frac{1}{5}$ | $\frac{1}{5}$ | $\frac{1}{5}$ | |

| $\frac{1}{6}$ | $\frac{1}{6}$ | $\frac{1}{6}$ | $\frac{1}{6}$ | $\frac{1}{6}$ | |

| $\frac{1}{8}$ | $\frac{1}{8}$ | $\frac{1}{8}$ | $\frac{1}{8}$ | $\frac{1}{8}$ | $\frac{1}{8}$ | $\frac{1}{8}$ | |

| $\frac{1}{10}$ | $\frac{1}{10}$ | $\frac{1}{10}$ | $\frac{1}{10}$ | $\frac{1}{10}$ | $\frac{1}{10}$ | $\frac{1}{10}$ | $\frac{1}{10}$ | $\frac{1}{10}$ | |

| $\frac{1}{12}$ | $\frac{1}{12}$ | $\frac{1}{12}$ | $\frac{1}{12}$ | $\frac{1}{12}$ | $\frac{1}{12}$ | $\frac{1}{12}$ | $\frac{1}{12}$ | $\frac{1}{12}$ | $\frac{1}{12}$ | $\frac{1}{12}$ | |

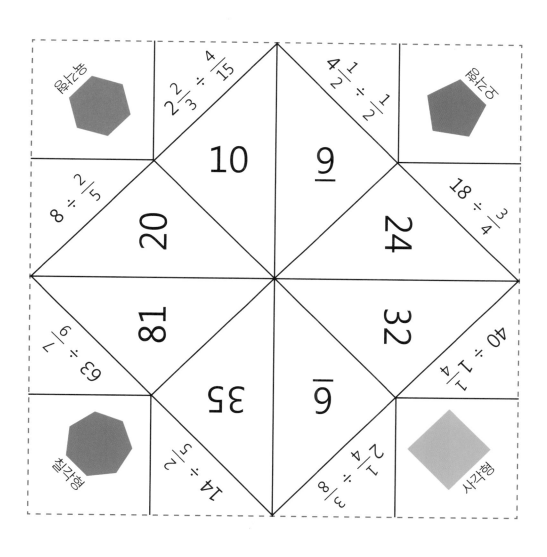

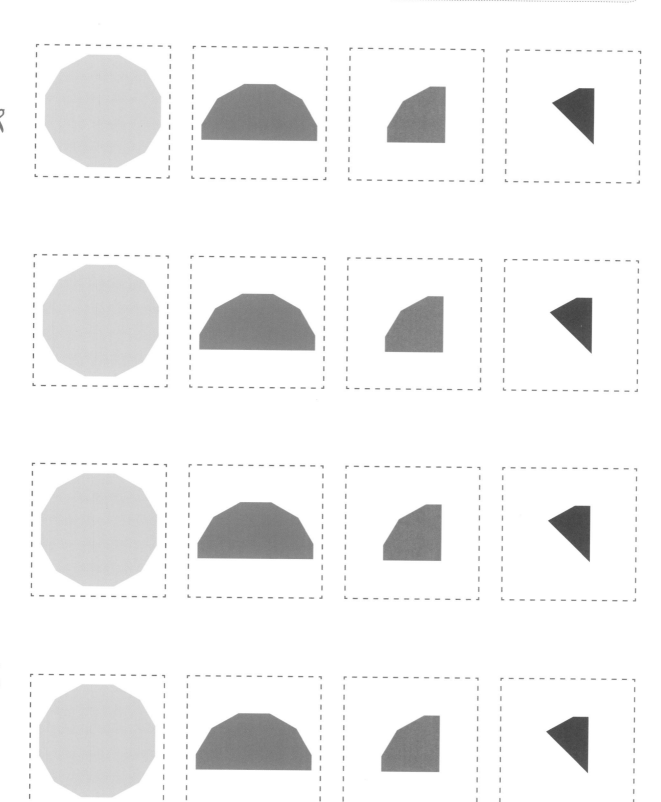

능력치 = 2.6÷2

능력치 = 4.8÷2

능력치 = 9.6÷3

능력치 = 6.3÷3

능력치 = 5.6÷4

능력치 = 15.5÷5

능력치 = 14.4÷12

능력치 = 16.8÷12

능력치 = 27.6÷12

능력치 = 91.44÷4

능력치 = 7.41÷3

능력치 = 24.65÷5

[부록 4-5] 음료수 스티커(4단계 7차시)

* 필요한 만큼만 떼어 내어 교재에 붙이세요.

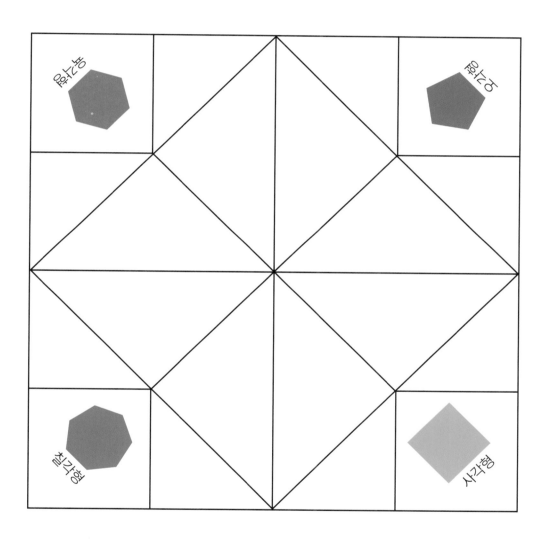